불의의 사회,
진실의 불편함

불의의 사회, 진실의 불편함

신문기자 40년

박명훈 칼럼

기자는 제3자의 시각으로 세상을 냉정하게 바라보는 관찰자입니다. 미국 『워싱턴포스트』가 '보도기준 및 윤리'에서 말했듯 역사를 만드는 것이 아니라 역사를 보도할 뿐입니다. '기사는 사실에 근거하여 공정하고 객관적으로 써야 한다'는 기사작성법의 원칙도 그런 연유에서 출발합니다. 그래서 기자가 쓰는 기사는 짧고, 단순하고, 건조합니다. 개인적인 생각이나 형용사는 최대한 배제합니다.

그러나 지금부터 쓰는 머리글은 '기자'라는 명찰을 떼고 시작하려 합니다. 가슴속 한편의 사(私)적인 감상과 부끄러움을 감출 수 없기 때문입니다.

지난 3월 말의 일입니다. 아시아경제신문 아침 제작회의가 끝나고 자리에서 일어설 때 이세정 사장이 불쑥 이렇게 말했습니다.

"박 선배 행사도 해야지요?"

그날 회의에서는 6월 15일 회사 창간기념일을 어떻게 치를까 하는 논의가 있었습니다. '박 선배 행사'란 회사 창간일에서 떠올린 저의 6월 퇴직에 관한 말임을 알아채고 기자들의 습관적인 어투로 가볍게 대답했습니다.

"그럼 물론이지, 폭탄주 한잔 합시다."

그런데 이 사장이 정색하고 말하는 것이 아닙니까. "정식으로 해야지요. 신문기자 40년인데 행사도 하고, 선후배도 부르고……"

전혀 예상하지 못한 제안에 당황한 저의 뒤통수를 다시 강타하는 한마디가 이어졌습니다. "혹시 책 쓰고 있는 것 없나요, 기념 선물로 한 권 주면 좋을 텐데……"

회의실을 나와 생각했습니다. 사회 첫 걸음으로 신문사에 입사해 기자를 시작한 때가 1976년 7월 1일. 그로부터 만 40년을 채우는 2016년 6월 30일 논설위원실 주필을 끝으로 신문사를 떠납니다. 하루도 차고 모자람이 없는 '신문기자 40년'. 100세 시대라지만 한 분야에서 한 가지 직업으로 40년을 일한다는 것은 흔하지 않은 게 현실입니다.

많은 상념이 오갔습니다. 물리적인 시간만을 따져서 기념 행사를 하고, 박수를 받을 수 있을까. 제대로 기자를 하기는 했는가, 무엇을 이루었나, 후배들에게 부끄럽지는 않은가…….

저의 주례를 섰던 극작가 이근삼 선생님은 결혼식에서 신부에게 두 가지를 기억하라고 말하셨습니다. 기자는 집안에 소홀할 것이다, 기자는 돈을 벌지 못할 것이다. 그래도 좋으면 결혼하거라.

주례사가 단순히 언론계의 박봉을 강조한 것은 아니었다고 생각합니다. 기자라는 직업의 특성을 돈벌이에 이용하거나, 비판해야 할 권력과 야합하거나, 불의와 부정에 눈을 감거나—그러한 직업윤리로부터의 탈선을 경계하며 초년 기자를 훈도하는 경계의 말씀이었다고 기억합니다.

결과적으로 가정에 충실한 가장이나 돈을 잘 벌어다 주는 가장이

불의의 사회, 진실의 불편함

되지 못했다는 점에서는 주례 말씀을 잘 지키고 살아온 셈입니다. 그러나 주례사 행간에 숨어 있는 뜻을 깊이 새기고 직업에 최선을 다했는가 하는 자문에 이르면 부끄러워집니다. 작은 것을 부풀리거나 큰 것을 놓치는 과욕과 무지가 있었는가 하면 나이가 들수록 게을러졌고 글은 무디어졌습니다.

기자라는 직업을 발판 삼아 무엇인가 해보겠다고 권력 주변을 기웃거리거나 한쪽 편의 나팔수 역할을 하지 않은 것은 그나마 작은 위안이 됩니다. 하지만 따지고 보면 그것은 너무나 당연한 최소한의 직업정신이었습니다. 그 과정에서 정의감으로 포장된 과잉의식과 경직된 펜 끝에 뜻밖의 상처를 입은 분들이 적지 않았음을 잘 압니다. 지워지지 않는 마음의 빚입니다.

이세정 사장의 제안을 받은 후 두 가지의 단어가 떠올랐습니다. '감사'와 '부끄러움'입니다. 물론 책으로 낼 만한 글도 쓰지 않고 있었습니다.

이 책 속에 들어 있는 '동백꽃 지듯이 떠나라' 운운하는 칼럼에서 강조했듯 '기자 40년' 같은 자축성 행사를 쑥스럽게 생각하고 직업적으로 쓴 글을 모아 책 내는 식의 자기과시도 탐탁해하지 않는 성격입니다. 그런 제가 결국 예전 칼럼들을 다시 찾아 묶기에 이르렀습니다. 새삼 세상 일은 함부로 얘기할 게 아니라는 생각이 듭니다. 그렇게 된 이유는 단순합니다. 스스로 이런 답을 내렸기 때문입니다.

'이제는 네 주장만 펴지 말아라, 고마운 일은 고맙게 받아들여라, 그리고 작은 정성의 표시라도 하거라.'

아시아경제 6년 동안 쓴 칼럼을 다시 읽어보니 벌써 기억에서 멀어진 일들이 주마등처럼 떠올랐습니다. 짧다면 짧은 기간에 놀라운 일, 큰 일들이 쉼 없이 일어났습니다. 대통령이 바뀌고, 연평도 폭격과 세월호의 비극, 메르스의 창궐이 있었습니다. 경제는 늘 어려웠고, 정치는 혼란스러웠으며 권력형 부정부패는 끈질긴 생명력을 보였습니다. 그런 와중에서도 세상은 바뀌고 기술은 쉼 없이 나아가 얼마 전에는 이세돌과 인공지능 알파고가 맞서는 세기의 대결을 목도하기도 했습니다.

스티브 잡스, 빌 게이츠, 오바마, 조용필, 알렉스 퍼거슨, 박근혜, 안철수, 최경환, 문재인, 청년실업, 세월호, 메르스, 경제민주화, 신해철, 관피아, 모피아, 현오석, 근혜노믹스, 초이노믹스, 금리 동결, 증세 논쟁, 원격진료, 원전패밀리, 평창, 유리봉투, 스마트폰, 정주영, 이건희, 사도세자, 광해, 박희태, 최시중, 이상득, MB, 박재완, 장하준, 연평도, G20, 김무성, 백남준, 알파고, 4·13······.

아시아경제 6년동안 칼럼에 등장했던 고유명사 또는 이슈들입니다.

2002년 경향신문에서 편집국장을 마치고 논설위원실장과 편집인으로 3년 가까이 재직하며 썼던 칼럼 몇 편도 보탰습니다. 김대중 정권의 끄트머리에서 노무현 정권으로 넘어가던 그때에도 경제는 어려웠고 대북송금 파문 등 뜨거운 이슈가 끊이지 않았습니다.

40년을 돌아봅니다. 기자 초년병 시절 10·26과 12·12를 거쳐 서울시청에 설치된 계엄군 언론검열대에서 목숨을 걸고 현장에서 기자들이 써 올린 '광주사태' 기사를 먹먹한 가슴으로 읽던 때가 생생합니다. 금융계를 취재하며 희대의 장영자·이철희 어음사기 사건을 가장 먼저 알고도 엠바고의 덫에 걸려 기사를 쓰지 못했던 일, 경제기획원에서 경제개발5개년계획을 취재하며 경제공력의 부족을 절감했던 일, 농림부 출입 시절에 겪은 소 파동, 재무부의 불발된 1차 금융실명제, 수도권 5개 신도시 건설과 한강 대홍수로 땀이 났던 건설부도 있었습니다.

지금은 몰락한 재벌 총수들과 인터뷰하던 장면, 사하라 사막에서 만난 건설 노동자들, 농업이민으로 건너가 봉제로 성공한 남미의 교포들의 얼굴도 생각납니다. 특별취재팀을 만들어 국제그룹 몰락의 숨겨진 얘기를 추적했고, '노태우 비자금'을 최초로 찾아내 사건의 전기를 만들기도 했습니다. 경제데스크와 논설위원 때는 온 나라가 외환위기의 소용돌이에 빠졌고, 편집국장 시절에는 9·11테러와 남북정상회담으로 여러 날 밤을 새웠습니다.

격변의 시대에 현장에서 보고 듣고 뛰면서 살아온 기자 40년의 삶. 능력이 부족하고 힘에 부쳤지만, 행복했습니다. 많은 분들의 따뜻한 눈길이 새삼 떠오릅니다.

다시 한 번,
부끄럽습니다, 그리고 감사합니다.

2016년 6월,
서울 충무로29 11층 아시아경제 주필실에서
박명훈

차례

2010~2016년
—
아시아경제
「박명훈 칼럼」

불의의 사회, 진실의 불편함

불의의 사회, 진실의 불편함

2002~2004년
—

경향신문
「경향의 눈」「아침을 열며」

여적(餘滴)

불의의 사회, 진실의 불편함

2010~2016년
—

아시아경제
「박명훈 칼럼」

세 개의 4 · 13

임정, 호헌, 그리고 총선

달빛에 물들었던 역사가 되살아나 우리 곁으로 성큼 다가설 때가 있다. 4 · 13이 그렇다.

이틀 앞으로 다가온 4 · 13총선이 '4월 13일'이란 날짜에 운명인 듯 깃들어 있는 역사의 엄숙한 메시지를 불러냈다. 독립과 민주화, 헌법이다. 총선을 앞두고 벌어진 '헌법 논쟁'이나 다시 불붙은 경제민주화 공방은 역사가 불러낸 필연의 수순인 듯싶다.

'임시정부 수립'과 '호헌선언'은 우리 역사에 깊이 새겨진 두 개의 '4월 13일'이다. 앞은 선조들이 국권회복과 독립을 위해 1919년 중국 상하이에 임시정부를 세운 날이고, 뒤는 1987년 5공화국 당시 전두환 대통령이 국민들의 민주화 요구를 외면하고 개헌 논의를 중단시킨 날이다. 역사의 음영이 뚜렷한 두개의 4월 13일. 이틀 후 또 하나의 4 · 13이 기다린다. 20대 국회의원 300명을 뽑는 총선의 날이다. 세 번째 4 · 13, 2016년 총선이 역사에 어떤 흔적을 남길지는 오로지 유권자의 선택에 달렸다.

물론 역사적 의미를 되새겨 총선일을 잡은 것은 아니다. '국회의원

선거일은 그 임기 만료일 전 50일 이후 첫 번째 수요일로 한다.'는 공직선거법 34조에 따라 자동적으로 결정됐다. 19대 국회의원 임기가 끝나는 날은 5월 30일, 그 50일 전은 4월 10일, 그로부터 첫 수요일이 바로 4월 13일이다.

그렇다 하더라도 세 개의 4·13은 오묘하다. 민의를 대변하는 국회의원 선거와 민족의 독립 염원이 담긴 임시정부 수립, 민주화 열망에 기름을 부은 호헌선언이 같은 날짜에 이뤄진 것은 단지 역사의 우연일까.

임시정부를 떠올리며 김구 선생의 『백범일지』를 다시 펴보았다. 3·1운동 직후 백범은 고향을 떠나 신의주와 중국 안둥을 거쳐 상하이에 도착, 동지들을 규합해 임시정부를 세운다. 『백범일지』는 18장 '상해로 가다'에서 그때를 이렇게 적었다.

'동지들을 심방해 이동녕, 이광수, 김홍서, 서병호 등 동지들을 만났다. 임시정부는 그때에 조직됐다. …(중략)… 나는 내무위원으로 피선되었다.' 백범이 경무국장인 안창호에게 임정 청사의 '문지기'를 청원했다는 유명한 일화도 이 대목에서 나온다.

임시정부를 헌법에 실어 정통성을 살려낸 것은 역설적으로 4·13 호헌조치다. 호헌에 저항한 민주화의 결실로 1987년 12월 제9차 개헌이 이뤄지면서 헌법 전문에 처음으로 '대한민국임시정부의 법통'을 계승한다는 문구가 들어갔다. 4·13호헌선언이 국민적 저항을 불렀고, 민주항쟁으로 쟁취한 새 헌법에 '임시정부'를 명시하며 임정이 대한민국 건국의 시원으로 자리한 것이다.

1987년 개정 헌법은 그것이 전부가 아니다. 김종인 더불어민주당 대표의 상징처럼 돼버린 '경제민주화'라는 단어가 헌법(119조 2항)에 들어간 것도 그때다. 이번 총선에서는 헌법논쟁이 유난히 많았다. 새누리당 내부 갈등의 핵이었던 유승민 의원은 '모든 권력은 국민으로부터 나온다.'는 헌법 1조 2항을 외쳤다. 강봉균 새누리당 선대위원장과 김종인 더민주당 대표는 "경제민주화는 포퓰리즘이다" "헌법은 읽어봤느냐"며 설전을 벌였다.

100년 가까운 시공을 넘어 '4 · 13 임정'과 '4 · 13호헌', 그리고 현재진행형인 '4 · 13 총선'이 역사의 끈으로 이어지고 있다는 사실은 경이롭다. 그 매개가 나라의 근본 규범인 헌법이라는 점에서 더욱 그렇다. 역사와 선조들이 간절히 말하려는 '그 무엇'이 있는 것은 아닐까.

총선 후보들은 달아올랐지만 유권자들은 냉랭하다. 최악의 19대 국회를 지켜봤다. 20대엔 좀 나아질까 했지만 막장 공천 과정을 보면서 기대를 접었다. 여야가 쏟아낸 공약도 허황하다. 지역개발 공약 사업비만 해도 총 170조 원을 넘어선다. 재원대책 없는 공약폭탄이다.

총선이 최악의 공천, 최악의 투표, 최악의 선거로 막 내린다면 그 또한 역사의 기록이 될 것이다. 하지만 '헌법'으로 묶인 4 · 13의 집요한 인연이 그렇게 허망하게 끝날까. 헌법은 국민의 기본권과 권리, 의무를 강조한다.

총선일이 4월 13일로 잡힌 것은 헌법정신의 준엄한 메시지인지도 모른다. 최악의 상황에 굴하지 않고 독립과 민주화의 열망을 불태웠던 뜨거운 역사를 잊지 말라는.

2016. 4. 11

---

* 4 · 13 총선은 집권여당의 참패로 끝났고 20대 국회는 16년 만에 여소야대가 됐다.

넥타이 풀고, 맞장 한번 뜨자

옷은 날개다. 계급이자 신분의 표식이다. 또한 빈부를 가르는 잣대이기도 하다. 좋은 옷, 비싼 옷, 멋진 옷을 찾는 이유다.

그러나 겉으로 드러난 것이 옷의 모든 것은 아니다. 때로는 보이지 않는 깊은 곳의 무엇을 담아내는 그릇이 되기도 한다. 한 사람의 영혼, 철학, 신념과 같은 것. 자유스러워지기 위해 옷을 입기도 하지만, 옷이 영혼을 자유롭게 만들기도 한다.

평범한 옷차림새에 비범한 열정과 창의를 담아내는 대단한 남자가 있다. 그가 낡은 청바지, 검은 터틀넥 셔츠에 뉴밸런스 운동화를 신고 무대에 오르면 세계 정보기술(IT) 시장은 긴장하고, 마니아들은 열광한다. 애플의 스티브 잡스다.

그가 130달러짜리 리바이스 청바지의 뒷주머니에서 손바닥보다 작은 아이팟을 꺼내 들었을 때, 애플의 마케팅은 절정에 이르렀다. 그는 몇 년 뒤 똑같은 옷차림으로 무대 위로 걸어 나와 아이폰을 흔들었고, 다시 올해 초 아이패드를 치켜 올렸다.

스티브 잡스는 한 달 전부터 프레젠테이션을 준비한다고 한다. 공

불의의 사회, 진실의 불편함

연을 앞둔 연극배우처럼. 그러나 그의 프레젠테이션을 '쇼'라고 부르는 사람은 없다. 디자인 경영의 아이콘으로, 감각적 경영전략의 정수로 치켜세운다. 그의 옷차림에서는 격식에 얽매인 속박이 존재하지 않는다. 창의와 절제가 묻어난다. '신념을 구현하려는 성직자의 옷차림'이라 평한 패션 전문가도 있고, 창의와 공유의 철학이 담겨 있다고 말한 사람도 있다.

스티브 잡스의 라이벌인 빌 게이츠는 어떤가. 그의 트레이드 마크는 헐렁한 옥스퍼드 버튼다운 셔츠다. 그의 옷차림에는 자유로움에 더해 아이비리그의 정체성이 배어 있다.

나이를 뛰어넘어 빌 게이츠와 절친한 워런 버핏은 동네 할아버지처럼 털털한 차림새다. 그는 얼마 전 TV에 나와 "내 옷장의 양복 아홉 벌은 모두 중국 톈진산 중국제"라고 밝혀 화제가 됐다. 이탈리아 명품을 걸치지 않았지만, 오히려 신뢰감 있는 투자가의 면모가 배어 나온다.

스티브 잡스나 빌 게이츠, 워런 버핏이 입은 옷은 결코 부를 상징하지 않는다. 그들에게 옷은 '날개'가 아니다. 신념이며 자유다. 그것은 정교하게 연출된 것일까. 알 수 없다. 그러나 그들의 개성 있는 패션이 평소의 행태나 사고와 어우러지는 것을 보면, 연출의 혐의는 한결 옅어진다.

일본을 여행해봤다면 지하철에 만난 감청색 싱글에 흰 와이셔츠, 우중충한 넥타이 일색의 샐러리맨들을 기억할 것이다. 그런 획일화와 몰개성이 '잃어버린 10년' 또는 '늙은 기업'으로 상징되는 일본 경제의 오늘과 유관한 것은 아닐까.

넥타이 풀고, 맞장 한번 뜨자

미국에서는 어떻게 애플, 구글, 이베이, 마이크로소프트와 같은 '젊은 기업'이 쏟아져 나오는가. 청바지, 운동화 차림의 자유스러움, 감성 경영의 결과는 아닐까.

대한민국 최고경영자(CEO)와 창의적인 옷차림새는? 어울리지 않는 조합이다. 어느 재벌, 어느 기업을 떠올려도 '옷'으로 기억되는 곳, 인물은 없다. 우리는 기억한다. 총수 한마디에 회의실이 얼어붙고, 그의 나들이에 무리지어 뒤따르던 굳은 얼굴들을.

삼성생명 직원들이 이달부터 면바지에 티셔츠 차림으로 출근하게 됐다고 한다. 5월 상장을 앞두고 창의적이고 자율적인 조직문화를 가꾸기 위해 복장규제를 풀었다는 것이다. 봄바람처럼 상쾌한 얘기다.

보험회사보다 먼저 사고의 틀과 조직문화를 바꿔야 할 곳이 있다. 글로벌 각축이 불꽃 튀는 IT 전선이다. 절제와 감성을 앞세운 아이폰에 오직 '기계적 스펙'만으로 맞서려 한 우리 업체들. 넥타이를 풀자, 그리고 애플이나 구글과 멋지게 한번 맞장을 뜨자.

2010. 4. 5

불의의 사회, 진실의 불편함

사랑이냐, 우정이냐

인생은 굽이굽이 선택의 연속이다.

퇴근길 대폿집에서도 선택의 순간은 어김없이 다가온다. 소주로 할까, 막걸리로 할까. 순한 소주인가, 독한 소주인가. 삼겹살? 아니면 목살?

그날도 그렇게 선택의 길목을 몇 고비 지나 소주잔이 오갔지만 마주 앉은 고향 친구의 얼굴은 좀처럼 밝아지지 않았다. 평소 언변이 좋아 분위기 메이커 역할을 제법 잘 하는 친구였다. 무슨 일이 있는 것일까. 그동안 내가 너무 무심했나. 그가 무겁게 입을 열었다.

"요즘 고민이 많다. 잠이 안 와." 무엇이 그를 불면의 밤으로 내몰았을까. 대답은 엉뚱했다. "핏줄이냐, 의리냐. 사랑이냐, 우정이냐 그것이 바로 문제야." 사랑과 우정이라니, 막장 드라마 같은 삼각관계에라도 빠졌단 말인가. 듣고 보니 막장은 아니었지만 삼각관계는 분명했다.

평생 고향을 지킨 그 친구는 제법 지방의 유지였다. 2006년 지방선거에서 고교 동기가 군수에 출마하자 물심양면으로 도왔고 동창생은 당선의 영광을 누렸다. 오는 6월 다시 지방선거가 다가오면서 고민이 비롯됐다. 집안의 형이 동창 군수의 강력한 경쟁자로 나선 것이다. 누구를 버리고, 누구를 택할 것인가.

그의 고민은 '누구를 지원할 것인가' 하는 단순한 선택을 넘어서 있었다. 걱정은 오히려 선거 이후였다. 집안 대소사마다 마주치게 될 형님, 친구들 사이에서 소문이 파다해질 동창생. 평생 쌓아올린 인간관계가 단숨에 허물어지는 것은 아닐까. 잔인한 선택을 피해 갈 방법은 없을까.

그의 물음에 내가 가진 답은 없었다. 이런 상황에서 '인물 중심' 따위의 말은 공허할 따름이다. 내가 해줄 수 있는 것은 '한 기초단체장의 영광과 오욕'을 다소의 과장법으로 말해주는 정도였다. 에두른 나의 마음을 조금은 이해하겠지.

그 단체장은 공사 출신의 파일럿에, 경영학 박사이자 유능한 지방공무원이었다. 프로필은 추진력, 열정, 근면, 폭넓은 대인관계 등 현란한 단어로 채워졌다. 그러나 그것은 부패를 가린 가면에 불과했다. 가면을 벗겨낸 곳은 감사원이다. 그의 공식적인 행적을 은밀한 비리의 족적과 접목해보면 기막힌 이중성의 실체가 드러난다.

2004년, 군수 보궐선거에서 당선된다. 2005년, 군청 직원들이 인권위에 진정서를 낸다. 과중한 업무로 시간을 뺏겨 사생활이 침해됐다는 것이다. 군수의 카리스마가 엿보인다.

이즈음 물밑으로는 초보군수의 '대담한 부패'의 행적이 시작된다. 내연의 여직원에게 통 크게 아파트를 선물하는가 하면 특정 건설사에 총 102억 원 규모의 공사를 몰아준다. 2006년, 군수 재선에 성공하고 '지방자치대상'을 받는다.

영광의 그늘에서 비리도 부풀어 오른다. 10억 원의 비자금을 여직원에게 넘겨주는가 하면 특혜 대가로 아파트를 처제 이름으로 받아챙긴다. 2009년, '바르게 살기 실천운동'을 벌이면서 자신은 3억원짜리 별장을 친형 명의로 받는다. 2010년, 한나라당 군수후보 결정, 감사원 비리 발표, 위조여권 출국 시도, 체포, 구속.

민종기 당진군수다. 그는 2009년 3대 실천운동 선포식에서 "후손들에게 떳떳한 당진을 물려주자"고 외쳤다. 그러나 그가 물려준 것은 '철강클러스터 당진'의 자부심을 산산조각 낸 군민들의 치욕감일 것이다. 2006년 당선된 시장군수 230명 중 110명(47.8%)이 비리와 위법혐의로 기소됐다. 임실은 1995년 이후 군수당선자 3명이 내리 구속되는 신기록을 세웠다.

또 한번의 선택—2010년 6·2 지방선거가 딱 한 달 남았다.

친구여, 우리의 진정한 고민은 우정도 사랑도 아닌 듯싶네. 부디 불면의 밤에서 벗어나게나……

2010. 5. 3

중국, 一步 전진할까

지난 며칠간 한국의 눈은 온통 중국 원자바오 총리의 입에 쏠려 있었다. 천안함 사태에 어떤 메시지를 가지고 온 것일까. 중국의 태도에 변화가 있을까. 그가 2박 3일의 일정을 마치고 어제 한국을 떠났다.

원 총리는 돌아갔지만 그의 어록은 남아 한반도를 떠돈다. "각국의 반응을 중시하겠다." "누구도 비호하지 않겠다." "중국은 책임 있는 국가다." 잡힐 듯 잡히지 않는 중국의 어법은 여전했다. '중국 입장이 반보(半步) 진전했다'는 긍정적 평가가 있는가 하면 한국과 일본의 설득이 무위로 끝났다는 외신의 분석도 나온다.

과연 반보를 내디딘 것인지, 방문국을 의식한 '립 서비스'였는지는 두고 볼 일이다. 허나 천안함 조사 결과에도 불구 '냉정과 자제'를 되풀이하던 자세보다 유연해진 표현임에는 틀림없다.

중국이 '반걸음'을 떼기까지는 꼬박 8일이 걸렸다. 합동조사단이 북한의 소행이라고 밝힌 것은 지난 20일이다. 결정적인 증거가 나왔고 비동맹국가인 인도가 수긍하고 중립국 스웨덴이 규탄해도 중국은 '옳다' '그르다' 한마디 말이 없었다. 그런 중국이 앞으로 진실을 향해 '일리(一步) 전진'할 것인지 예단키는 참으로 어렵다.

중국이 왜 그러나. 국제사회의 리더로서 책임 있는 역할을 해야 하
는 것 아닌가. G2(주요 2개국)의 위상을 과시하는 대국답지 않다. 천
안함 사태 이후 한국에서 중국에 대한 비판적 여론이 높아진 게 사실
이다.

여기에는 감정적인 섭섭함도 한몫을 했다. 미국을 제치고 최대 교
역국이 된 중국, 한류에 열광하는 나라, 1시간이면 건너가 비즈니스
를 하고 골프도 칠 수 있는 인접국. 시장엔 중국 상품이 넘치고 어디
가도 마주치는 게 중국교포다. 그렇게 가까워졌는데, 하는 일종의 배
반감이다.

중국의 실체가 혼란스럽다면 지난 1월의 다보스 포럼을 떠올려볼
만하다. 포럼에서 중국은 떠오르는 대국으로 각국으로부터 칙사 대접
을 받았다. 중국의 유일한 아킬레스건은 위안화였다. 모두가 위안화
절상을 요구했다.

그러나 중국의 리커창 부총리는 30분간의 연설과 질의응답에서 위
안화에 대해 단 한마디도 언급하지 않았다. 누가 뭐래도 내키지 않는
말은 하지 않는다는 게 중국의 외교적 표현법인지 모른다.

한반도의 경우 중국과 한국, 북한, 미국 간 관계가 복잡미묘하게 얽
혀 있다. 한국 내의 섭섭한 정서를 말하자 중국의 전문가는 '2트랙의
딜레마'를 들었다. 한국과 미국이 동맹관계이듯 중국과 북한 역시 혈
맹관계다, 북한이 고백하지 않는 한(부인하는 한) 중국이 먼저 북한을
지목하기 쉽지 않다, 중국은 북한에 영향력을 행사할 수 있는 유일한
나라이며 그것이 북한의 가치이기도 하다, 한·중 간에도 '경제와 교

류'와 '정치와 군사'라는 2트랙이 엄존한다는 게 그의 설명이다.

경제사학자인 퍼거슨 미 하버드대 교수 역시 "G2(미국과 중국)의 관계가 악화되거나, 각자의 길을 갈 경우 한국은 곤란한 입장에 처할 것"이라고 말한 적이 있다.

천안함 사태 이후 한·미 관계는 한층 공고해졌다. "조사는 객관적이며 증거는 압도적"이라고 말하는 클린턴 미 국무장관의 목소리에는 힘이 넘친다. 반면 '누구도 비호하지 않겠다'는 원자바오 총리의 말은 조심스럽다.

중요한 경제협력 동반자인 한국과 특수관계의 동맹국인 북한—어느 쪽도 잃고 싶지 않은 게 중국의 속내다. 애매모호함의 출발점이다. 그러나 언제까지 그럴 수는 없다. 예전의 중국이 아니다.

세계가 주목하고 결단을 요구한다. 중국의 리더십이 시험대에 오른 것이다. 천안함 사태가 중국의 변화를 이끈다면 아픔을 딛고 얻는 의미 있는 결실이 될 것이다.

2010. 5. 31

불의의 사회, 진실의 불편함

영원한 오빠와 '젊은 피' 환상

지난 3월 한 일간신문 1면에 눈길을 끄는 광고가 실렸다. '우리들의 조용필 님, 당신이 있어 우리는 행복합니다.' 가수 조용필의 환갑날, 그의 열혈 팬들이 십시일반 돈을 모아 낸 축하 광고였다.

'영원한 오빠'로 불리는 그의 나이가 벌써 60이라니, 그렇게 생각하는 사람들에게 그는 '나이는 숫자에 불과하다는 것'을 몸으로 보여준다. 무대는 늘 새롭고 열정에 넘친다. 올해도 뉴욕 등 23곳을 순회 공연한다. 그에게 이제 환갑이 됐으니 그만 무대에서 내려오라 할 사람은 없다.

이명박 내각의 평균 연령은 60.1세. 조용필과 똑같다. 청와대의 수석 이상 참모진 나이는 조금 낮은 평균 56.2세. 그들은 이제 '젊은 피'에 자리를 내주고 무대에서 내려올 운명이다. 이순(耳順)의 조용필은 여전한데.

이명박 대통령이 6·2지방선거 후 당·정·청의 세대교체를 다짐한 때문이다. '4중5초(40대 중반에서 50대 초반)'의 '젊은 피'가 중용될 것이라 한다. 기다렸다는 듯 그 또래의 인물들이 자천타천 손들기 시작했다. 그 정도로 나이가 내려가면 세대교체가 이뤄지는 것일까. 젊은 층과 소통의 길이 시원하게 뚫릴까. 글쎄다.

'젊은 피'라는 표현부터 그렇다. '4중5초'를 '젊은 피'라 하면 진짜 젊은이들은 실소하고 '사오정'과 '오륙도'에 떠는 중년층은 가슴을 때리는 말로 들릴 게다.

젊은 피─늙은 대국 영국이 얼핏 떠오른다. 지난 5월 총리에 오른 보수당의 데이비드 캐머런은 44세다. 그가 보수당의 기수로 뽑힌 것은 2005년 12월, 39세 때. 캐머런의 연정 파트너인 닉 클레어 부총리는 43세다. 재무장관에는 38세의 조지 오스번이 임명됐다. 124년 만에 가장 젊은 재무장관이라는 기록을 세웠다.

오스번의 나이도 놀랍지만 가슴을 흔든 것은 그의 취임 일성이다. 그는 첫 언론 인터뷰에서 "내가 재무장관으로서 첫 번째 해야 할 일은 권한을 포기하는 것"이라고 했다. 그가 포기하는 권한은 경제성장률 전망이다. 모든 경제정책의 기초가 되는 핵심 기능을 독립기관에 넘기겠다는 것이다. 야심만만한 30대 각료가 그런 말을 했다니!

너무나 낯선 모습이다.

권력의 한 귀퉁이를 차지하면 목에 힘주고 밥그릇부터 챙기는 게 우리에게 익숙한 풍경이 아니던가. 정치권은 말할 것도 없다. 금통위 열석권을 놓고 한은을 압박하는 재정부, IT 정책의 주도권을 놓고 벌이는 지식경제부와 방통위의 샅바 싸움, 장관 뺨치는 차관급 실세……

물리적인 나이만을 따지는 세대교체라면 보나마나 하나마나다. 수직적인 세대교체를 넘어서 상하좌우 머리와 가슴을 아우르는 입체적인 세대교체를 할 때 진정한 소통과 혁신의 장이 열릴 것이다. 대통령에게 쓴소리 한마디 할 수 없는 인물, 세침 실세·측근 간 자리물림이라면 싸늘해진 민심이 돌아설 리 없다.

나이도 그렇다. 왜 4중5초인가. 30대 장관은 왜 안 되나. 경륜이 모자라서? 조직의 질서 때문에? 지방선거에서 목격한 것은 20~30대와 40~50대 이상 사이의 극명한 세대차. '4중'이 하한선이라면 누가 20~30대와 소통할 것인가.

예컨대 IT나 문화, 청소년 분야에서 30대가 40, 50대보다 못할 게 뭔가. 30~40대의 젊음도 필요하고 50~60대의 경륜도 값지다. 문제는 닫힌 가슴, 획일성, 독선이지 나이가 아니다. 무늬만 젊은 피는 나이에 대한 모독일 뿐이다.

조용필은 분명 국민가수다.

하지만 대한민국에 조용필의 노래만이 존재한다면 세상은 얼마나 황량할까. 인순이·이승철도 있고 빅뱅과 소녀시대도 함께 어우러질 때 노래판이 살고 조용필의 목청이 더 크게 울리는 법이다.

2010. 6. 21

성남의 추억과 모라토리엄

성남(城南), 산성 남쪽의 마을. 이름은 옛스럽고 안온해 보인다. 금고가 두둑하다고 소문이 자자했다. 떵떵거리며 초호화 청사를 지은 지도 얼마 지나지 않았다. 그런 성남시가 지난주 돌연 빚을 갚지 못하겠다고 모라토리엄을 선언했다.

부자의 파산, 있을 수 없는 일이 벌어졌을 때에는 필시 예사롭지 않은 사연이 있는 법이다. 돌아보면 산성과 산성자락 도시의 역사는 파란만장했다. 치욕과 분노가 있었고, 도전과 영광, 성취도 있었다. 이번 모라토리엄 선언도 굴곡진 산성의 역사가 지나가야 할 필연의 수순일까. 산성과 도시의 역사 속에 답이 있는 것은 아닐까.

치욕

궁궐을 버린 왕이 성 안에 들었다. 신하와 군사가 따랐다. 그들은 산성을 포위한 청나라 군사를 이겨낼 수 있을까. 헐벗은 백성을 구할 수 있을까. 조선의 왕 인조는 그럴 힘이 없었다. 성안에 들어온 지 47

불의의 사회, 진실의 불편함

일째 되는 날 왕은 남한산성 서문을 걸어 나왔다.

"임금이시여, 우리를 버리시나이까."

울부짖는 자가 만 명을 헤아렸다. 단상의 청나라 황제를 우러러 왕은 소복에 맨발로 섰다. 세 번 절하고 아홉 번 머리를 조아렸다. 백성을 살릴 수 있는 하나뿐인 선택이었다. 그 자리에 커다란 표지석이 섰다. 삼전도비다.

분노

1971년 8월 10일. 남한산성 서남쪽 광주군 중부면 성남출장소 앞. 서울시장은 끝내 나타나지 않았다. 철거민이 대부분인 광주단지 입주민들이 소리치기 시작했다. "배고파 못 살겠다, 일자리를 달라." "땅값을 내려라." 성남출장소가 불타고 차량이 뒤집혔다. 경찰지서도 부서졌다. 공포의 폭력사태는 6시간 동안 계속됐다.

개발연대의 가장 아픈 상처로 기억되는 '8·10 광주단지 소요사태'다. 서울시가 1969년부터 청계천변 등지의 판자촌 난민을 남한산성 계곡 아래에 집중 수용한 곳이 광주 대단지다. 1971년 봄에는 인구가 20만 명에 육박했다. 극한의 환경에서 빈민 세대가 일으킨 '민란'이었다. 소요사태 다음 날 정부는 긴급 대책회의를 열고 성남출장소를 시로 승격시키기로 결정한다. 오늘의 성남시가 탄생하는 순간이었다.

성취

1980년대 말 3저 호황으로 부동산 경기가 뜨겁게 달아올랐다. 자고 나면 아파트 값이 뛰었다. 기획부동산이 준동하고 복부인들이 투기에 불을 붙였다. 정권이 흔들거렸다. 급기야 1989년 세계에 유례가 없는 5개 인공 신도시 건설계획이 발표됐다.

하이라이트는 성남 남단녹지 1782만 제곱미터(540만 평)에 세워지는 인구 42만 명 규모의 분당신도시. 정부는 '제2의 강남'을 약속했다. 성남이 철거민의 도시에서 일약 전국 10대 도시의 반열로 도약함을 알리는 축포였다. 40여 년 전만 해도 산성 아래 변변한 이름도 없었던 곳. 그런 성남이 분당을 안고 지금 인구 100만 명에 육박하고 1.2인당 자동차 1대 꼴의 부자 도시로 성장한 것이다.

좌절

뿌리 없는 도시 성남의 주민들을 처음 향토애로 묶은 것은 '성남소녀 임춘애'다. 그의 곤궁했던 성장기와 철거민 시절의 애환을 오버랩시키면서 주민들은 눈시울을 적셨고, 그의 성취와 성남의 성장을 견주면서 박수를 보냈다. 그랬던 성남시가 초심을 잃고 초호화 청사를 지었다니.

벼락출세나 벼락부자의 원초적인 한계일까. 대선캠프 주변을 맴돌다가 한자리 차지하면 쥐꼬리만 한 권력을 휘둘러대는 자들이나 산성자락의 66제곱미터(20평) 택지에 울고 웃던 시절을 잊고 혈세로 3,000억 원 짜리 호화 청사를 짓는 꼴이나 피장파장 아닌가.

불의의 사회, 진실의 불편함

반전?

성남이 모라토리엄의 수모를 딛고 다시 반전의 역사를 쓸 것인가.

성남인들의 숙제다. 황량한 산성 자락에서 지금의 대도시를 일궈낸 대단한 사람들의 자존심 문제이기도 하다.

2010. 7. 19

오바마가 말을 걸어 왔다

버락 오바마 미국 대통령이 나에게 말을 걸어 왔다.

말 잘하는 그답게 간결하고 메시지가 분명한 어법이다. 오바마의 49번째 생일이었던 지난 4일 그는 이렇게 말했다. "우리는 경제를 전보다 더 강하게 재건할 것입니다. 그 중심에는 파워풀한 세 단어, '메이드 인 아메리카'가 있습니다."

오바마에게는 미안하지만 나는 그가 말하는 '우리(아메리칸)'가 아니다. 그래도 그는 내색하지 않고 나를 자주 찾는다. 그런 사이가 된 지는 채 한 달이 안 됐다. 오래된 휴대폰을 스마트폰으로 바꾸면서 부터다. 왕초보답게 여기저기 트위터 계정을 뒤지다가 470만 명을 넘어선 오바마 팔로어 숫자에 놀라 엉겁결에 이름을 올리게 된 게 시발이다.

그 후 출근길에 스마트폰을 열면 오바마가 기다리고 있다. 묘한 느낌이다. 내가 그를 찾아가는 것이 아니다. 그가 나를 찾아온다. 나는 그에게 거의 말을 걸지 않는다. 하지만 그는 하고 싶은 말을 주저하지 않는다. 사람이, 정보가 스스로 나를 찾아오는 세상이 열린 것이다. 그가 미국의 대통령이고, 그곳이 비록 깊고 깊은 백악관일지라도……

오바마는 대통령후보 시절 트위터 덕을 톡톡히 봤다고 한다. 그렇다고 해서 대통령 자리에 오른 지금까지 그가 엄지를 놀리며 트윗할 리는 없다. '오바마 트위터'는 백악관에서 관리하는 정치적 소통 수단의 하나다. 그의 트위터 어록은 대부분 연설문에서 따온다. 때로는 민감한 이슈에 코멘트도 하고, 중요한 행사의 예고편도 띄운다. 매번 500만 명에 가까운 팔로어가 동시에 그의 메시지를 받아보고 있으니 그 효과가 어떠할지는 불문가지다.

당대의 연설가답게 오마마의 한마디는 듣는 이의 마음을 흔들기 일쑤다. 글머리에서 인용한 '메이드 인 아메리카'라는 말도 그렇다. 미국 경제의 회복, 미국 제조업의 자존심을 강조하는 자극적인 단어임이 분명하다.

하지만 외국 기업을 위한 상찬의 어휘로 동원될 때도 있다. LG화학의 배터리공장 기공식에 깜짝 참석했을 때도 그는 "2012년 '메이드 인 아메리카'의 스탬프가 찍힌 배터리가 생산될 것"이라며 축하했다.

그러나 상황이 달라지면 오바마의 그런 화려한 표현까지도 빈말이 된다. 한·미 자유무역협정(FTA)과 관련해 미국이 제기하는 자동차 문제가 좋은 예다. 그들은 "한국은 작년에 79만 대의 자동차를 미국에 수출했다. 반면 미국 차는 고작 7,000여 대 수입하는 데 그쳤다"고 공격한다. 숫자만을 본다면 화를 낼 만한 격차다.

그러나 미국의 주장에는 함정이 있다. 지난해 한국은 미국에 자동차 45만 대를 수출했다. 21만 대는 현지에서 생산된 차량으로 미국의 일자리를 늘리는 데 기여했다. 언제는 '메이드 인 아메리카'라면서 박수 치더니 이제 와서는 '메이드 인 코리아'라면서 비난하는 꼴이다. 그런 셈법이라면 왜 지난해 GM대우가 한국에서 생산한 11만 대는 계산에 넣지 않는가. 알면서도 모르는 체 억지를 쓰는 것이 외교전이다.

결국은 오바마의 '메이드 인 아메리카'도 이현령비현령인 셈이다.

속내를 뻔히 알지만 자주 접하다 보면 가깝게 느껴지고, 친밀감이 생기는 법. 그게 인지상정이다. 트위터가 바로 그렇다. 시공을 허무는 힘, 밀착된 소통의 힘이다. 백악관이 지구촌을 향해 날리는 '오바마 트윗'에 그런 것을 노리는 의도가 없을 리 없다.

이명박 대통령도 찾아봤다.

'이명박'은 여럿이지만 대통령은 없었다. 궁금해서 청와대 공식 트위터라는 'BluehouseKorea'에 물었다. "오바마 이름의 트위터는 활발한데 이명박 대통령 이름의 트위터는 왜 없나요?"

일주일이 지났다. 아직 대답이 없다.

2010. 8. 9

불의의 사회, 진실의 불편함

정의는 결국 승리하고, 진실은 언젠가 드러난다고 흔히들 말한다.

정말 그런가.

우리 사회의 요즘 돌아가는 모습을 보면 선뜻 동의하기 어려워진다. 배트맨이 고담시를 지켜내듯 반드시 악한은 꺼꾸러지고, 정의가 승리하는 것만은 아니다. 죽은 체하던 악당이 슬며시 일어나 대로를 활보하는 일이 비일비재하다. 정의의 총탄을 피해가는 사악한 악한도 적지 않다. 그것이 영화와는 다른 현실이다.

열망은 결핍에서 비롯된다.

한국 사회의 때아닌 '정의 신드롬'은 그만큼 불의가 판치기 때문이다. 베스트셀러 『정의란 무엇인가』의 저자 마이클 샌델이 내린 명쾌한 진단이다.

얼마 전 한국을 찾았던 샌델은 그의 책에 쏠리는 한국인들의 뜨거운 관심을 "정의에 대한 배고픔 같은 갈증"이라 정의했다. 그는 갈증의 배경을 이렇게 설명했다. "몇십 년 동안 미국과 유럽, 한국 등은 모든 논의의 포커스를 경제성장에 맞춰왔다. 풍요해질수록 사람들은 도덕적 공허함을 느끼게 됐다."

마이클 샌델의 분석은 날카롭다. 하지만 한국의 현실은 그의 탁월한 상상력에 일격을 가한다. 이미 충분히 풍요해졌고, 사회적 지위까지 얻었지만 차마 탐욕을 떨치지 못하는 사람들이 넘친다. 멀리 갈 것도 없다. 얼마 전 국회 인사청문회에서 만났고, 외교통상부의 장관 딸 특채에서 다시 목격했다. 보통 사람들이 정의에 목말라할 때 선택된 사람들은 정의를 배반한 것이다.

그들의 낙마는 정의의 승리인가. 단정은 이르다. 진정한 악당은 숨죽이고 있는지 모른다. 쓰러졌던 불의가 우리의 기억력을 시험하듯 언제 툭툭 털고 일어날지도 알 수 없다.

정의를 바로 세우는 힘은 진실이다. 한 장의 빛바랜 사진이 총리 후보자의 거짓말을 벗겨냈듯이. 그러나 진실은 쉽게 모습을 드러내지 않는다. 진실은 불편하고 때로는 고통스럽기 때문이다.

국회 청문회에서 거짓말이나 위장전입, 쪽방투기가 들통나지 않았다면 그들은 명예를 지키고 임명권자는 체통을 살리고 국민은 상처받지 않았을 것이다. 외교부의 장관 딸 특채 사실이 드러나지 않았다면 유명환 장관이나 외교부가 망신을 당하지 않았을 것이고, 청년 백수들의 분노를 사는 일도 없었을 것이다.

그렇게 좋게 좋게 가기 위해서 진실은 은폐된다. 그렇게 특권과 기득권은 유지되고 '그들만의 세계'를 둘러싼 울타리는 한층 탄탄해진다. 설사 꼬리가 잡힌다 해도 고백이나 참회보다는 '죄송'과 '부덕의 소치'라는 애매한 표현으로 넘어가려 한다.

때문에 진실을 가린 견고한 성을 허무는 것은 결코 쉬운 일이 아니다. 우리 사회 곳곳에서 벌어지고 있는 진실게임이 그 반증이다. 예컨대 내로라하는 집권당 국회의원들과 청와대, 정보기관까지 얽히고설켜서 벌이고 있는 '민간인 불법 사찰'의 진실은 무엇인가.

진실이 코미디처럼 다가올 때도 있다. 한복 차림에 턱수염을 그럴듯하게 기르면 뭔가 전래 비법을 간직한 고수로 보이는 법. 가짜를 진실로 바꾸는 위장술이다. 그런 차림새의 전 국새제작단장이 검찰에 불려가서야 국새 제작의 전통기법을 모른다고 자백했다. 지금도 중요한 국가서류에는 엉터리 비법으로 만든 금빛 국새가 꾹꾹 눌러 찍히고 있을 것이다. 따지고 보면 검찰에 불려가서야 진실을 털어놓는 게어디 그 사람뿐이던가.

진실은 용기와 양심의 축적으로 완성된다.

그래서 진실은 불편하고 때로는 상처가 따른다.

그런 고통을 이겨내지 못한다면 '장관 딸' 파문이나 '거짓말 청문회'는 다시 한바탕 소동으로 끝날 수밖에 없다. 그렇게 된다면 국격도, 공정한 사회도, 선진국 진입도 공허한 구호로 떠돌고 정의에 대한 목마름만이 깊어질 것이다.

2010. 9. 6

왕 회장의 빛바랜 사진

어느 날 문득 발견한 한 장의 빛 바랜 사진.

잊혀졌던 사연이 되살아나고 아련한 그리움도 묻어난다.

추억은 소중하고 과거는 대개 아름답기 마련이다.

요즘 낡은 필름으로 되살아나 우리 곁으로 돌아온 인물이 있다. 왕 회장(고 정주영 현대그룹 창업자)이다. 동영상으로, 흑백사진으로 신문방송에 등장하는 일이 잦아졌다. 경제위기 과정에서 동영상 광고를 시작한 곳은 현대중공업이다. '정주영' 하면 "하기는 해봤어?"라는 말이 떠오를 만큼 불굴의 기업인으로 각인돼 있어 위기극복 캠페인 광고이겠거니 싶었다.

얼마 전부터는 또 다른 모습의 왕 회장이 등장했다. 아들인 고 정몽헌 현대그룹 회장과 나란히 서 있는 사진도 선보였다. 현대그룹의 신문광고다. 기업이 광고를 낼 때는 이유가 있는 법이다. 고인이 광고에 등장하는 것은 극히 이례적이다. 이를 감안하면 현대그룹 광고는 흔한 보통 광고가 아닌 게 분명하다.

불의의 사회, 진실의 불편함

그렇다. 한눈에 속내가 드러난다. '현대건설의 정통성은 현대그룹이 가지고 있다'는 선언이다. 매물로 나온 현대건설을 타깃으로 사람들의 감성을 자극하는 여론전 성격의 광고다.

왕 회장의 생전 모습을 보면서 떠오르는 감상은 사람마다 다를 것이다. 나는 개인적으로 30여 년 전의 '쑥스러운' 질문이 떠오른다.

왕회장은 당시 현대그룹 회장에 전국경제인연합회 회장으로 왕성한 활동을 벌이던 60대 중반의 나이였고, 현대그룹에는 건설, 자동차, 종합상사, 중공업 등이 맹위를 떨치고 있었다. 그런 시절 대한민국 최고 재벌의 총수에게 던진 질문이 "현대그룹 여러 계열사 중 어떤 회사가 가장 맘에 듭니까?"였다. 유치원생의 호기심 같은 우문이다.

기대는 크지 않았다. 직원들이 귀가 있고, 깨물어 안 아픈 손가락 없다는데, 두루뭉술 적당히 대답하겠지. 그러나 대답은 의외로 명쾌했다. 주저하는 기색도 없었다.

"건설이지, 현대건설. 건설이 제일 재미있어요."

우문에 현답이었다. 정 회장은 조금 더 설명했다. 무에서 유를 만들어 내는 일―허허벌판에 길을 내고, 항만을 건설하고, 치열한 수주경쟁, 무궁무진한 아이디어에 완공 후 성취감―이처럼 재미있는 일이 어디 또 있나. 유치한 질문이 솔직한 대답으로 빛나는 순간이었다.

그런 현대건설이 부실의 멍에를 쓰고 채권단에 넘어간 지 10여 년. 절치부심 되살아나 인수합병(M&A) 시장에 매물로 나왔다. 인수전은 현대차그룹과 현대그룹의 경합으로 압축됐다. 왕 회장의 아들과 며느리의 싸움이라고 세상은 쑥덕인다. 장자냐, 적자냐 하는 말도 나온다. 현대가문의 애증의 역사가 다시 화제에 오르고, 그것이 현대건설이 가지는 무게를 압도한다.

'현대가의 싸움'으로 비춰지는 것이 이번 인수전의 불행한 구도다. 한 장의 사진이 추억을 불러오지만 그것은 과거사일 뿐. 채권단의 특별지원을 받았고 공적자금이 투입된 공적 영역의 기업이다. 현대건설 매각은 친자확인도, 상속절차도 아니다.

구경꾼의 호기심이 현대건설의 명운을 결정하는 것은 더욱 아니다. 현대건설은 대한민국 간판 건설업체다. 감성보다 이성, 가족사가 아닌 경제원리, 나아가 한국 건설업의 꿈과 비전을 담은 잣대로 주인을 찾아야 함은 물론이다. 채권단의 책무가 무겁다. 몸값 올리기에 매달린다면 '승자의 저주'가 부메랑이 돼 채권단을 후려칠 수 있다. 인수보다 중요한 것은 인수 이후다.

과거는 추억으로 묻고 공적 영역으로 들어온 현대건설의 현실을 직시하자. 회사 미래에 방점을 주자. 인수희망 기업 면접이 있다면 이런 질문은 어떨까.

"건설이 정말, 다른 사업 제치고 제일 재미있겠어?"

2010. 10. 11

불의의 사회, 진실의 불편함

G20, 뭔가 다른 그들의 유전자

학교 문턱에도 가보지 못한 하녀의 아들, 가로등 불빛 아래서 공부했던 소년, 16세 여고생의 가녀린 손으로 총을 들었던 게릴라 여전사⋯⋯. 그런 과거를 딛고 한 나라의 정상에 오른 사람들. 그들이 온다.

평범한 촌부의 일생에도 책 한 권 쓸 만한 사연은 담겨 있기 마련이다. 하물며 한 나라의 정상에 오른 사람들, 지구촌 200개가 넘는 나라 중에서 선택된 20개국 정상들에게 남다른 면모, 뭔가 다른 유전자가 없을 리 없다.

사흘 후면 그들을 서울에서 만난다. 글로벌 경제의 새 판을 짜는 주요 20개국(G20) 정상회의다. 청사초롱에 불이 켜졌다. 만찬 건배주도 정해졌다. 거리에는 환영 현수막이 요란하다. 정부는 '국격'을 강조하고 '국민적 참여와 성원'을 당부한다. 국민들은 이쯤에서 혼란스러워진다.

중요한 회의라는 데 이의를 달 생각은 없다. 자부심도 생긴다. 그런데 성공을 위해 적극 참여하라니, 무엇을 어떻게 해야 하나. 그저 승용차나 집에 놓고 나오면 되는가.

무대는 멀고 나누는 대화는 난해하다. 머리로는 이해하지만 가슴에는 쉽게 와 닿지 않는다. G20을 경제올림픽이라 부르는 사람도 있지만 분명 열광하고 동참하는 올림픽이나 월드컵과는 다르다. 그러니 부디 성공하기를 바라는 충정만으로 성의를 표할 수밖에 없을 듯하다.

그래도 허전하다면 이런 감상법은 어떨까. 그들의 '독특한 DNA'를 한번 검증해보는 일이다. 무엇이 다르고, 무엇이 같은가. 어떤 인생을 살아왔기에 그 자리에 우뚝 선 것일까.

그렇다. 그들의 이력에는 뭔가 다른 유전자가 엿보인다. '최초'는 그들의 가장 빛나는 유전자다. 최초란 도전과 개척정신의 산물이다. 전인미답의 고독한 길을 헤쳐온 징표다.

여성 정상들을 보라. 크리스티나 페르난데스 아르헨티나 대통령은 세계 최초 선출직 부부 대통령이자 첫 여성 선출 대통령이다. 줄리아 길러드 호주 총리는 최초 여성 총리 겸 이민자 출신 첫 총리다. 앙겔라 메르켈 독일 총리 역시 최초의 여성 총리에 최연소의 2관왕이다.

데이비드 캐머런 영국 총리는 198년 만의 최연소 기록을 세웠으며, 수실로 밤방 유도요노 인도네시아 대통령은 첫 직선 대통령이다. 니콜라 사르코지 프랑스 대통령 역시 전후 세대 최초이자 이민 2세 출신 첫 대통령. 드미트리 메드베데프 러시아 대통령은 역사상 가장 젊은 나이로 크렘린의 주인이 됐다. 버락 오바마 미국 대통령은 232년 미국 역사상 최초로 인종의 벽을 허물고 당선된 첫 흑인 대통령이다.

불의의 사회, 진실의 불편함

불굴의 정신, 투쟁의 역사도 그들의 DNA다. 룰라 다 실바 브라질 대통령은 길거리에서 땅콩을 팔던 빈농의 아들이었고 레제프 타이이프 에르도안 터키 총리와 만모한 싱 인도 총리 역시 빈민가 출신의 입지전적 인물이다.

간 나오토 일본 총리는 4번 만에 변리사 시험에 합격했으며, 국회의원도 3번 떨어진 뒤에야 당선됐다. 제이콥 주마 남아공 대통령은 흑인차별 정책에 맞서 무장투쟁한 역전의 용사다(호세프 브라질 대통령 당선자 역시 반정부 게릴라에 가담했다).

한없이 강해 보이는 그들이지만 부드럽고 인간적인 면모도 보인다. 음반을 낸 가수 대통령, 시인 총리, 록밴드에 심취한 정상, 미용사와 동거 중인 미혼 총리에 5번 결혼한 대통령도 있다.

세계를 주름잡는 정상들의 얼굴이 신문방송을 장식할 때 그들의 파란만장한 인생사를 떠올려보면 G20이 조금은 즐겁고 편하게 다가오지 않을까. 길이 있어서 걸은 게 아니라 스스로 걸어서 길을 만든 사람들. 젊은이들이라면 그들의 삶을 보면서 도전의식이 불끈 솟아오르지는 않을까.

2010. 11. 8

연평도만 아픈 게 아니다

"행사기간 중에는 북한이 도발하지 않을 것이라 확신했다. 역시 아무 일도 일어나지 않았다."

주요 20개국(G20) 서울 정상회의가 끝난 직후 G20 준비위원장을 맡았던 사공일 무역협회장이 기자들과 나눈 말이다. 그의 논리는 이렇다. '북한이 무모한 행동을 한다면 정상회의의 이슈가 경제에서 정치로 바뀌고 세계의 시선이 쏠릴 것 아닌가. 정상들이 북한을 규탄하는 공동선언문이라도 내놓는다면 북한은 어떻게 되겠는가.'

그의 판단은 지극히 상식적이고 논리는 흠잡을 데 없어 보인다. 그러나 간과한 것이 있다. 상대는 상식과 논리가 통하지 않는 예측불가의 존재라는 점이다.

실제 G20이 열렸던 11월 11~12일 한반도는 평온했고, 회의는 성공적으로 치러졌다. 한반도 어디에도 도발의 징후는 없었다. 적어도 사공 위원장이 그런 말을 했을 때까지는 그런 듯 보였다. 결과를 말하자면 결론은 성급했고 판단은 빗나갔다.

G20 회의가 열리고 있던 그 순간 G20을 겨냥한 북의 '1차 공격'은 이미 시작되고 있었다. 의도는 분명하고 공격은 노골적이었다. 공동 선언문을 채택하던 날 북한 영변에서는 미국 핵전문가 지그프리드 헤커 박사가 현대식 우라늄 농축시설에 놀라고 있었다. 북한이 2,000여 개의 원심분리기를 공개하는 순간이었다.

20개국 정상들이 신경제 구축을 다짐하는 날 북한은 전 세계를 향해 또 한 번 핵 위협 공세를 편 것이다. 잔치 판을 깨는 절묘한 택일이었다.

그로부터 11일째 되던 11월 23일 오후 2시 34분, 북한의 '시간차 2차 공격'이 개시됐다. 이번엔 핵이 아닌 재래식 무기였다. 연평도 포격이다. 무차별 포격에 꽃다운 해병대원 2명이 스러졌고, 민간인 2명도 숨졌다. 주민들은 때 아닌 피난길에 올랐다.

북한의 포탄은 연평도만을 겨눈 게 아니다.

G20은 중요한 표적이었고 더불어 G20 성과에 한껏 고무됐던 이명박정부의 심장을 때렸다. 그 증거는 수치로 명확하게 나타났다. 여론조사기관 리얼미터에 따르면 이명박 대통령의 지지도는 G20 정상회의에 힘입어 11월 둘째 주 47.4%까지 치솟았다. 그러나 북한의 연평도 포격 직후 42.7%로 급락했다. 제대로 대응하지 못했다(49.0%)는 실망감이 분노와 함께 표출된 결과다. 북한의 해안포는 'G20을 잘 치렀다'는 호의적 평가(71.6%)를 그렇게 2주 만에 박살낸 것이다.

5,000만의 가슴에도 포흔이 깊다. 한국전쟁 이후 최초의 영토 공격에 소스라쳤고, G20 개최국의 성취감과 자긍심은 일순간 상실감과 분노로 바뀌었다. 첩보를 뭉개버린 안이한 대처, 허둥댄 초기 대응,

'보온병 포탄'과 '폭탄주' 논란, 논두렁에 처박힌 대응 포탄……. 그런 모습을 접할 때마다 국민들의 상처는 다시 욱신거린다.

또 있다. 누구도 상상하지 못한 곳에서 포탄은 작렬했다. 북한 자신의 머리 위다. 무차별 도발에 분노하는 거친 목소리가 포탄이 되었다. 리얼미터 여론조사에서 '확전되더라도 강력한 군사대응을 해야 한다'는 주장이 44.8%에 달했다.

아산정책연구원 조사에서는 응답자의 80.3%가 '연평도 사태에서 더 강력한 군사적 대응을 해야 했다'고 답했다. 전에 없던 강경여론이며 분노이자 적개심이다. 만의 하나 다시 도발을 꿈꾸고 있다면 북한은 직시해야 한다. 연평도를 향해 발사한 폭탄이 이처럼 스스로의 목줄을 죄는 부메랑이 됐다는 사실을.

포격으로 희생된 민간인의 장례가 오늘 치러졌다. 피난 온 연평도 주민들은 여전히 찜질방 신세다. 서해에서 사격훈련이 시작됐다. 북은 다시 위협을 한다.

모두 아프다. 연평도는 현재진행형이다.

2010. 12. 6

불의의 사회, 진실의 불편함

2011년, 젓가락의 마술을 기대하며

새해는 느리게 시작됐다.

주말에 도착한 2011년은 휴일을 건너면서 천천히 우리 곁으로 다가왔다. 나쁠 것은 없다. 연휴도 없어진 터에 이런저런 생각과 다짐을 하면서 여유롭게 신년을 맞은 것은 고마운 일이다.

오늘로 2011년 3일째. 하지만 일터는 새해 첫 출근, 첫날이다. 일상으로 돌아온 시장은 다시 소란해졌고 회사마다 하례식 또는 시무식으로 떠들썩하다. 늘 함께하는 동료들이지만 오늘 힘주어 맞잡은 손이 한결 따스하다. 건강과 행운을 비는 덕담이 오가고, 약속과 다짐이 어우러져 빛을 낸다.

해가 바뀌었지만 세월과 연식의 매듭이 선명한 것은 아니다. 열흘 넘게 이어지고 있는 매서운 추위, 폭설주의보, 구제역 확산 소식……. 출근 길의 분망함도 작년이었던 지난주와 다를 것이 없다.

사무실 풍경 역시 작년 그대로다. 손 때 묻은 컴퓨터, 몇 권의 책, 뒤섞인 서류뭉치. 아, 달라진 게 딱 하나 있다. 탁상용 달력이 바뀌었다. 묵은 2010년 달력을 밀어내고 2011년판이 자리를 차지했다.

작은 캘린더 하나가 사무실의 연식이 바뀌었음을 알리는 유일한 징표다.

새 달력 첫 장을 보면서 혼자 물어본다. 2011년은 어떤 해가 될 것인가. 정치적으로는 시끌벅적한 한 해가 될 것이다. 큰 선거는 없지만 2012년 대선과 총선을 겨냥한 치열한 물밑 싸움이 벌어질 게 뻔하다. 남북관계는 말 그대로 예측불허다. 사회 곳곳은 갈등의 불씨로 위태위태하다.

위기를 넘긴 경제가 위안이라지만 성장이나 물가, 일자리 모두 마음이 놓이지 않는다. 나라 밖 사정도 불안 불안하다. 2011년 한 해 운세가 결코 평탄해 보이지 않는다.

신묘년 토끼 해 '2011'년, 관상부터 예사롭지 않다. 21세기 두번째 10년의 출발점을 상징하는 '1'자 둘이 나란히 서 있다. 2011년을 줄여 한 해 동안 쓰게 될 '11. 축구마니아들은 베스트 일레븐을 떠올리면서 가슴이 뜨거워지겠지만, 그렇게 단순한 열정의 기호만으로 다가서지는 않는다.

11의 형상은 '공존'과 '대립'이다. 마주 선 연인처럼 11의 모습은 아름다운 동반자, 공존으로 다가온다. 공존은 마주 보고 서는 것이다. 함께 가는 것이다. 같은 곳을 바라보는 것이다. 너와 나의 다름이 오히려 서로의 부족함을 채우는 축복이다.

11의 또 다른 모습은 영원한 평행선, 곧 대립이자 갈등이다. 편 가르기다. 따로 가는 길이다. 타협과 양보는 곧 패배다. 같은 숫자의 모양새에서 어떻게 이런 상반된 이미지가 떠오르는 것일까. 2011년이 가진 숙명인가.

불의의 사회, 진실의 불편함

이명박정부가 외쳐온 '동반'과 '공정'의 화두는 새해에도 이어질 것이다. 대기업과 중소기업, 부자와 빈자, 힘 있는 자와 약한 자, 남과 여, 서울과 지방, 여와 야—이들에게서 동반과 공정의 룰은 지켜지고 있는가. 적어도 전보다는 나아지고 있는가. 글쎄다.

대립의 평행선은 오히려 짙어졌다. 갈등과 반목이 생태적 본능인 듯한 정치권. 4대강 물줄기에 굽이굽이 어려 있는 갈등의 상처. 접점 없는 남북 대치. 글로벌 경제가 고비를 넘긴 후 각자도생의 길을 가고 있는 나라들.

2011년의 관상은 그것뿐일까. 문득 '11'에서 또다른 실체적 형상 하나가 떠오른다. 우리의 젓가락이다. 혼자서는 그저 나무 한 토막, 플라스틱 한 가닥에 불과하지만 둘이 한 점에서 만날 때 살아나는 젓가락의 생명력. 반도체, 생명공학을 세계적 수준으로 올려놓은 대한민국 젓가락의 마술.

이인동심 점점형통(二人同心 漸漸亨通)—둘이 하나 되니 무엇이든 이루리라.

2011년은 만남으로써 기적을 이루는 젓가락의 마술이 한반도에서 펼쳐지기를 기대해본다.

2011. 1. 3

MB왕국의 물가전쟁

지난 13일 청와대에서 열린 국민경제대책회의.

이명박 대통령이 회의 말미에 주유소 기름 값을 놓고 "묘하다"고 말했다.

'묘하다'는 것은 뭔가 이상하다, 비정상이다, 상식과 다르다는 뜻이다. 국내 기름 값이 14주째 오르고 있는 시점이었다. 그러니 이 대통령이 왜 그런 말을 꺼냈는지 눈치 빠른 각료들이 그 흉중을 헤아리는 것은 어려운 일이 아니었을 것이다.

하루 뒤인 14일. 주요 부처 물가 담당자들이 모였다. 임종룡 기획재정부 제1차관이 결연한 표정으로 입을 뗐다. "휘발유 값 대책을 반드시 강구하겠다." 즉각 석유가격의 적정성 검토를 위한 특별 태스크포스(TF)가 구성됐다. 공정위는 100여 명의 요원을 투입, 현장조사에 들어갔다.

다시 하루가 지난 15일. 도로공사가 전국 고속도로 주유소의 휘발유와 경유 값을 리터당 20원씩 자율 인하한다고 발표했다. '자율 인하'라는 표현이 인상적이다. 고속도로 기름 값 기사가 인터넷에 뜨자

불의의 사회, 진실의 불편함

댓글이 이어졌다. "전세 값, 무·배추 값도 묘하다." "지금까지 손 놓고 있다가 대통령 한마디에 기름 값 잡겠다고? 직무유기 아닌가." "장난이냐, 200원은 내려야지."

때아닌 기름 값 소동을 보면서 궁금증이 일었다. 반드시 마련하겠다는 대책이 뭘까. 대단한 묘수라도 있나. 또 하나. 남대문시장을 찾은 대통령의 사진을 본 적은 있지만 주유소 들렀다는 얘기는 들어본 기억이 없다. 오가다 주유소 가격표를 봤어도 장관들이 대통령보다 훨씬 더 많이 봤을 터다. 그런데 왜 대통령의 '묘하다' 한마디에 장관들은 금시초문이라는 듯 화들짝 놀랐을까.

확인된 사실도 있다. 대통령 말씀의 여전한 위력이다. 행정부 안에 아직 '다리를 저는 오리'는 나타나지 않았다는 징표다.

기름 값 논란은 '물가와의 전쟁'에서 불거진 국지전일 뿐이다. 전쟁은 대통령의 입에서 비롯됐다. "물가와의 전쟁이라는 생각으로 물가 억제를 위해 노력하라." 이 대통령은 지난 4일 새해 첫 국무회의에서 물가를 향해 선전포고했고, 각료들은 즉각 전투태세에 돌입했다.

갓 장관급 자리에 오른 신참 공정거래위원장이 최선봉에 섰다. 그는 30년간 나부끼던 '경쟁촉진'이란 깃발을 내리고 '물가기관'이라는 새 깃발을 내걸었다. 물가감시 특별대책반도 만들었다. 공정위 전투 요원들에게는 "공정위가 물가기관임을 이해하지 못하는 직원은 인사 조치하겠다"고 일갈했다. 전직 공정위 간부는 이를 보고 "시장경제의 재앙"이라 평했다.

지난 13일 7개 부처 장관이 종합물가대책을 발표한 자리는 물가와의 일전에 나서는 엄숙한 출정식이었다. 공공요금 동결, 등록금 억제,

유통구조 개선과 같은 단골 세트메뉴가 쏟아졌다. 어리바리하던 장수들도 달라졌다.

현관에 '물가안정'이라 크게 써 붙인 한국은행의 수장이 그 하나다. 연초만 해도 '견고한 성장'과 '물가안정 기조' 사이에서 오락가락하던 그가 돌연 기준금리를 올리면서 전장에 뛰어들었다. 급기야 시장에서도 기이한 현상이 나타났다. 콩 값이 뛰었다며 두부 값을 올렸던 업체들이 도로 값을 내린 것이다. 묘한 일이다.

물가의 경고음이 나온 지는 오래다. 나라 밖도 소란스러웠다. 정부는 계속 못 들은 체했다. 배추 파동이 그랬고 전세 대란, 기름 값도 그랬다. 물가의 공세는 갈수록 거세졌다. 서민 가계는 벌써 구멍이 숭숭 뚫렸다.

그런데도 대통령이 전쟁을 선언한 뒤에야 비로소 왕국의 전사들처럼 전장으로 돌진한다. 스마트 시대라지만 신무기도, 치밀한 준비도, 전략도 없다. 때리고, 눌러서 잡겠다는 투지만이 빛날 뿐.

개전 20일, 승전보는 들려오지 않는다.

2011. 1. 24

불의의 사회, 진실의 불편함

그래도 '장하준'을 읽어야 하는 이유

1987년 10월 19일 뉴욕 증권시장.

문을 열자 '팔자' 주문이 쏟아졌다.

월가는 패닉에 빠졌고 주가는 하루 동안 22.6%가 곤두박질쳤다.

그 유명한 '블랙 먼데이'다. 이를 미리 내다본 사람이 있었다. 월가의 투자전략가 마크 파버다. 그는 대폭락을 예견하고 보유주식을 현금화하라고 소리쳤다. 그 후 파버에게 닥터 둠(Dr. Doom)이라는 음습한 별명이 붙었다. 경제비관론자를 뜻하는 '닥터 둠'이란 말은 그렇게 탄생했다.

2006년 또 한 명의 탁월한 닥터 둠이 등장했다. 누리엘 루비니 뉴욕대 교수다. 그는 국제통화기금(IMF) 세미나에서 주택시장 버블 붕괴, 금융기관 파산, 대기업 국유화 등 미국 경제의 12단계 붕괴론을 제시했다. 그의 예언은 미국 경제의 '운명'인 듯 하나씩 현실로 다가왔다.

비극적 운명론은 불길한 기운이 넘실댈 때 빛을 발한다. 2008년 금융위기는 닥터 둠들의 성가를 드높였고 2009년 다보스 포럼에서 절정을 이뤘다. 그들의 비관론은 회의장을 압도했다. 루비니 교수는 "세계 경제가 침체를 넘어서 불황에 들어설 것"이라 선언했다. 노벨 경제학상 수상자인 펠프스 컬럼비아대 교수는 "세계 경제는 L자형 장기침체에 빠질 것"이라 진단했다.

그로부터 1년이 지난 2010년의 다보스 포럼. 닥터 둠들은 더 이상 무대의 주인공이 아니었다. 비관적 예측이 빗나간 결과다. 루비니가 14% 추락을 전망했던 2009년 중국의 성장률은 8%를 넘어섰다. 그뿐 아니다. 주택시장 폭락을 예견해온 그가 뉴욕의 550만 달러짜리 고급 아파트를 사들였다. 시장에서는 그가 부동산 시장의 전망을 바꿨다며 수군댔다.

실패한 예언가 루비니는 퇴장했을까. 아니다. 건재하다. 더블 딥 위험은 소멸됐다 말하고, 양적완화를 적극 옹호한다. 닥터 둠이라 부르면 '닥터 리얼리스트(현실주의자)'라 받아친다. 반대편의 낙관론자들도 여전히 그와의 논쟁을 즐긴다. 그의 어긋난 예언을 제물로 삼지 않는다. 비관론자와 낙관론자는 적이 아니라 동지다.

닥터 둠의 전성기인 금융위기 때 쓰여진 한 권의 책이 한국에서 돌풍을 일으켰다. 케임브리지대 장하준 교수의 『그들이 말하지 않는 23가지』다. '그들'은 '자유시장주의자'들이다. 장 교수는 '자유시장 자본주의'를 가리켜 '가장 나쁜 시스템'이라 몰아세운다.

제목부터 논쟁 유발적인 그의 책은 단숨에 베스트셀러가 됐다. 보수, 진보 양쪽에서 함께 공격하는 기현상이 벌어졌다. 급기야 지난주 전국경제인연합회 부설 한국경제연구원에서는 조목조목 문제를 제기하는 보고서까지 내놨다.

불의의 사회, 진실의 불편함

학자의 개인적 소견에 연구기관이 정색하고 덤벼들다니……. 하지만 한경련의 목표가 '자유시장경제 창달'임을 안다면 고개가 끄덕여질 것이다. 자유시장을 정조준한 '경제이론에 무지'(한경련)한 경제학자를 어찌 용서할 수 있으랴.

나 또한 '23가지'에 의심이 많은 편이다. 그럼에도 장 교수를 옹호한다. 빼어난 글솜씨나 뚜렷한 소신 때문만은 아니다. 자본주의의 다양한 얼굴에서 시장경제 한 대목을 쑥 뽑아내 비수를 들이댄 장하준 같은 삐딱한 학자 한 명쯤 자본주의를 위해서도 필요한 게 아닌가. 벼슬을 탐하고, 논문을 베끼고, 교재나 만드는 한국의 저명한 경제학자들보다 백 배는 낫다.

한경련도 잘했다. 논쟁은 생각과 시야를 넓힌다. 더 나아가 '장하준이 말하지 않는 46가지'가 나오기를 고대한다.

그래도 '장하준의 책'이 뭔가 불만스럽다면 한 가지만 덧붙이겠다. '생각을 일으키는 책. 설사 그의 견해에 동의하지 않는다 해도 읽을 가치가 있다.' (폴 크루그먼의 『불황의 경제학』에 대한 로이터의 서평)

2011. 2. 14

어디 '사외이사' 한자리 없소?

트위터, 페이스북과 같은 소셜 네트워크 서비스(SNS)가 세상의 역사를 새로 쓰고 있지만, 한국에서 역사를 만들어내고 있는 것은 여전히 개인적 연고(緣故) 네트워크다. 지연, 혈연, 학연에 종교적 인연까지 얽혀 있는 한국적 네트워크의 견고함은 느슨한 인터넷 소셜 네트워크에 비할 바 아니다. 정치권에서 '고소영'이니, '영포라인'이니 하는 말이 끊임없이 오르내리는 연유도 그런 데 있다고 하겠다.

정치권만을 탓할 게 없다.

학연만 해도 그렇다. 학벌주의 타파를 그렇게 강조하는 언론을 보라. 서울대 합격생을 많이 낸 순서로 전국 고등학교를 줄 세워 대문짝만 하게 싣는 나라다. 동창회는 학창시절을 추억하며 끈끈한 인연을 확인하는 자리다. '국적은 바꿀 수 있지만 모교는 영원하다'는 구호를 외치고, 교가를 합창하면 동창회 분위기는 절정에 이른다.

동창회는 유쾌하다. 잘못이 없다.

문제는 학연이 동창회 울타리를 뛰어넘었을 때다. 누구나 알 만한 대기업의 이사회. 중요한 정책방향을 결정하는 자리. 5명의 사외이사

불의의 사회, 진실의 불편함

가 참석했다. 2명은 오너 회장의 고교 동기동창, 2명은 오너의 2년 후배다. 회장이 "회사 방침은 이렇다, 여러분의 생각은 어떤가" 하고 물었다면 사외이사들은 어떻게 답할까. 장담하건대 99.9%는 '예스'라 할 것이다.

넘겨짚는 게 아니다. 통계가 증명한다. 우리나라에 사외이사 제도가 도입된 12년간 대기업에서 사외이사 반대로 인수합병, 신사업과 같은 주요 사안에 제동이 걸린 사례는 없다. 골프회원권 등기 부결, 이웃돕기 지원 반대 정도가 그나마 큰 반란에 속한다. 하물며 동창생으로 짜여진 이사회에서 누가 오너에 반기를 들겠는가.

동창회를 방불케 하는 이사회 풍경은 소설이 아니다. 실제 상황이다. 경제개혁연구소 조사를 보면 지난해 기준 67개 그룹 278개 상장사의 사외이사 854명 중 '회사와 이해관계에 있는 이사'의 비중이 32.2%(275명)에 달한다. 계열사, 소송대리인, 정부·채권단, 거래업체 등 직접적 관계가 있는 곳의 임직원은 144명, 지배주주와 학연으로 얽힌 사외이사만도 131명에 이른다. 사외이사 전원이 이해관계자인 대기업도 있다.

얼마 전 금융시장을 뒤흔든 신한금융 사태(경영권을 둘러싼 내분) 와중에서 주인공인 '최고경영진 3인방' 못지않게 성토의 대상이 된 사람들이 있었다. 바로 사외이사다.

회장의 장기 독주를 견제하지 못한 무력함, 사태 수습 과정에서의 무기력, 후임 선출에서 보여준 파벌 대변인 역할. 급기야 회장 후보에 올랐던 김병주 서강대 명예교수가 "사외이사들이 올바른 자세를 보라"고 직격탄을 날리기에 이르렀다.

(이후 신한금융 이사회는 라응찬 전 회장의 스톡옵션 행사에 손을 들어줘 다시 한 번 '정신 못 차렸다'는 소리를 들었다.)

신한 사태는 사외이사들이 제 역할을 찾는 전화위복의 계기가 될까. 비관적이다. 오너와 경영진에게 엉뚱한 학습 효과를 남겼다. 비상 상황에 대비키 위해서라도 '내 식구'를 앉히자. 동창회면 어떻고 향우회면 어떤가, 확실한 내 편이라면…….

사외이사 지망생들이 끊임없이 몰리는 현실도 불길한 징조다. 끈 떨어진 전직 관료나 정치권을 맴돌던 백수들 사이에 사외이사는 로비를 불사하고 차지해야 할 황금의자다. 본업을 팽개치고 겹치기로 뛰는 전문가급 사외이사도 적지 않다. 문제의 심각성은 이들과 경영진의 속셈이 짝짜꿍을 이룬다는 데 있다.

바야흐로 주총 시즌이다. 정권 후반기에 접어들었으니 사외이사도 이제 막차다. 대기업, 금융기관, 공기업의 뒤쪽에서 연줄 찾아 떠도는 분주한 발걸음 소리가 들려오는 듯하다.

"어디 괜찮은 사외이사 자리 하나 없소?"

2011. 3. 7

불의의 사회, 진실의 불편함

집에서 쫓겨난 아들

지난 주말 아들이 짐을 싸들고 집을 나갔다.

짐이라 할 만한 것도 없다. 컴퓨터와 청바지 몇 벌, 운동화 몇 컬레 정도다. 가출도, 지방근무 발령이 난 것도 아니다. 태어나면서부터 이어진 부모와의 동거를 청산하고 주거독립의 길로 들어선 것이다.

아들 스스로 내린 결정은 아니다. '나가라'는 아내의 집요한 압박이 결정적인 작용을 했다. 아들을 내쫓은 어머니라니, 이상하게 비쳐질 수 있겠지만 요즘 세태를 반영하는 그럴 만한 사정이 있었다. 나이 서른을 훌쩍 넘겨도 결혼할 기미가 보이지 않았다. 직장이 있고, 오랜 여자친구도 있는데 그랬다. 결혼을 거부할 뚜렷한 이유나 명쾌한 논리가 있는 것도 아니다.

아내가 아들을 집에서 축출키로 작정한 이유는 단순하다. 부모에게 편하게 얹혀살기 때문에 결혼의 필요성을 느끼지 않는다는 것이다.

주변에서도 맞장구를 쳤다. 밤늦게 들어와도 잠잘 수 있는 공간, 밥과 빨래를 아무런 대가 없이 해결할 수 있는 집이 결혼의 최대 장애물이라는 게 아내의 판단이다. 고생해봐야 결혼한다는 논리다. '꼭 결혼해야 하는가' 하는 아들의 반론은 토론의 대상이 될 수 없다. 적령기에 결혼하고 아이를 낳는 것은 아내에겐 물 흐르듯 자연스러운 인생의 당위이자 섭리다.

결혼을 둘러싼 모자간의 현격한 간극은 좁혀질 수 있을까. 집을 나와 홀로 방에 앉아 있으면 결혼이 절박해질까. 아들은 처음 '나가라'는 말에 뜨악한 표정이었다. 그러나 곧 달라졌다. 다소의 비용을 치르더라도 속박에서 벗어나 얻게 될 자유에 가슴이 부풀기 시작했다.

'불편'과 '자유' 중에 무엇이 득세할지 아직은 알 수 없다. 결과가 어떻든 독립이 결혼으로 이어지리라는 아내의 기대가 쉽게 실현될 가능성은 높지 않아 보인다.

아들의 집을 구하면서 동병상련의 동지를 만났다. 중개업소 대표가 '우리 집도 하나뿐인 아들이 얼마 전 집을 나갔다'며 부모 속을 썩이는 '웬수'가 주위에 하나둘이 아니라고 위로 아닌 위로를 했다. 자식의 결혼과 독립의 문제는 그렇게 사회적 이슈로 확장됐다.

월급이 뻔한 아들이 처지에 맞는 집을 구하는 일은 매우 어려웠다. 최소한의 기준은 출퇴근이 쉬운 교통환경에 월세 50만 원 이하. 웬만한 오피스텔은 월세 상한선을 크게 넘어섰다. 허름한 원룸으로 타깃을 정하고 보증금을 올려서라도 50만 원 한도를 고수하려 했으나 쉽지 않았다.

전월세 파동 속에 칼자루를 쥔 것은 집주인.

저금리 시대에 누구나 보증금보다 월세를 챙기려 했다. 어렵게 3곳의 후보가 나타난 것은 중개업소의 뛰어난 입담 덕이었다.

기대도 잠시, 곧 좌절의 쓴맛을 봐야 했다. 1차, 2차 후보 모두 계약 직전에 딱지를 놓는 게 아닌가. 월세를 더 주겠다는 사람이 나타났기 때문이다. 몇 시간 전의 구두 약속은 아무런 효력이 없었다. 3번째 집주인은 뛰어난 임기응변 실력을 발휘했다. 관리비가 비싸다고 하자 즉석에서 절반으로 뚝 깎아주었다.

감격도 잠깐, 줄어든 관리비를 월세에 고스란히 얹은 사실을 발견한 것은 계약서를 쓰는 자리에서다. 조삼모사의 원숭이 대접을 받은 꼴이다. 집을 구하기 어려울수록 힘없는 전월세입자들은 봉이 될 수밖에 없다는 사실을 절감하는 순간이었다.

집안의 소소한 얘기를 꺼낸 것은 만혼, 저출산, 주거형태 변화, 전월세 대란 등 요즘의 사회적 이슈를 체감하면서 이런저런 생각을 하는 계기가 됐기 때문이다.

저출산, 당사자들이 심각하게 생각하지 않는데 쉽게 풀릴까. 작은 집, 세상이 변했다. 더 많이 지어야 한다. 전월세 대란, 집주인의 위세가 등등할 때는 어떤 대책도 약효가 없다.

2011. 3. 28

'경계'에 실패한 MB경제

졸면 죽는다.

흔들리는 나뭇잎에도 가슴이 철렁한다. 눈을 부릅뜬다. 바람이었나. 잠을 토막 내 전선을 지키는 초병의 밤은 그래서 짙고 길다.

그들이 밤을 견뎌내는 힘은 무엇인가. 졸면 죽기 때문이다. 나만이 아니다. 전우가, 부대가, 두고 온 가족이 죽는다. 전투에 실패한 병사는 용서할 수 있지만 경계에 실패한 병사는 용서할 수 없는 이유다.

졸면 죽는 것은 전장의 병사만이 아니다. 경제현장도 그렇다. 경계의 성패는 생존과 곧바로 이어진다. 경계는 스스로를 채찍질하는 긴장의 끈이다. 위기를 알아채는 능력이며 미래를 읽는 눈이다. 일본의 잃어버린 20년, 외환위기, 스마트 돌풍에 무너진 기업들. 모두 실패한 경계의 희생자다.

한국 경제가 사면초가에 빠졌다. '경제대통령'을 내세워 출범한 이명박(MB) 정부의 딜레마이자 'MB노믹스'의 최대 위기다. MB경제 추락의 증거는 지난주 한국은행이 발표한 '2011년 경제전망' 수정치에 그대로 담겨 있다. 물가상승률 전망치가 3.5%에서 3.9%로 솟았다. 경상수지 흑자액은 180억 달러에서 110억 달러로 뚝 떨어졌다. 실업률은 3.5%에서 3.6%로 올라갔다.

같은 날 통계청이 내놓은 청년실업률은 9.5%에 달했다(앞서 국제통화기금은 한국 물가전망을 3.4%에서 4.5%로 높였다. 한은의 위기의식이 강렬하지 않다는 얘기다).

대기업들이 돈더미에 올랐고 국민소득은 2만 달러를 돌파했는데 무슨 총체적 위기냐고 말하고 싶은 사람들이 있을 것이다. 하지만 그것이 온전한 실력인가. 진정 국민의 주머니 사정은 나아졌는가. 고환율과 저금리가 거품이 되어 실적을 부풀렸고 양극화의 그늘은 한층 짙어졌다. 서민의 삶은 더 고단하고 힘겨워졌다.

도대체 4개월 사이에 무슨 일이 벌어진 것일까. 왜 보수적인 한은이 경제전망을 고쳐 썼을까. 중동의 재스민 혁명, 일본의 대지진, 원유 값의 상승……. 그것만으로 흔들리는 한국 경제를 설명하기에는 부족하다. 시발은 훨씬 전부터다.

MB경제는 금융위기의 와중에서 출발했다. 고통은 컸지만 위기는 기회이기도 했다. 빠른 위기 탈출로 경제팀은 우쭐해졌다. 주요 20개국(G20) 정상회의 개최에 들뜨면서 MB경제의 자부심은 정점에 이른 듯했다. '잘나갈 때 조심하라'는 말은 틀리지 않았다. 급기야 주위의 경고와 위기를 알리는 신호를 외면하기 시작했다. 추락의 전주곡이었다.

불길한 징후는 잇따라 뚜렷하게 나타났다. 하지만 MB경제의 초병들은 눈길 한 번 주지 않았다. 봄철의 냉해가 가을의 배추 파동을 예고했으나 대책은 없었다. 전월세 파동을 알리는 경고음이 반년 이상 울려도 주무장관은 귀를 막았다.

세계가 인플레를 경고하고 전문가들은 물가 비상을 외쳤다. 하지만 정부와 한은은 '성장'을 곁눈질하면서 주춤거렸다. 뒤늦게 금리를 올렸지만 실기한 처방에 약발이 먹힐 리 없다.

구제역은 또 어떤가. 첫 신호를 외면한 대가는 엄청났다. 350여만 마리를 차가운 땅에 묻으며 강산을 오염시켰고 축산 기반을 무너뜨렸으며 물가를 흔들었다. 분명한 경고를 무시하는 것은 소신이 아니다. 무지하거나 무책임할 따름이다.

경제팀은 대신 엉뚱한 곳에 힘을 쏟았다. 기업에 으름장을 놓고, 소득 없는 태스크포스(TF)팀을 만들어 체력을 소진했다. 부채가 쌓이고 물가가 뛰어도 '괜찮다'를 연발했다.

실패한 경계는 용서할 수 없다. 숱한 징후와 경고를 무시한 경제팀의 실패가 지금의 경제난국을 불렀다. 죽는 것은 서민경제다. 그러나 미안해하는 기색도 없다. 남은 1년 반의 MB경제가 걱정이다.

2011. 4. 18

모피아를 쳐라

인생은 예정된 선로를 따라 달리는 열차가 아니다.

언제 무엇이 나비의 날개가 되어 한 사람의 인생을 휘저을지 모른다. 박재완 고용노동부 장관의 갑작스러운 기획재정부 장관 임명이 그런 경우다. 4·27 재보선은 한나라당의 뒤통수를 쳤고 당의 권력지도를 바꿔놓았다. 이는 경고의 메시지가 되어 이명박정부에 날아갔다. 급기야 이 대통령은 개각 구상을 바꿨다. 그 과정의 끝에 '박재완 재정부 장관 후보자'가 등장했다.

5·7 개각 명단이 나올 때까지 재정부 장관 후보에 여러 사람의 이름이 오르내렸으나 '박재완'은 단 한 번도 나오지 않았다. 노동부 장관을 맡은 지 9개월에 불과한 데다 후보자들의 이력이 화려해 누구도 그를 경쟁자로 떠올리지 않았다. 박 장관은 역설적으로 '4·27 재보선'의 최대 수혜자가 됐다. 그가 기대했던 일은 아닐 것이다. 역시 인생은 정해진 선로를 따라 달리는 열차가 아니다.

박재완 경제팀이 모습을 드러낸 후 세상은 '깜짝 인사'라 평했다. 박 후보자도 "청와대 전화를 받고 깜짝 놀랐다"고 할 정도였다. 재정부 주변에서도 같은 반응이 나왔다. 하지만 이들의 놀라움은 단순한 의외성의 표현이 아니다. 복합적이다.

언론을 통해 '성실하게 일하는 스타일로 안다' '탈권위적이어서 분위기가 바뀔 것으로 기대한다' 등의 반응이 이어졌다. 맥 빠지는 표현이다. 경제수장으로서의 능력이나 무게감을 말하는 게 아니다. '성실하고 소탈하다'는 식의 하나 마나 한 멘트성 발언이다.

그들의 진짜 속내는 무엇일까. 깜짝 인사가 나온 뒤 관가 뒤쪽에서는 '최악의 인사'라는 말이 돌았다. 재정부 공무원들의 눈에는 능히 그럴 만하다. 박 후보자가 금융을 아나, 세금을 아나, 관료조직을 움직여봤나. 물망에 올랐던 임태희 청와대 비서실장, 윤진식 한나라당 의원, 김석동 금융위원장, 박병원 전 청와대 경제수석의 면면을 떠올리면 그런 반응은 오히려 당연해 보인다. 그들은 재정부에서 뼈가 굵고 출세한 '패밀리'다. 그런데 왜 옛 재무부 사무관 근무경력 2년이 전부인 박재완인가.

박 후보자는 섭섭할 것 없다. 수십 년간 벌어져온 일이다. 교수 출신이나 다른 곳에서 장관으로 오면 자동응답기처럼 '금융, 세제를 아나' '관료집단을 제대로 이끌어갈 수 있는가'가 터져 나왔다. 왜 재정부는 다른 부처에 없는 유별난 시비를 거는 것일까.

요즘의 저축은행 사태에 답이 있다. 금융감독원과 저축은행의 공생관계가 그것이다. 금감원에 금피아(금감원+마피아)가 있다면 재정부에는 전통의 모피아(옛 재무부+마피아)가 있다. 현직은 퇴임자의 뒷자리를 봐주고 선배는 회전문을 돌며 후배를 챙긴다.

금융기관 감사 정도가 아니다. 장관에서 산하 단체장, 금융기관장

자리를 휘감고 있다. 얼마 전 국회 '저축은행 청문회'에 나란히 앉아 있던 전·현직 재정부 장관과 금융위원장, 금감원장이 누구였나. 정책과 제도를 만들고 그곳의 책임자가 되고, 다시 장관으로 돌아오는 모피아 패밀리다.

MB 경제팀장을 기다리는 경제 현안은 만만한 게 없다. 물가, 일자리에서 지역갈등에 이르기까지 누가 팀장이 돼도 맞서야 할 과제다. 박 후보자도 그렇다. 그러나 박 후보자만이 할 수 있는 한 가지 일이 있다. 모피아를 치는 것이다. 그는 모피아 패밀리가 아니다. 대신 교수, 국회의원, 시민단체와 청와대를 두루 거쳤다. 행정의 전문가다. 공기업을 개혁했다. 모피아의 질긴 고리를 끊을 최적임자다.

때마침 정권 후반 인사철이다. 모피아에 회심의 칼을 꽂는다면 그는 '최악의 인사'라는 저주를 뒤집고 최고의 경제수장으로 이름을 남기게 될 것이다.

모피아에도 인생은 예정된 길로 굴러가지 않는다는 것을 보여줄 필요가 있다

2011. 5. 16

평창
2018년 2월 9일

눈이 오려나. 스키점프대 위쪽 차가운 하늘에 구름이 가득하다. 잠시 후면 개막식. 다시 가슴이 뛴다. 그날의 드라마가 생생하게 떠오른다.

7년 전—장마가 한풀 꺾인 7월 그날 밤. 모두들 가슴 졸이고 있었지. 거실 소파에서, 생맥주잔을 기울이며, 알펜시아 잔디밭 응원석에서. 당시 이명박 대통령이 갈라진 목소리의 영어로 "올림픽 정신을 세계와 나누겠다"고 호소하던 모습이 눈에 선하다.

모두 눈치채고 있었지만 입밖에 내지는 않았어. 천기누설은 아닐까, 부정을 타지는 않을까 하면서. 하지만 알고 있었지. 믿었다는 말이 더 정확할 거야. 10년을 기다렸다, 3번의 실패는 없다, 수없는 물방울은 바위를 뚫는다.

0시 18분 드디어 자크 로게 국제올림픽위원회(IOC) 위원장이 모습을 드러냈지. 그가 입을 열기까지 그 짧은 순간이 얼마나 길게 느껴졌는지 몰라.

"평창!"

순간 머리가 멍해졌어. 나도 모르게 자리를 박차고 일어났고 뭐라

소리쳤지. 그때 아마도 한반도가 들썩거렸을 거야.

돌아보면 무모한 도전이었어. 강원도 두메산골에서, 동계스포츠라면 내세울 게 별로 없는 나라에서, 부자나라 잔치라는 동계올림픽을 열겠다고 나선 것부터 그랬지. 그것도 2번이나 실패했잖아. 3연속 도전해서 성공한 것은 처음이었어. 게다가 1차 투표에서 역대 최대인 63표를 얻었으니 지금 생각해도 정말 불가사의해. 한국은 그래서 세계 6번째로 '스포츠 그랜드슬램'을 달성한 나라의 반열에 올랐지.

어디서 그런 힘이 나왔을까. 재수, 삼수를 예사롭게 생각하기 때문만은 아닐 거야. 누구는 한국인 특유의 1등주의라 했고, 지고는 못 견디는 오기라 말하기도 했지. 그렇지만 국민적 염원, 열정, 진정성의 결과라는 해석이 나는 가장 마음에 들어. 한 사람의 꿈은 꿈으로 끝나지만 여럿이 함께 꾸는 꿈은 반드시 이뤄진다는 말이 있지.

더반 현장에서 감격하던 유치단의 모습이 생생하군. 당시 이명박 대통령은 한국에서 미국으로 입양되었던 모글스키 스타 토비 도슨을 끌어안으며 기뻐했지. 그 옆에서 이건희 삼성전자 회장은 나이도 잊은 채 눈물을 글썽였고.

그렇지만 유치단의 면면은 조금 어색했어. 이건희, 박용성, 조양호……. 내로라하는 재벌 총수들이 대통령, 장관과 나란히 앉았는데 그때 국내에서는 '재벌 때리기'가 한창이었잖아? 정치권에서는 '재벌의 버르장머리를 고치겠다'고 별렀고. 그런 그들이 스포츠로 하나 된 모습은 참으로 인상적이었지.

사실 재벌은 때려서 풀 문제는 아니야. 뉴턴의 제2운동법칙처럼 물량이 커지면 때려도 별 효과가 없는 법. 스스로 달라지는 게 최선인데 그때는 왜 그랬을까. 그 뒤로 재벌 참 많이 변했지. 지금 재벌 욕하는 사람 어디 있나.

그날 평창 알펜시아에서의 응원단 모습도 묘했어. 홍준표, 김진표, 박근혜, 정몽준, 황우여……. 내로라하는 정치인들이 어울려 응원전을 펼쳤지. 유치 성공에 여야 없이 펄쩍 뛰면서 만세를 부르는 모습은 참으로 진풍경이었어. 그러나 그때뿐. 이듬해 총선과 대선에서의 진흙탕 싸움은 가관이었지. 작년 대선 때도 다를 것 없었어.

아, 개막식이다. 6만 관중의 환호가 알펜시아올림픽스타디움을 흔든다. 한국 대표팀이다. 저기, 낯익은 얼굴이 손을 흔드네. 숱한 '연아 키즈'를 탄생시킨 피겨 감독 김연아!

'더반의 용사'들도 다시 만났군. 팔순을 바라보는 이명박 전 대통령과 이건희 전 삼성 회장이 뭔가 귀엣말을 건네고, 저편에는 김, 박, 손, 홍, 이, 정……. 한 시대를 주름잡던 정객들이 함께 박수 치고 있네. 지나고 보면 4년, 5년짜리 권력은 아무것도 아닌데. 저 사람들, 그때는 왜 그렇게 싸워댔는지…….

아, 함박눈이 쏟아지는구나.
16일간의 열전을 축하하는 서설인가.

2011. 7. 11

'MB 순장조' 장관들, 비전은 뭔가

한국의 막장 드라마에 '출생의 비밀'이 있다면 공직자 인사청문회에는 '의혹 3종 세트'가 있다. 막장 드라마는 시청률을 끌어올리고 청문회는 국민의 혈압을 높인다.

3종 세트의 메뉴는 위장전입, 병역, 부동산 투기다. 예외는 없다. 지난주 검찰총장 후보자나 오늘 열린 법무장관 후보자 청문회에서도 위장전입이 나오고 아들의 병역 의혹이 제기됐다.

청문회가 처음 도입됐을 때만 해도 모두들 의아해했다. 좋은 머리, 어려운 시험에 붙고 치열한 경쟁을 통해 그 높은 자리에 오른 공직자들이 왜 그랬을까. 자기관리에 엄격하지 못하고 도덕성을 허물었을까. 명예가 있는데 돈은 왜 밝힐까.

지금은 인식이 달라졌다. 의혹이 없으면 오히려 이상해 보인다. 위장전입과 병역비리, 땅 투기는 출세 가도의 디딤돌처럼 여겨진다. 지도층의 도덕적 추락이 국민의 평균적 도덕의식까지 끌어내렸다.

청문회를 통과했다 해도 그렇게 출발한 인물이 신뢰와 존경을 받기는 어려운 일이다. 그의 얼굴에서 땅 투기가 떠오르고 요리조리 둘러대던 표정이 어른거리는데 어떻게 믿음이 가겠는가. 시작이 그러하니 끝도 아름답지 않은 법. 그들이 떠날 때의 뒷모습은 대체로 쓸쓸했다. '대한민국 최고의 임명직'이라는 장관들이 명예로운 퇴장보다는 갑자기 사고를 치거나 국면전환용으로 물러나는 게 한국적 풍토다. 그러면 그들은 강당에 직원들을 모아놓고 아리송한 사자성어로 가슴속 한을 털어내고 떠났다.

'5·6 개각'도 100일이 다 됐다. 이때 들어온 장관이나 이후 임명된 청와대 특보에게는 'MB순장조'라는 섬뜩한 수식어가 붙었다. 이명박 대통령과 임기를 같이할 최후의 인사라는 뜻이다. 바람 잘 날 없는 정치풍토에서 '순장'을 장담키 어렵지만 남은 기간이래야 1년 반. 가능성은 제법 높다. 이 대통령은 "평지를 걷듯 임기 말까지 가겠다"고 했지만 정권은 이미 내리막길이다. 이 정권 최후의 장관들은 무엇을 남기고 어떤 모습으로 떠날 것인가.

얼마 전 한 장관의 인상적인 퇴장이 있었다. 로버트 게이츠 미국 국방장관의 퇴임식. 떠나는 '부하' 장관 앞에 대통령과 부통령이 나란히 섰다. 오바마 대통령은 그에게 민간인 최고의 영예인 '자유의 메달'을 수여하고 마지막 한걸음까지 배웅하면서 최상의 예우를 다했다.

45년간 8명의 대통령을 보좌했다는 게이츠. 그는 오바마의 사람이 아니다. 공화당 대통령인 조지 W. 부시가 국방장관에 임명한 공화당원 출신이다. 정권 교체에도 그는 자리를 지켰다. 민주당 대통령 오바마의 모험이었다. 보수와 진보 정권을 넘나들었지만 어느 쪽에도 적은 없었다. 헌신과 유연한 리더십에 모두가 박수를 보냈다.

게이츠는 "진정한 리더십은 위기에서 드러난다"고 말했다. 그는 비

불의의 사회, 진실의 불편함

전과 청렴, 용기를 리더의 필수 자질로 꼽았다. 권력형 비리와 리더십 부재 논란이 끊이지 않은 한국 사회에 울림이 큰 말이다.

우리 장관들에게 진보와 보수를 넘나드는 리더십까지 기대하는 것은 아니다. 하지만 멋진 뒷모습만은 한 명쯤 보고 싶다.

나라가 어렵다. 세계 경제가 요동친다. 진정 비전 있는 각료, 리더십 있는 장관이 필요한 때다.

순장조 장관들의 비전은 뭔가. 임기까지 무사하기인가. 회의는 춤추지만 아이디어는 없다. '지성적으로 생각하라'며 국민을 훈계하는 장관, 기업을 윽박지르는 장관, 선거구나 챙기는 장관, 대통령이 없다고 국무회의를 빠지는 장관.

장관이 예전의 장관이 아니듯 국민도 예전의 국민이 아니다.

허풍과 교만, 무능은 현란한 관치의 언사로 덮어지지 않는다.

강대국의 리더십이 무너지고 세계 질서가 재편되는 대혼란의 시대다. 'MB순장조'를 자임하는 장관이라면 이 나라, 이 시대에 무엇을 남기고 갈 것인가를 고민하고 행동해야 할 것이다.

2011. 8. 8

안철수의 카탈로그

'쿨한 여자'의 러브스토리에서 '안철수 현상'으로 생각이 건너뛴 것은 순전히 '카탈로그(catalog)'란 단어 하나 때문이었다.

소설가 최민석은 단편 「쿨한 여자」에서 이렇게 말했다. "언어란 언제나 카탈로그에 존재하는 옷과 같다. 실제 입어보면 사이즈가 다르거나, 색상이 다르거나 해서 온전한 것이 될 수 없다."

이 대목에서 문득 '안철수 현상'이 떠올랐다. 홀연히 나타나 세상을 흔들어놓고 아무 일도 없었던 것처럼 제자리로 돌아간 안철수. 떠나간 후에도 계속되는 여진. 그런 안철수의 카탈로그는 무엇일까. 사람들은 그의 카탈로그를 얼마나 읽어보고 그를 말하는 것일까. 카탈로그가 있기나 한 것일까. 그 역시 최민석이 말하는 언어나 옷과 같은 존재일까.

안철수 현상을 둘러싼 진단과 논란은 난무한다. 그러나 대부분은 '현상'의 소회를 아전인수로 말할 뿐이다. 그를 허공에 띄워놓은 채 추상적인 단어를 쏘아 올린다. 시대를 구제할 영웅이 되는가 하면 위선 여부를 탐색하기도 한다. 정치인으로서의 잣대를 들이대고 다그치

불의의 사회, 진실의 불편함

거나 몇 마디 말을 떼어내 꼬리를 잡는다. 그에 대해 아는 게 아무것도 없다면서 그래도 정치판에는 꼭 나와야 한다고 주장한다.

카탈로그를 정밀하게 살펴보거나 옷을 입어본 후에 투정하는 방식이 아니다. 카탈로그를 들춰볼 생각도 없다. '대선주자 안철수'와 같은 존재할 수 없는 카탈로그를 내놓으라 윽박지르는 식이다.

안철수 카탈로그는 존재하기는 하는가. 있다. '안철수의 철학'이나 '기업인 안철수'를 꺼내볼 수 있는 카탈로그는 의외로 여럿이다. 그가 펴낸 책자만도 22권에 이르고 베스트셀러 1위에 오른 책이 둘이다. 칼럼 중에는 '안철수가 말하는 안철수'도 있다.

종합편도 있다. 안철수연구소 홈페이지의 '설립자 코너'다. 코너도 특이하지만 내용도 그의 성격을 드러내듯 다양하고 세밀하다. 이력, 칼럼, 퇴임사에서 갤러리에 이르기까지 안철수의 모든 것을 담고 있다. 공약만 추가한다면 그대로 선거용 카탈로그가 될 법하다는 생각이 들 정도다.

그는 23년 동안 있는 그대로 언론에 노출돼왔다고 말한다. 글을 쓰거나 말을 할 때는 감정을 절제하고 10년 후에도 변하지 않을 생각을 전하려 했고, 한 번도 말을 뒤집은 적이 없다고 한다. 예전에 쓴 책이나 칼럼, 강연, 대담일지라도 지금의 그를 탐색하는 데 무리가 없다는 스스로의 보증인 셈이다.

새로운 리더로 기대를 건다면 또는 한때의 거품이라고 주장하고 싶다면 먼저 그의 카탈로그를 찬찬히 읽어보고 판단하는 게 순서다. 세상이 궁금해하는 그의 인생관, 기업관(경제관), 정치 가능성, 박근혜 대항마로서의 안철수를 상상해볼 수 있는 편린을 어렵지 않게 찾아낼 수 있을 것이다.

기업관, "수익은 기업의 목적이 아니라 결과다.""정직하게 사업해
도 자리 잡을 수 있다는 것을 보여주고 싶었다.""대기업의 약탈행위
를 저지해야 하나 정부가 손놓고 있다."(공생이 떠오른다.)

정치, "선택 앞에는 과거를 버리는 게 중요하다.""한국 사회의 문
제는 기득권의 과보호다. 이를 바꿔나가는 것이 정치다.""늘 하고 싶
은 대로 하고 살았다.""리더십은 21세기 국가경영의 근간.""정치인
기사는 읽지 않는다. 행동만 본다.""천 마디 말보다 한 번의 행동이
값지다."(정치 의지가 없지 않다.)

박근혜 라이벌로서, "원칙은 어떤 상황에서도 정북(正北)을 가르키
는 나침반이다.""말을 바꾼 적이 없다.""기본이 중하다."(공학도와
벤처 창업자, 원칙과 룰을 강조하는 등 공통분모가 많은 두 사람이 여
론의 링에 올라 있는 것은 흥미롭다.)

하나 더.

아이유도, 신동엽도, 지못미도 모른다는 안철수(그래도 젊은이들은
왜 그를 좋아할까).

2011. 9. 19

불의의 사회, 진실의 불편함

이명박 대통령은 '학동공원'을 아시는지요

서울 강남의 '논현동'은 묘한 곳이다.

한때 부자동네라 불렸지만 지금은 그런 것만도 아니다. 강남 하면 떠오르는 대단위 아파트 단지도 없다. 번듯한 빌딩과 비싼 식당, 유명 성형외과가 즐비한가 하면 강남에서 보기 어려운 재래시장이 건재한 곳이기도 하다.

논현동의 진면목은 대로변을 벗어나 골목길로 들어섰을 때 드러난다.

영동개발 붐 속에서 세워진 덩치 큰 단독주택이나 연예인이 입주했다 해서 유명세를 탄 고급 빌라를 만날 수 있다. 하지만 그보다 훨씬 많은 게 단독주택을 헐어내고 지은 3·4층짜리 서민형 빌라다.

그 뒤쪽에는 반지하 방이 드러난 낡은 연립과 월셋집, 원룸이 있다. 강남의 부자촌이라기보다 첨단과 과거, 업무와 주거, 1%와 99%가 공존하는 '특별시 서울'의 압축판이라 할 수 있는 곳이다.

업무시설이 밀집한 논현2동보다 옛 주택과 시장이 잔존한 강남대로 옆 논현1동 쪽이 특히 그렇다. 투표 성향을 봐도 논현1동은 뭔가 다르다. 지난해 서울시장 선거에서 논현1동의 후보 지지율은 오세훈(한나라당) 50.5%, 한명숙(민주당) 42.9%였다. 논현동과 맞붙은 신사동은 68% 대 27%, 압구정동은 77% 대 18%였다. 강남구 전체 지지율(60% 대 34%)과 비교해도 논현1동은 '덜 강남스럽다'는 사실을 알아챌 수 있다.

학동공원은 논현1동의 중심에 자리한 아담한 공원이다. 논현동의 이름이 '산골 논밭길'서 유래됐다는 말을 증명하듯 학동공원은 예전 용요봉(龍搖峰)이라는 작은 봉우리였던 곳이다. 강북 남산에서부터 강남 일대가 훤히 내려다보이는 곳에 자리잡고 있지만 공원을 찾는 사람은 대부분 동네 주민이다. 산책도 하고, 운동도 하고, 정담도 나누는 동네 사랑방 같은 곳이다. 배드민턴 코트가 있어 때로는 함성이 공원을 흔든다.

학동공원에서 걸어서 2~3분 거리의 코너에 붉은 기와를 얹은 평수 큰 2층 단독주택이 서 있다. 요즘 언론에 자주 오르내리며 유명해진 이명박 대통령의 '논현동 사저'다. 주변을 둘러보면 문외한이라도 경호하기 쉬운 입지는 아니라는 생각이 든다. '내곡동 사저' 논란을 놓고 청와대는 안전(경호)과 비용의 문제에서 비롯됐다고 해명했다.

하지만 그것이 전부일까. 안전과 경호만이 퇴임한 대통령의 돌아갈 집을 정하는 절대적 잣대일까. 문제의 시발은 바로 그런 발상이며, 그것을 핑계로 경호실에 모든 책임을 둘러씌우는 청와대의 사고다.

임기를 마친 대통령에게서 국민은 어떤 모습을 기대할까. 나들이를 끝낸 듯 담담하게 예전 집으로 돌아와 평범한 이웃, 동네의 어른, 존경받는 원로로 주민과 애환을 나누며 살아가는 모습이 아닐까. 그것은 경호나 안전만으로 대치할 수 없는 가치다. 자연인으로 돌아가는 대통령이 지켜야 할 자존이다. 서민적인 이 대통령도 그런 생각이리라 믿고 싶다.

내곡동 부지는 잡다한 의혹을 제쳐놓고도 원초적 문제가 있었다. 위치도를 보면 주민들과 격리된 외진 곳에 터를 잡고 있다. 게다가 그린벨트를 끼고 있어 다른 주택이 옆에 들어설 가능성도 없다. 경호에는 최적지일지 모른다. 그러나 오직 경호뿐인가. 국민 손으로 서울시장에 대통령까지 뽑아주었는데 왜 외진 곳에서 담을 높이 쌓고 살아야 하는가.

사저 문제가 논현동 본가로 귀착된 것은 다행이다. 빈부가 동거하는 골목, 지척의 공원에서 이웃을 만나고 시끌벅적한 영동시장에도 들려 보통 시민의 행복을 만끽할 수 있는 곳, 논현동은 그런 곳이다.

2013년 새봄, 이웃의 박수 속에 옛집으로 돌아오는 전직 대통령을 보고 싶다.

학동공원에서 주민들과 어울려 활짝 웃는 '보통 시민 이명박'을 보고 싶다.

사저를 둘러싼 더 이상의 평지풍파를 사양하고. 털어놓자면 나도 논현1동 주민이다.

2011. 10. 24

박재완 경제, 용기와 꼼수 사이

어려운 현실을 어렵다고 말하는 것도 용기라면, 박재완 기획재정부 장관은 용기 있는 장관이다. 그러나 그것이 대안 없이 무책과 무능을 은폐하려는 시도에서 나온 것이라면 '꼼수'에 다름 아니다.

지난주 재정부가 내놓은 '2012년 경제정책 방향'을 놓고 전에 볼 수 없던 묘한 반응이 나왔다. 초점은 정책 운용의 전제인 '성장률 3.7%'다. 재정부는 '세계 경제 부진으로 수출 증가세가 크게 둔화되어 올해보다 낮은 성장이 예상된다'고 똑 부러지게 설명했다. 세계 경제가 어려운데 우리라고 무슨 뾰족한 수가 있겠느냐고 당당하게 선언한 것이다.

3.7%가 주는 의미는 자못 심장하다. 올해 성장률 전망(3.8%)보다도 낮으며 이명박 정권의 집권 공약인 747(성장 7%, 소득 4만 달러, 7대 강국)을 반토막 낸 수치다. 한층 놀라운 것은 경제협력개발기구(OECD)나 국책기관인 한국개발연구원(KDI)은 물론 몇몇 민간 경제연구소의 전망보다도 낮다는 점이다.

박 장관은 이를 놓고 "고민을 많이 했다. (과거) 전망치에 목표를 담

불의의 사회, 진실의 불편함

아 높게 발표해온 관행이 있었다. 그러나 시장의 신뢰 상실이 크다고 생각했다"고 말했다. 정책의지니 뭐니 기대치를 높였다가 실망시키는 일은 사양하겠다는 표현이다.

불황의 예언에 뜻밖에도 박수가 나왔다. '용감한 전망'이라는 찬사도 따랐다. 선거의 해에 쏟아질 정치권의 복지예산 수요와 경기부양 욕구를 사전 차단하는 결단이라는 것이다. '정부가 이제야 꿈을 깼다'라는 아리송한 평가도 있었다.

그런 반응이 나올 만도 하다. 정부의 대책 없는 큰소리나 엉터리 통계에 한두 번 속은 국민이 아니다. 'MB물가지수'니 '고용 대박'이니 하면서 허풍 떨던 생각을 떠올리면 속이 뒤집힌다. '펀더멘털은 튼튼하다'던 외환위기의 악몽도 있었다. 내년 양대 선거가 재정에 어떤 압박을 가할지 뻔한 상황에서 빗장을 걸겠다는 박 장관의 결기는 평가할 만하다.

하지만 뭔가 찜찜한 구석이 있다. 우선 그동안의 박 장관 행적이 그렇다. 얼마 전에도 "747 공약은 폐기된 것이냐"는 질문에 "언젠가 이루어야 할 꿈"이라며 고개를 저었다. 그런 논리라면 내년은 꿈도 목표도 다 접었다는 얘긴가.

3.7%란 숫자도 묘하다. 4% 안팎을 고민했다는 재정부가 왜 OECD나 KDI 전망보다 더 낮은 성장률에 방점을 주었을까. 정책의지의 배제를 강조하려는 과장된 의지의 표현은 아닐까. 기실 재정부는 9월 정기국회에 예산안을 제출하면서 내년 성장률을 4.5%로 제시했었다. 예측 기관마다 전망치를 낮췄지만 눈도 꿈쩍하지 않던 곳이 바로 재정부다.

성장률이 실제 영향력을 발휘하는 곳은 경제운용 계획보다는 예산이다. 세금을 얼마나 거둬 얼마를 쓸 것인지 따지는 근거가 되기 때문이다. 4.5%를 기준으로 예산을 짜고, 국회의원들이 다투어 지역구 예산을 챙긴 뒤에야 3.7%를 앞세워 곳간에 빗장을 채우겠다는 얘기다.

3.7%를 합리화하기 위해 궤변도 불사한다. 성장률 전망이 4.5%에서 3.7%로 낮아졌는데도 세수에 문제없다는 것이다. 올해도 생각보다 더 걷혔으니 내년에도 그럴 것이라는 게 논리라면 논리다. 그 말이 맞다면 4.5%를 전제로 한 예산안 세수 추계는 엉터리가 틀림없다. 신뢰를 담보로 한 저성장률 뒤편에서 허수의 세수가 신뢰를 허문다.

불황과 긴축을 강조하면서 내세운 '일자리 최우선' 구호, 그래도 가계 구매력은 살아난다는 역설, 공기업 개혁을 외치며 채용은 40% 늘린다는 발상……. 한편으로는 더 나빠지면 추경도 불사한다며 뒷문도 슬쩍 열어뒀다. 삶이 고단한 서민은 헷갈린다.

박재완 경제의 정책의지와 난국 타개책은 뭔가.

그 정체는 용기인가, 무책인가, 꼼수인가.

2011. 12. 19

불의의 사회, 진실의 불편함

'노란 돈봉투'에 담긴 작은 위로

위로가 필요한 것은 청춘만이 아니다.

1만 원짜리 송아지, 타는 농심, 매 맞는 학생, 자식의 아픔을 몰랐던 부모…….

또 있다.

'노란 봉투'*에 좌절하는 국민 여러분. 송아지 300마리 값이 들어 있었다는 봉투, 받은 자는 있는데 준 자는 없는 유령의 봉투 말이다.

새해가 시작된 지 보름여. 들리는 것은 우울한 얘기뿐이다. 신년 벽두에 나눴던 덕담이 모두 부질없어 보인다. 가슴 한켠을 채워줄 위로의 말이 그립다.

문밖의 찬 공기라도 마시면 좀 나아질까. 그렇다. 지난주 태평양 건너에서 들려온 몇 가지 소식이 그나마 작은 위안을 준다. 싸움 구경하

---

* '노란 돈봉투' 폭로 사건. 2012년 1월 당시 한나라당 고승덕 의원이 "2008년 전당대회 직전 현금 300만 원과 특정인의 이름이 적힌 명함이 들어 있는 노란 돈봉투가 여러 의원실에 전달됐다"고 폭로하면서 검찰이 수사에 나서는 등 정치권을 흔들어놓은 사건으로 돈봉투 살포의 의혹을 받은 박희태 국회의장이 결국 의장직을 사퇴했다.

는 쏠쏠한 재미는 덤이다.

삼성전자와 LG전자가 주고받은 말 펀치가 그것이다. 미국 라스베이거스에서 열린 세계 최대 가전전시회 'CES 2012'에서 권희원 LG전자 홈엔터테인먼트(HE) 사업본부 사장이 선공을 날렸다. 그는 "올해 3차원 입체영상(3D) TV에서 세계 1위를 하겠다"면서 "3D TV 1등은 스마트TV에서도 1등 하는 것"이라고 선언했다. 1위 삼성을 겨냥한 말이다.

다음 날 윤부근 삼성전자 소비자가전(CE) 담당 사장이 딱 잘라 말했다. "beyond comparison(비교 불허)." LG는 경쟁상대가 아니란 뜻이다.

밖에서 벌이는 낯 뜨거운 집안싸움으로 생각하면 오해다. 그런 속좁은 싸움이라면 위안이 될 수 없다. 전 세계 TV 브랜드는 370여 개. 삼성과 LG는 이들 모두를 따돌리고 국적을 넘어 세계 TV 시장의 챔피언전에서 맞붙은 것이다.

마이크로소프트, 모토롤라, 인텔, 파나소닉, 드림웍스, 샤프, 소니, 하이얼, 창홍……. 삼성과 LG가 일합을 겨루는 링사이드 관객의 면면이다. 일본의 한 언론은 "삼성과 LG의 약진으로 일본 기업의 존재감이 엷어지고 있다"는 관전평을 내놓았다.

LG · 삼성 라이벌전의 역사는 길고 깊다. 후발 삼성의 도전에도 금성사(LG전자 옛 이름)는 요지부동, '비교 불허'였다. 금성사와 맞장뜨기 위한 삼성의 시도는 집요했다. '금성'과 '삼성'이라는 이름에 착안해 '별들의 전쟁'이란 말을 만들어냈다. '금성사는 ㈜금성사이니 가나다 순으로 삼성을 앞에 써야 한다'는 억지도 불사했다.

그렇게 안방에서 치고받던 두 회사는 급기야 절대강자 일본을 넘어섰고, 지금 세계 정상을 다툰다. 올해 CES에서 LG의 55인치 유기발광다이오드(OLED) TV는 최고인기상을 받았다. 같은 날 삼성은 세계 휴대폰 시장의 거인 노키아를 제치고 정상에 올랐다고 선언했다. 양보 불허의 치열한 라이벌 의식이 오늘의 삼성과 LG를 만든 것은 아닐까.

CES가 열리던 시각. 디트로이트에서는 '북미 국제오토쇼'가 막을 올렸고 '북미 올해의 차'에 현대자동차의 '아반떼'(현지명 엘란트라)가 뽑혔다. 미국 최대 시장조사업체 JD파워는 '2012 브랜드 재구매율 조사' 결과를 내놨다. 1위 현대차. 세계의 유명 브랜드를 끌어내리고 미국 고객 충성도가 가장 높은 차의 자리에 오른 것이다.

지난주는 마침 의미 있는 기념일(1월 13일)이 있었다. 경제개발 5개년 계획 공표 50주년. 국민소득은 100달러를 밑돌았고 세계 정상의 TV, 자동차는 꿈도 꿀 수 없었다. 그 후 50년. 압축 성장한 한국 경제는 저개발국의 로망이 되었다.

격변의 세월을 불변의 자세로 버텨내는 불가사의한 생명력이 있다. 정치다. '(쿠데타를 부른) 정치인들의 구태, 부패, 무능과 파쟁'(5·16 직후 한 신문의 사설 제목)은 50년을 견디며 '돈봉투'로 살아나 숨 쉰다.

그런 '돈봉투'에도 나름의 위안이 없지는 않다. 정치가 서 있어도 세상은 나아간다는 것, 부패에 칼을 제대로 대면 '복지 재원'의 역설이 될 수 있으리라는 것.

2012. 1. 16

박희태 그리고 최시중, 이상득

겨울바람 속에서 피어난 동백꽃은 절정의 날에 눈물처럼 후두둑 떨어진다. 가장 아름다운 순간에 지는 붉은 동백꽃은 처연하기까지 하다.

이형기 시인의 「낙화」는 그래서 이렇게 시작된다.

'가야 할 때가 언제인가를 분명히 알고 가는 이의 뒷모습은 얼마나 아름다운가.'

가슴을 울리는 시가 때로는 가슴을 찌르는 비수가 되기도 한다. 「낙화」의 첫 구절이 정홍원 새누리당 공직후보자추천위원장의 입에 올랐을 때, 그것은 다선 중진의원을 겨냥한 칼끝이었다. 그 칼에 스러질 꽃잎은 몇이나 될까.

떨어지는 꽃에서 문득 박희태 국회의장의 뒷모습이 떠올랐다. 비슷한 길을 가는 또 다른 두 사람도 생각났다. 모두 아름답게 떠날 기회가 있었다. 나이는 고희를 넘겼고 영화는 누릴 만큼 누렸다. 그러나 손에 쥔 한 움큼 권력을 끝내 내려놓지 못했다. 때를 놓친 꽃은 시들어 불행해졌다. 이명박(MB) 정권 탄생의 공신이자 실력자였던 박희

불의의 사회, 진실의 불편함

태, 최시중, 이상득 세 사람이다.

박희태는 어제 새파란 검찰 후배로부터 추궁당하는 수모를 겪었다. 그에게는 4년 전 동백꽃처럼 떠날 기회가 있었다. 18대 총선에서 공천을 받지 못했을 때다. 정치 입문을 하면서 그는 입에 발린 말 대신 "나가라고 해서 나왔다"고 솔직 화법을 써 화제가 됐었다. 그런 그가 왜 '그만두라니 그만두겠다'고 말하지 않았을까.

그랬다면 역사는 달라졌을 것이다. 공천 탈락자가 집권여당 대표가 되는 황당한 사태도, 자신의 지역구를 버리고 재보선에 나서는 무리수도, 현직 국회의장이 검찰 조사를 받는 오점도 남기지 않았을 것이다. 다시 일어서 공천 탈락에 복수하는 듯했지만 '돈봉투'의 제물로 정치인생을 마감했다.

최시중은 MB정권 탄생의 공신이자 이명박 대통령의 멘토 또는 최측근으로 불렸다. 비전문가라는 비판을 무릅쓰고 대통령은 그를 초대 방송통신위원장 자리에 앉혔다. 종편 특혜, 방송 장악의 논란에도 '방통대군' 소리를 들으며 힘을 과시했다. 그 여세를 몰아 지난해 3월 방통위원장 자리를 연임했다.

1년을 버티지 못했다. 측근 보좌관의 비리 의혹과 돈봉투 파문으로 하차했다. 그 역시 때를 놓쳤다. 초대 방통위원장을 마쳤을 때 동백꽃이 되고자 해야 했다. 청문회에서 눈물을 보이고 권좌에 다시 눌러앉았을 때 이미 아름다운 꽃은 아니었다.

이상득은 세상이 다 아는 대통령의 형이다. 그러나 혈연관계를 넘어 동생을 대통령으로 만든 주역이자 정치적 멘토였다. 그 역시 총선 불출마를 선언하고 오랜 정치인생을 접는다. 보좌관 구속에서 자신의 돈 문제까지 불거지자 벼랑 끝에서 선택한 결과다. 사람들은 오래전부터 궁금했다. 동생이 대통령이 됐는데, 무엇을 더 바라고 국회의원을 또 하려고 하는가. 출마 포기 요구가 거셀 때 그는 이렇게 답했다. "잘하니까 오래 있지!"

그럴까. 그를 둘러싸고 떠돈 말은 '영포회' '형님 뜻대로' '만사형통' 'MB병풍'에서 '형님예산'에 이르기까지 냉소적 표현뿐이다. 현안 정치에 간여하지 않겠다고 선언했지만 존재만으로 주목받는 권력의 핵이었다. 돌아보면 그의 절정은 동생 이명박 후보가 대선에서 승리했을 때였다. 그때 왜 후드득 떨어져 아름다운 꽃이 되지 않았을까. 힘없는 보통 사람의 눈에는 참으로 불가사의하다.

동백꽃이 지면 찬란한 봄이다. 정치권은 벌써 봄빛이 완연하다. 자천타천 정치 지망생이 몰려든다. 흙탕물 정치판에, 정치인은 손가락질 받지만 정치하겠다는 사람은 넘쳐난다. 기이한 현상이다.

그들은 나라를 말하고, 국민을 말하고, 미래를 말한다. 욕망을 은폐한 정치꾼의 거창한 말을 나는 믿지 않는다.

새 정치, 두 가지면 족하다. 거짓말하지 않고 돈봉투 멀리할 것.

하나 더 보탠다면, 떠날 때를 아는 아름다운 뒷모습을 보고 싶다.

2012. 2. 20

불의의 사회, 진실의 불편함

SSM 논란과 시골길의 하나로마트

'성급한 봄을 만나기엔 서해안이 적격이다.'

아마추어 여행가가 인터넷에 올린 글이다. 제철이라는 갱개미(가오리) 회무침 사진이 자못 유혹적이다. 맞다. 봄은 꽃보다 바다로 먼저 달려온다. 지난 주말 갱개미회의 꼬임도 있고 해서 서해안을 찾았다. 바닷가는 겨울을 거의 지워가고 있었고 포구는 만선을 꿈꾸는 어선의 깃발로 화려했다. 해안국립공원 태안의 바다 풍광은 여전했다.

아쉽게도 팔팔한 기운은 바다에서 그쳤다. 오가는 길 주변은 예전의 모습이 아니다. 농경지에 세워진 아파트, 소도시의 난립한 간판, 요란한 총선 현수막은 대도시의 그늘을 그대로 닮았다. 시장의 풍경도 달라졌다. 시골길엔 오래된 구멍가게 대신 농협 마트가 진을 치고 있었다.

태안 가는 길목인 서산시에 들어설 때다. 반대편 도로가 차량들로 북새통이다. 고개를 돌리니 새로 문을 연 이마트가 버티고 서 있다. 반대편 쪽에 롯데마트가 자리잡은 지 오래니 라이벌 간 불꽃 튀는 경쟁은 불 보듯 뻔하다. 고래싸움에 새우등 터지듯 재래시장은 결코 성치 못할 것이다.

그 모습에 대형 마트와 기업형 슈퍼마켓(SSM) 논란이 떠올랐다. 개정 유통법에 근거해 전북 전주가 첫 규제에 나선 게 지난 11일. 서울을 비롯한 많은 지자체가 규제를 준비 중이다. 통계는 대형 산매점 규제의 절박성을 대변한다. SSM은 2003년 234개에서 2010년 928개로 396% 급증했다. 매출은 2조 6,000억 원에서 5조 원으로 뛰었다. 재래시장은 쓸쓸하고, 오래된 골목 가게는 하나둘 사라진다.

대형 산매점도 물론 필요하다. 문제는 시장 잠식 속도와 무차별적 마케팅이다. 24시간 365일 영업에 비상한 확장 속도는 기존 상권과 영세 상인들을 일거에 무력화시킨다.

그런 논란에서 성역처럼 비켜 있는 SSM 뺨치는 곳이 있으니 신기한 일이다. 전국 어디서나 만날 수 있는 최다 점포 슈퍼마켓, 농협 하나로마트다. 태안 바닷가로 가는 1차선 시골길에도 하나로마트는 서 있다. 개정 유통법의 화살을 피해간 것은 농축수산물을 많이 취급한다는 이유에서다. 정말 그럴까. 표를 의식한 정치권의 눈감음이라는 소리가 훨씬 설득력 있게 들린다.

무심코 찾곤 했던 시골길의 하나로마트. 서울의 SSM과 다를 게 없다. 공산품과 음료수, 과자류, 생활용품 등이 매장을 점령하고 있다. 수입품도 보인다. 길 건너 자그마한 동네 슈퍼가 견뎌내는 게 신통하다.

지난해 정범구 의원이 낸 자료를 보면 전국 2,070개의 하나로마트 중 농축수산물 매출 비중이 전체의 10%를 밑도는 곳이 602곳(29%)에 달했다. 민간 대형 마트의 평균치 17%에도 미치지 못한다. 심지어 농축수산물을 전혀 취급치 않는 곳도 있다.

점포 수(2,070개)는 경쟁 불허다(규제 대상 모든 민간 SSM을 합친 숫자보다 많다!). 연간 매출액은 6조 원을 넘어선다. 도심 인구 13만 명인 강릉에 27개의 하나로마트가 있다. 한 지방신문은 "차라리 대형 마트가 낫다. 하나로마트를 싹 없앴으면 좋겠다"는 시장 상인의 말을 전한다. 여기에 더해 대형 마트 체인인 하나로클럽도 있다.

그런데도 농협은 최근 새 출발을 하면서 유통망 대폭 확충을 선언했다. 농어민과 지역민을 위한 유통조직인가, 식성 좋은 공룡 산매조직인가.

하나로마트의 정체를 분명히 해야 할 때가 됐다. 농협 유통의 경쟁자는 SSM이나 이마트, 롯데마트가 아니다. 7~8단계의 복마전과 맞서는 산지 · 도매 유통의 전사가 돼야 한다. 농어민과 소비자가 함께 사는 길이다. 농축수산물 매출 과반(51%) 룰을 엄격히 적용해 장사꾼 농협마트는 과감히 정비해야 한다.

다시 서해안을 찾는 날, 습관처럼 들르던 하나로마트, 민간 주유소보다 싸지 않은 농협 주유소를 어떻게 해야 하나.

벌써 걱정이다.

2012. 3. 19

박근혜 대단해, 안철수는 나올까?

4 · 11 국회의원 총선거가 끝난 지 5일, 벌써 지나간 역사가 됐다. 금배지를 처음 달게 된 설렘도, 막판까지 다투다가 낙선한 아픔도 이제는 웬만큼 진정됐을 게다. 총선 결과를 놓고 정치권과 언론, 전문가라는 사람들이 분석과 평가, 전망을 쏟아냈다. 하지만 선거 이전을 돌아보면 그들의 별 볼 일 없는 신통력에 헛웃음이 터진다.

무섭고 날카로운 것은 감춰진 민심이다. 빨간색, 노란색 점퍼로 시장을 돌면서 내민 손을 기꺼이 잡아주던 보통 사람들. 웃음 뒤쪽에 감춰진 비수 같은 민심. 그 칼날이 지난 11일의 드라마를 연출했다.

개표를 지켜보며 그들은 무슨 생각을 했을까. 대선이 멀지 않은데, 민심은 어디로 어떻게 흘러갈 것인가. 선거 후 만나 본 다양한 세대의 목소리에 그 답의 일단이 있었다.

#1. 투표 당일, 40대 이발소 주인

저녁 무렵에 들른 동네 이발소. 중년의 주인은 대뜸 이렇게 물었다.

불의의 사회, 진실의 불편함

"투표는 했습니까?" 선거에 대한 관심일까, 지나가는 인사말일까. 이어진 말은 엉뚱했다. "국회의원 되면 정말 평생 연금이 나옵니까? 한 달만 해도 죽을 때까지 나온다는데, 말이 됩니까. 우리 같은 사람은 오늘도 일하고, 평생 일해도 먹고살기 힘든데." 마무리 펀치를 날렸다. "선거했다고 뭐 달라지겠어요?" 그에게 '선거'는 곧 부도덕한 국회의원을 한 번 더 뽑는 것이고, 선거 결과보다 중요한 것은 먹고사는 '민생'이었다.

#2. 선거 하루 뒤, 50~60대 장·노년

점심 자리에서 만난 4명의 50~60대 남자들. 중견기업 대표, 임원, 자영업자, 은퇴 백수로 보수 내지 중도 성향의 중산층이다. 밤잠 설치며 시청한 TV 개표 방송이 단연 화제다. 관전평은 '드라마보다 재미있었다' '흥미진진했다'는 데 일치. 심상정, 정두언, 이재오……. 박빙의 승부처가 줄줄이 식탁 위에 올랐다.

"완전 여성 천하야. 박근혜, 한명숙, 이정희에 이혜훈, 박선숙까지." "딸들에게 잘 보여야 해." 나이 든 남자들의 뒤늦은 현실 파악인지 무력한 저항인지 애매하다. 화제는 여성에서 '여왕'으로 옮겨갔다. "박근혜 대단해, 대선도 통할까?" "여당엔 경쟁자가 없잖아." "대선은 다르지." "안철수는 나오나, 안 나오나." "민주당으로 갈까?" "문재인은 힘 빠졌지?" "김두관도 있잖아." 대선이 분위기를 달군다. 최대 관심사는 박근혜 대세론과 안철수 변수다.

급기야 은밀한 집안 정치성향까지 등장했다. "쭉 2번 찍겠다던 집 사람이 선거 날 갑자기 바뀐 거야. 심판, 심판 외치는 것, 투표하라 닐리 치는 것 거슬린다. 젊은 애들도 무섭다면서……." 방황하던 중도 표심의 향방과 보수층 집결을 떠올릴 수 있는 중대(?) 사례 발표였다. 토론의 끝은 현실로 돌아왔다. 회사는 잘되나. 대기업 등쌀에 죽겠네. 달라질까. 이봐, 꿈 깨.

#3. 선거 이틀 뒤, 20대 대학생

13일 오후 실습 과목을 듣는 3, 4학년 대학생 14명. 투표한 학생은? 놀랍게도 13명. 청년층의 낮은 투표율과의 괴리는 무엇일까. 한 학생이 뼈 있는 말을 했다. "트위터는 통하는 사람끼리 하는 '그들만의 소통'이다. 이를 여론이나 대세라 착각하는 야권이 문제다."

총선 소감은 '실망'이 지배했고 화살은 야당에 집중됐다. "공허한 심판론에 안주한 게 문제다." "제대로 제기한 이슈나 정책이 있었나." "투표 독려의 오버는 정작 중요한 것을 묻어버렸다." "젊은 층 낮은 투표율 책임론이 무엇보다 기분 나쁘다."

반면 여권을 보는 눈은 복합적이었다. "보수에도 숨은 표가 있었다니." "박근혜 무섭다." "12월 대선은 다르겠지?"

요동치던 민심의 바다는 다시 평온해졌다.

하지만 지금 물밑에서 민심은 또 다른 역사를 준비하고 있을 것이다.

2012. 4. 16

불의의 사회, 진실의 불편함

저축은행 '막장 드라마'의 조연들

갱도의 막다른 곳, 숭고한 노동의 현장을 뜻하던 '막장'.

어느 날 지상으로 끌려 나오면서 운명이 달라졌다. 갈 데까지 간 인간의 모습, 저질 드라마에 붙는 수식어로 전락했다.

그 막장이 드라마를 뛰어넘어 세력을 넓히고 있다. 막장 정치, 막장 선거에 막장 경영, 막장 대주주까지 등장했다. 바야흐로 정치, 경제, 사회문화를 두루 주름잡는 막장의 전성시대다.

막장 경영의 절정은 얼마 전 영업정지된 미래저축은행의 대주주 김찬경이다. 가짜 법대생의 화려한 전력에 불법 대출, 부당 예금인출, 횡령, 배임을 거쳐 한밤의 밀항 탈출극으로 대미를 장식했다. 그의 활약이 두드러질 뿐이지 퇴출된 저축은행 대주주들의 막장 경영은 오십보백보다.

막장 경영의 실체가 드러나며 의외의 인물들이 얼굴을 드러냈다. 호화 이력에 막장 근처에도 갈 것 같지 않은 사람들이다. 전직 장관, 차관, 금융감독원 부원장보, 국장, 부국장, 대검 검사, 고법 판사, 감사원 간부, 예금보험공사 이사……. 문 닫은 저축은행의 감사와 사외이사의 면면이다.

감사나 사외이사의 첫 번째 임무는 경영진 견제다. 그런 그들이 버티고 있는데 대주주는 회사 돈을 멋대로 빼 쓰고, 수천억 원을 부당하게 투자하고, 분식회계를 했다. 그들은 도대체 어디서 무엇을 하고 있었을까.

그들이 어떤 연유로 막장 경영의 조연 자리에 앉았는지 내막은 알 수 없다. 하지만 미루어 짐작하기는 어렵지 않다. 퇴직 후 이런저런 연줄로 운 좋게 '편하고 대우받고 월급도 쏠쏠한 저축은행의 한자리'를 차지 한 것이다.

그러니 사명감이나 책임감이 따를 리 없다. 금감원 등의 간부들이 '낙하산' 비난을 무릅쓰고 퇴직 후 금융기관 취업에 올인하는 행태만 봐도 알 수 있는 일이다. 그러니 불러준 대주주에게 따지고 대드는 것은 예의가 아니다.

규정만 제대로 지켰어도 저축은행이 그런 꼴이 되지는 않았을 것이다. 그런 점에서 대주주 전횡에 눈감은 감사나 사외이사는 막장 경영의 실질적인 도우미다. 몰래 저지른 일이어서 어쩔 수 없었다고 말할지 모른다. 이사회를 제대로 열지 않은 곳도 있다고 한다. 그렇다면 고객 돈으로 주는 월급은 꼬박꼬박 챙기면서 도대체 무엇을 했다는 얘기인가. 장·차관, 금감원 간부, 판·검사 출신이란 이력이 부끄럽다.

금감원과 검찰은 대주주 비리만을 추궁할 게 아니다. 감사나 사외이사들이 왜 대주주 전횡을 저지하지 못했는지 따지고 책임을 묻는 게 마땅하다. 그러나 그런 일은 일어나지 않을 것이다. 현직은 머지않아 전직이 될 터이니까.

문득 '쿠어스맥주'가 떠올랐다. 갈증 때문이 아니다. 20여 년 전 '로키산맥의 물'로 유명한 미국 쿠어스맥주의 회장을 만났다. 1873년에 세워진 가족기업 쿠어스맥주는 당시 4대손 피터 쿠어스 회장이 오너 최고경영자(CEO)였다. 40대의 활기 넘치는 쿠어스 회장이 꺼낸 말은 뜻밖이었다.

　"오래전부터 한국에 진출하고 싶었다. 그러나 월트디즈니 회장 등 사외이사가 반대해 계획을 포기했다."

　오너가 사외이사의 반대로 뜻을 접었다? 상장기업도 아닌데, 왜 그런 불편한 사외이사를 둘까. 오너를 주저앉힌 사외이사는 또 뭔가.

　몇 년 후 한국도 사외이사 제도를 도입했다. 쿠어스를 생각하며 변화를 기대했다. 성급한 기대였다. 모두가 알듯이 대주주의 거수기를 자처하는 사외이사가 줄을 이었다.

　빛나는 이력과 경륜을 갖춘 그들이 왜 그런 꼴로 추락할까. 저축은행의 조연 배우들은 왜 무력했을까.

　『정의란 무엇인가』를 쓴 마이클 샌델은 최근 시장과 도덕의 문제를 제기한 책 『돈으로 살 수 없는 것들』을 내놨다. 그의 말을 흉내 낸다면 '돈 받고 팔 수 없는 것들'을 팔아버린 가엾은 영혼의 사람들이다.

2012. 5. 14

1987년 6월과 대선 레이스

6월이 되면 떠오르는 친구가 있다.

대학에서 만난 그는 잘 웃고 씩씩했다. 하루가 멀다 하고 독재 타도를 외치던 시절, 그는 늘 시위대 선두에 서 있었다. 졸업 후 대기업에 들어가서는 해외 오지 근무를 마다하지 않는 맹렬 사원이 됐다. 급기야 승진 가도를 달려 친구 중 가장 먼저 부장 자리에 올랐다.

25년 전 여름, 오랜만에 만난 그의 얼굴은 상기돼 있었다. 일복이 터진 30대의 대기업 부장. 그런 그가 다시 대학 시절 시위꾼으로 돌아가 있었다. 점심시간이면 사무실을 나와 시청 앞이나 광화문의 시위 현장으로 달려갔다. 신촌, 여의도까지 행진하며 구호를 외치기도 했다. 일찍 끝난 날은 직원을 몰고 정권 규탄 대회장으로 향했다.

그해 6월 한반도는 반독재·직선제 쟁취 함성으로 뜨거웠다. 야당, 재야, 대학생에서 비롯된 민주화 열망은 전국으로 들불처럼 번졌다. 시위 현장에 새로운 현상이 나타났다. 와이셔츠 차림의 직장인이 등장하기 시작했다. 소심한 책상머리 샐러리맨들이 분노하고 길거리로 나선 것은 예사로운 일이 아니다. '넥타이 부대'의 출현은 국민적 저

불의의 사회, 진실의 불편함

항을 알리는 시위의 전환점이 됐다.

6월 항쟁은 당시 전두환 대통령의 4·13호헌 선언에서 발화됐다. 두 대학생의 죽음이 기름을 부었다. 물고문 도중 숨진 박종철 군, 시위 중 최루탄 파편에 쓰러진 이한열 군(6월 9일 뇌사 상태에 들어가 7월 5일 숨졌다)이 그들이다.

1987년 6월 10일 오전 6시, 대한성공회 성당의 종이 울리자 전국에서 고문 살인을 규탄하고 호헌 철폐를 외치는 시위가 시작됐다. 명동 일대엔 넥타이 부대가 운집했다. 상인들은 음료수를 들고 나왔다. 친구도 그날 그곳에 있었다. 그렇게 모두 일어서 직선제 개헌을 쟁취한 '6·29선언'을 끌어냈다. 시민군의 승리였고 그는 최일선에서 싸운 무명용사의 한 명이었다.

친구의 식지 않은 의기와 용기가 부러웠다. 하지만 말은 엉뚱하게 나왔다. 너, 대기업 간부가 길거리를 헤매고도 목이 붙어 있는 게 신기하구나. 해를 넘기고 다시 만난 그는 예전의 그가 아니었다. 얼굴은 어둡고 목소리는 힘이 없었다.

그가 우울하게 말했다. 우리가 왜 싸웠느냐, 무엇이 민주화냐. 두 김 씨는 갈라서고, 어부지리로 군 출신이 또 대권을 잡고……. 새로운 세상에 대한 열망이 뜨거웠던 만큼 실망도 크겠지. 그런 정도로 생각했던 나에게 얼마 후 놀라운 소식이 전해졌다. 잘나가던 회사에 사표를 내고 그가 홀연 이민을 떠난 것이다.

25년이 흘렀다. 그때처럼 올해 6월도 뜨겁다. 대선 레이스에 불이붙은 까닭이다. 출마 선언이 줄을 잇는다. 인물은 다르지만 내건 구호는 대동소이하다. 그래도 12월 대선의 뚜껑이 열리면 환호와 탄식이 엇갈리겠지. 친구처럼 크게 상처입을 징후가 있는 사람이라면, 1987년 이후 정치판을 떠올려보는 것은 어떨까.

끝내 갈라섰던, 그래서 친구가 분노했던 두 김 씨(김영삼 · 김대중)는 드라마 같은 곡예를 거쳐 모두 대통령에 올랐다. 군사독재 정권과 목숨 걸고 싸웠던 두 사람이 대권을 위해 손잡은 세력은 다름아닌 12 · 12 쿠데타 주역과 5 · 16 쿠데타 주역이었다.

어쩌면 그것이 정치의 맨살인지 모른다. 프로 정치판은 아마추어 유권자의 순진성을 예사로 농락한다. 권력욕을 달콤한 언사로 위장한다. 교묘한 편 가르기로 보통 사람의 가슴에 적대감과 증오심을 심는다. 정치판에 분노하고 떠난 친구는 결국 불행해졌다. 하지만 그를 절망케 한 정치인들은 멀쩡했고 잘나갔다.

올해 대선에서는 어떤 일이 벌어질까. 말처럼 정치가 달라질까. 눈 크게 뜨고 지켜보자. 다수의 뜻이라면, 차선이라도 박수 칠 준비를 하자.

지나친 흥분과 애증은 금물.

편 가르기에 말려들면 안 된다. 휘둘리면 상처를 입는다.

2012. 6. 18

아버지, 다시 취업전선에 서다

말재주 있는 박재완 기획재정부 장관이 며칠 전 '카타르시스'란 단어를 꺼냈다. "재벌을 과도하게 때려 해외로 나가게 되면 카타르시스를 느낄지는 몰라도 남는 게 없다." 정치권의 경제민주화 주장에 '카타르시스'를 앞세워 한 방 먹인 것이다.

의학용어인 '카타르시스'를 보통명사로 끌어다 쓴 사람은 아리스토텔레스다. 그는 『시학』에서 비극(悲劇)은 공포와 연민을 부르고, 나아가 감정을 정화(카타르시스)한다고 말했다.

경제민주화가 비극의 장르에 들어가는지 의아스럽지만, 재벌개혁론에 감정의 정화를 체험할 사람은 적지 않을 듯하다. 대선을 앞두고 여론에 예민해진 정치권에서 여·야 불문하고 경제민주화를 외치는 이유가 뭔가. 그런 슬로건이 표가 된다는 사실을 본능적으로 알아챈 때문이다.

정치판보다 극적 카타르시스를 경험하는 곳은 방송 드라마다. 드라마(또는 연극, 영화)는 현실을 복제하고 풍자하고 고발하면서 보는 이의 가슴을 흔든다. 관객이 극에 공감하면서 주인공과 일체감을 이룰

때 카타르시스는 절정에 이른다고 비평가들은 말한다.

요즘 한 편의 TV 드라마가 화제다. 시청률이 20%를 넘어섰다. 그만큼 공감하고 빠져든다는 얘기다. 권력만을 향해 달려온 대권 도전자, 세상을 농락하는 재벌 총수, 비겁한 검찰, 휘둘리는 언론. 이에 온몸으로 맞서는 탈옥수. 월화드라마 〈추적자〉다.

박근혜 새누리당 의원이 대선 출마를 선언한 지난 10일 〈추적자〉에서는 대선 투표가 시작됐다. 가난한 이발소 집 아들로 태어나 재벌 사위가 되고, 거짓과 타협치 않고 국민만 바라보겠다던 강동윤. 그가 청와대 문고리를 잡으려는 순간, 드라마는 반전된다. 가면이 벗겨지고 악의 실체가 드러난다. 그는 과연 대권을 움켜쥘 것인가.

어디서 본 듯한 대통령 후보. 그의 위선은 대선 후보가 난립한 지금의 실제 상황과 묘하게 오버랩된다. 그를 둘러싼 재벌은 또 어떤가. 무소불위 권력화한 모습에서 작금의 재벌 개혁 논란을 떠올린다.

이들과 맞서는 주인공 백홍석. 거악과 상대하기엔 너무나 미약한 존재다. 보통 시민, 그저 평범한 아버지다. 그런 그가 진실을 밝히고 정의를 세우기 위해 거친 세상 힘센 놈들과 마주선다. 오직 하나, 억울하게 숨진 딸을 가슴에 품고서.

아버지의 힘이다. 가족을 위해 생명을 건 아버지. 그는 결코 포기하거나 무너지지 않는다. 그런 용감한 아버지, 그런 영웅이 얼마나 그리웠나. 카타르시스가 자기와의 동질화를 통해 이뤄진다면, '영웅이 된 아버지'는 이 나라 움츠러든 아버지들의 완벽한 카타르시스 모델이다.

하지만 영웅을 그리는 시대는 영웅이 없음을 드라마는 역설한다.

불의의 사회, 진실의 불편함

고단한 삶, 떨어진 체신은 이 땅의 아버지를 주눅들게 한다. 낮밤 없이 일했지만 남은 게 뭔가. 전셋값 뛰는 게 서럽고, 빚 얻어 장만한 집은 웬수가 됐다. 추레한 기러기 아빠, 백수 자식, 언제 쫓겨날지 모르는 직장.

은퇴기에 들어선 베이비부머(1955~1963년생)만 716만 명. 그보다 젊은 2차 베이비부머 X세대(1968~1974년생)도 사정은 닮은꼴이다. 그들의 55%는 노후준비엔 손도 대지 못했다고 말한다. 은퇴 후 30~40년을 어떻게 살 것인가. 막막할 따름이다.

지난달 50대 이상 취업자가 46만 명 늘었다고 한다. 전체 취업 증가 수 36만 명을 뛰어넘는다. 어찌된 일인가. 벌어놓은 돈도, 수입도 없는 아버지들이 너나없이 생활전선에 뛰어든 결과다. 오늘도 그들은 예전 같지 않은 몸을 이끌고 치킨집 셔터를 올리고, 핸들을 잡는다.

꿈, 사람, 저녁, 경제민주화……. 구호는 빛난다.

그 뒤편에는 일에 묻혀 청춘을 불사른 어깨 늘어진 아버지들이 있다. 그들도 많이 아프다. 위로의 말 한마디가 그립다.

2012. 7. 16

아버지, 다시 취업전선에 서다

5년 후, 페이스북이 사라지는 날

지구촌 사용자 10억 육박, 인구로 치면 중국과 인도 다음가는 3번째 대국. 세계 최대 소셜 네트워크 서비스(SNS) 기업인 '페이스북 제국'. 그런 페북이 어느날 갑자기 사라진다면?

제국 최후의 날, 페북 난민들이 받을 충격을 상상하는 일은 어렵지 않다. 혼란, 허탈, 슬픔……. 그보다 삶의 한 기둥을 잃은 상실감이 더 클지 모른다. 컴퓨터 혹은 스마트폰 속에서 함께 울고 웃던 페친들— 몇십 년 만에 찾아낸 친구도 있고 친구의 친구로 만난 친구도 있었지. 홀로 있어도 온 세상과 통하는 것 같았는데…….

지금 이 순간에도 페이스북이나 트위터에 열중하고 있는 SNS 신인류들은 '페북 종말론'이 웬 황당한 소리냐고 반문할지 모른다. 하지만 그 같은 예언은 지어낸 말도, 엉뚱한 상상도 아니다. 내로라하는 전문가들이 정색하고 한 말이다.

페북 최후의 날은 5년 후쯤으로 모아진다. 헤지펀드 아이언 파이어 캐피털의 설립자인 에릭 잭슨은 "페이스북은 5년, 늦어도 8년 후에 사라질 것"이라 주장한다. 세상에 나온 지 9년, 상장 3개월짜리 신생

기업이 왜? 그는 IT 거품 때 상장된 야후가 생존은 하고 있지만 시장 가치가 10분의 1로 추락한 사실을 상기시킨다. 거품론이다. 페북 뿐 아니라 구루폰을 뒤좇아 우후죽순처럼 생겨난 소셜 커머스 기업도 함께 사라질 것이라 예언한다.

베스트셀러 『아웃라이어』 『티핑 포인트』 등을 쓴 저널리스트 맬컴 글래드웰의 독설은 또 어떤가. 그는 "카스트로가 페이스북이나 트위터에 의존했다면 쿠바 혁명은 실패했을 것"이라며 직접 대면하지 않는 소셜 네트워크의 한계를 강조한다. 소셜 미디어 비판론자답게 그는 페이스북의 '5년 후 종말론'을 적극 지지한다.

소수의 삐딱한 전문가만이 이런 말을 하는 것은 아니다. 경제잡지 『포브스』는 최근 '5년 내 웹 시대가 끝나고 구글, 페이스북과 같은 웹 기반 기업들이 완전히 사라질 수 있다'고 전망했다. 포브스 관점의 요체는 기술의 급변이다.

기술 산업은 근래 웹1.0과 웹2.0을 거쳐 웹3.0이 아닌 모바일이나 사진으로 대화할 수 있는 인스타그램으로 변천했다면서 5~8년 내 웹 시대는 종식되고 전혀 다른 패러다임으로 발전하리라 내다 본다. 1세대의 패자 구글, 2세대 황태자 페이스북에 이어 아이폰·아이패드로 상징되는 모바일과 인스타그램이 3세대 주자로 떠올랐다고 진단한다. 기술의 패러다임이 바뀌면 시장 주도권을 포함한 모든 것이 순식간에 뒤바뀌며, 페이스북 역시 이 같은 운명을 피할 수 없다는 것이다.

진정 놀라운 것은 페이스북의 종말이 아니다. 기세등등한 페이스북까지 집어 삼키는 기술 진보의 속도와 '5년'이란 시간의 힘이다. 단 5년이면 기업의 세계가 뒤집히고, 정점의 기업이 나락으로 떨어지는 그런 험한 세상에 우리는 살고 있다.

애플과 삼성도 한순간에 추락해 특허법정이 아닌 마이너리그에서 만날지 모른다(모토롤라, 노키아, 블랙베리를 보라!).

그리스 신화에서 시간의 신 크로노스는 아들을 삼켰다. 크로노스가 상징하는 것은 이 세상 모든 것은 시간이 지나면 사라진다는 것이다. 바야흐로 크로노스 전성시대다.

격변하는 것은 기술만이 아니다. 5년 후 한국은 생산가능 인구가 줄어드는 초유의 사태를 맞는다. 잠재성장률은 2%대로 떨어진다. 늙어가는 나라의 전형적 모습이다.

그런 한국에 또 다른 5년이 있다. 대통령의 임기다. 새로운 5년, 무엇이 스러지고 무엇이 일어날 것인가.

5년의 욕망을 품은 주자들의 말은 난무한다.

하지만 격변의 시대를 읽어내는 긴박감은 보이지 않는다.

누구의 말에서도 '5년 후' 한국의 모습은 뚜렷하게 잡히지 않는다.

그들도 한때 스쳐가는 크로노스의 제물이 될 것인가.

2012. 8. 20

불의의 사회, 진실의 불편함

조삼모사 정책과 유리봉투

조삼모사(朝三暮四)란 말이 가리키는 것은 멍청한 원숭이다. 먹이를 아침에 세 개, 저녁에 네 개씩 주겠다는 말에 화를 내던 원숭이가 아침에 네 개, 저녁에 세 개씩 주겠다니까 좋아했다는 중국 송나라 때의 고사다. 누구나 알고 있는, 간교한 꾀에 농락당한 원숭이를 조롱하는 얘기다.

요즘에도 조삼모사는 들어맞는 말일까.

세상이 달라졌다. 조삼모사에 화를 낸 원숭이는 멍청한 게 아니라 영악한 원숭이다. 우선 미래가 불투명하다. 아침이 편안하다고 저녁까지 무사하다는 보장이 없다. 먹이를 주는 주인의 마음이 언제 바뀔지 모른다.

저축은행 사태에서 우리는 보았다. 힘 있는 자들은 영업정지 전날 밤, 편법으로 재빠르게 맡긴 돈을 빼내갔다. 다음 날 문 앞에서 기다리던 사람들만 속절없이 당했다.

현대는 시간이 곧 돈이다. 시간이 지나면 돈 값은 떨어진다. 은행이 자비심으로 맡긴 돈에 이자를 붙여주는 것은 아니다. 그러니 아침의 세 개와 저녁에 받은 세 개의 가치가 같을 수 없다. 시간의 길이를 한 달, 1년으로 늘려 생각해보면 '조삼모사'보다 '조사모삼'의 유리함이 확연해진다.

샐러리맨들은 이달치 월급을 받을 때 조삼모사의 작은 기쁨을 누리게 됐다. 정부가 지난주 내놓은 내수대책에서 근로소득세 원천징수액을 10% 줄여주기로 한 때문이다. 이에 따라 월급 500만 원 받는 4인 가족 근로자의 경우 세금을 월 2만 8,470원 덜 내게 된다. 1월부터 소급이 가능하니 많으면 이달엔 20만 원가량 월급을 더 받게 됐다. 그 돈을 잘 써서 내수 살리기에 힘을 보태달라는 게 정부의 뜻이다.

월급이 오르지 않았는데도 봉투가 두툼해진다니 마술도 보통 마술이 아니다. 하지만 어떤 놀라운 마술도 보자기를 벗기면 속임수로 드러나는 법. 정부가 내놓은 '경기부양 근소세 간이세액표'란 마술도 그렇다. 세금을 적게 떼면 연말정산 때 돌려받는 세금이 그만큼 줄어든다. 정부는 이번 조치로 세수가 1조 5,000억 원 감소한다고 밝혔다. 그 말을 뒤집으면 샐러리맨들이 1조 5,000억 원을 정부에 선납했다가 정산 때 돌려받게 돼 있었다는 얘기다.

조삼모사 아니냐는 비판이 일자 박재완 기획재정부 장관은 "조삼모사가 맞긴 맞다"면서도 토를 달았다. "월급날이 말일에서 15일로 앞당겨진 것으로 이해해달라. 그만큼 근로자들이 기간이익을 보게 됐다"고 말했다. 봉급쟁이 입장에서 보면 적반하장, 뒤집힌 논리다.

특별한 사정이 없는 한 이번에 줄어든 세금 10%는 연말정산에서 돌려받게 될 돈이다. 안 내도 되는 세금이란 얘기다. 그러니 그동안 손해본 것은 근로자요, 기간이익을 얻은 것은 정부다.

이를 잘 알면서도 정부는 오랫동안 근로자 세금을 더 거둬갔고, 환급액에 이자 한 푼 붙여주지 않았다. 정부가 이번 조치에 '근로소득 원천징수 합리화'라 이름 붙인 것은 '불합리 징세'에 대한 뒤늦은 고백이다.

조삼모사 정책이 나왔을 때 국세청은 고액 체납자의 호화생활 백태를 공개했다. 그들은 수십억 원, 수백억 원의 세금을 떼먹고도 해외 휴양지를 돌며 유유자적했다.

탈세범, 체납자를 추적한 국세청 노력은 가상하지만 유리봉투 샐러리맨 입장에서는 씁쓸한 여운이 따른다. 근로자에게서는 월급봉투를 쥐어보기도 전에, 실제 내야 하는 세금보다 더 많이 떼어가면서 거액 체납자들에게는 왜 그렇게 무력했을까. 그들은 어떻게 해외여행을 밥 먹듯 할 수 있었을까. 지금도 국세청을 조롱하며 휴양지 골프장을 활보하고 있는 것은 아닐까.

착하고 소심한 샐러리맨들.

국회의원처럼 자신의 월급을 제 손으로 올릴 재주도 없다. 고액 체납자처럼 세금 안 내고 버틸 배짱도 없다. 그저 다시는 조삼모사 원숭이 취급을 받지 않기를 바랄 뿐이다.

2012. 9. 17

경제민주화, 대선판을 떠났다

대통령 선거일이 이제 두 달도 남지 않았다. 대선 레이스가 막바지로 치달으며 정치판의 열기가 달아 오르고 있다. 떠오른 핫 이슈는 서해 북방한계선(NLL), 정수장학회, 경제민주화의 세 가지다. 언제 어떤 드라마가 펼쳐질지 알 수 없는 게 우리 선거판이나, 지금의 상황은 그렇다.

세 가지 이슈 모두 대선 판세를 뒤흔들 변수일까. 그럴 수도, 그렇지 않을 수도 있다. NLL과 정수장학회는 언제든지 판세를 요동치게 할 수 있는 잠재적 폭탄이다. 정치권력과 역사의 문제이자, 과거를 놓고 벌이는 계승자들의 양보할 수 없는 싸움이다. 어느 한쪽이 정곡을 찔린다면 치명상을 입을 수 있다.

경제민주화는 다르다. 정치권력이 아닌 경제권력과 시장의 이슈다. 현재의 문제이자 미래의 과제다. 여야는 공격과 방어가 아니라 경제민주화를 향한 동반자 내지 경쟁적 협력자의 모습이다.

여당이 치고 나오자 야당이 더 크게 호응하고 뒤늦게 뛰어든 안철수 진영까지 가세하면서 보수와 진보, 여와 야의 경계가 허물어졌다.

불의의 사회, 진실의 불편함

경제민주화의 깃발 아래 그들은 동지다. 정당의 정체성도 이념의 차별성도 찾아보기 어렵다. 순환출자 등 몇 가지 시각차에도 불구하고 겨냥하는 조준점은 일치한다. 재벌그룹과 오너다.

경제학자들도 명확히 정의하지 못하는 '경제민주화'를 대선 주자들이 약속한 듯 첫 번째 경제과제로 꼽는 현상은 기이하기까지 하다.

속셈은 훤히 들여다보인다. 표심이다.

서민 경제의 붕괴가 불러온 민심의 분노가 그 출발점이다. 깊어진 양극화, 무너진 중산층, 발길에 채는 청년백수가 민생의 현실이다.

그들은 말한다. 수천억 원, 수조 원씩 버는 재벌가의 딸, 손에 밀가루 한번 묻혀보지 않은 자들이 베이커리를 만들어 동네 빵집을 망하게 하는 게 옳은가. 아들, 딸, 사위, 며느리까지 계열사 사장 자리를 차지하는 것이 정상적인 기업 경영인가. 죄를 짓고도 왜 재벌 총수는 감옥에 가지 않는가. 왜 영원한 을(乙) 중소기업을 쥐어짜는가.

후보들의 '경제민주화 합창'은 소리치는 민심이 불러왔다. 경제민주화는 그렇게 대선판을 떠났다. 경제 이슈로는 남겠지만 표심을 뒤흔들 회심의 카드는 아니다. 박근혜·문재인·안철수를 각각 구분짓고 차별화할 변별력을 잃었다. 어느 누가 경제민주화 포기를 선언하지 않는 한.

경제민주화의 전선은 새롭게 구축됐다. 공세의 정치권과 방어의 진을 친 재계다. 재계의 움직임이 부산하다. 대기업 모임인 전경련은 수차례 경제민주화의 애매함, 부당성, 악영향을 주장했다. 지난주에는 상공회의소가 나섰다. 경제민주화는 재벌 때리기다, 과속으로 성장 기반을 훼손할 것이다, 본질인 경제위기는 외면하고 있다……

정치권이 경제민주화를 놓고 흡사 선명성 경쟁에 나선 듯한 모습을 보이는 만큼 재계의 주장에도 귀담아들을 대목이 있다. 반(反)기업 정서를 부채질한다면 기업하려는 의욕을 떨어뜨리고 투자와 고용을 위축시킬 수 있다. 불황기에는 특히 그렇다.

하지만 재계가 흥분한다고 정치권이 누그러질까. 그럴 가능성은 적어 보인다. 민심, 즉 표심이 싸늘하기 때문이다. 재계가 아무리 논리적 주장을 편다 해도 민심에 다가서기에는 2%가 부족하다. 논리로 풀 수 없는 정서의 장벽이 너무 견고하다.

미국에도 있고 프랑스에도 있는데 한국에는 없는 것, 가진 자의 덕목이 문제다. '부자들 세금 더 거두라'는 총수는 왜 없는가. '자식에게 절대로 재산 물려주지 않겠다'고 선언하는 오너는 왜 안 나오나.

대한민국 재벌 모두 그렇게 하라는 말이 아니다. 30대 재벌가 중에 한 곳만이라도 좋다. 1,000쪽짜리 전경련 보고서보다 그런 '튀는 회장님' 한 명이 서민의 가슴을 흔들어놓을 것이다.

2012. 10. 22

불의의 사회, 진실의 불편함

새 서울역장과 여성 대통령

엄마는 어디로 갔을까.

서울역에 내려, 서울역 지하철에서 꿈처럼 사라진 우리 엄마.

읽는 이의 가슴을 먹먹하게 만든 신경숙의 『엄마를 부탁해』는 서울역에서 이야기가 시작된다. 그렇다. 서울역은 오랫동안 상봉과 이별의 상징이었다. 그곳은 수도 서울의 관문이자 얼굴이었고, 역사 주변은 만남과 헤어짐, 설렘과 쓸쓸함이 뒤섞여 맴돌았다.

세월은 서울역의 표정을 바꿔놓았다. 전국을 반나절에 오가는 고속철. 패스트푸드점과 쇼핑몰, 예식장이 어우러진 복합 공간. 속도의 시대, 낭만은 없다. 역은 소란하고 건조하다. 다만 한국 철도의 상징이라는 위상만은 여전하다. 하루 이용객 30만 명에 연간 수입 4,800억 원으로 코레일 전체의 16%를 차지한다.

그런 서울역의 얼굴이 지난주 바뀌었다. 초록색 넥타이에 제복 차림의 신임 서울역장 얼굴이 여러 번 언론에 등장했다. 새 역장은 고졸 9급 공채로 출발, 25년 만에 1급인 서울역장 자리에 올랐다. 서대전역장, 전략기획실 평가팀장, 노경지원처장, 문화홍보처장 등을 두루 거쳤다. 깔끔하고 적극적이란 평에 별명은 '악바리'다.

이력에서 맹렬 직장인의 공력이 묻어난다. 하지만 신문 방송에서 요란을 떨 만한 스토리는 아니다. 분명 다른 게 있을 법하다.

맞다. '112년 만의 첫 여성 서울역장'—인터뷰 기사의 제목이다. 1900년 역이 생긴 후 줄곧 그랬듯 남성 간부가 그 자리에 앉았다면 신문 인사란 한 줄에 그쳤을 게 분명하다.

언론은 새로운 이야기에 목 마르다. '100년 만의 첫 기록' 정도면 끔뻑 죽는다. 언론이 찾아낸 것은 '신임 서울역장'이 아니라 '첫 여성' 서울역장 김양숙 씨다. 인터뷰를 한 기자의 관심도 그랬다. 첫 여성 서울역장이란 기록, 남성 전유물이었던 자리, 섬세한 리더십……

하지만 당사자인 김양숙 서울역장의 반응은 의외다. '여성'을 앞세우지 않는다. 인터뷰 기사를 읽으며 느낀 경이로움이다. 기자가 "첫 여성 서울역장이란 역사를 세웠다. 어떤 일을 하고 싶은가" 물었을 때 이렇게 답했다.

"서울역장 자리에 충실하겠다."

그렇다. 그는 '여성 서울역장'이 아니라, 그냥 '서울역장'인 것이다. 그런 생각과 그런 생각을 자연스럽게 받아들이는 시대의 변화가 그를 서울역장에 앉혔다. 코레일의 새 역사는 그렇게 쓰였다.

김 역장에게 전화로 물어봤다.

"'112년 만의 첫 여성 서울역장'이라 난리인데 정작 본인은 왜 여성을 내세우지 않는가"

"코레일은 힘차고, 딱딱한 인상 때문인지 여직원이 매우 적다. 여성을 강조할 이유가 없다. 특정부서를 피하거나, 남녀의 일을 구분해 생각해본 적이 없다."

'여성'이 화제에 오르는 게 어찌 서울역장뿐이랴. 대통령 선거판도 '여성'이 화제고 여성 대통령을 둘러싼 논란이 뜨겁다. 대선 주자만 박근혜, 심상정, 이정희 3명이다.

여성 대통령이 탄생한다면, 대한민국의 새로운 역사를 쓰는 사건이 될 것이다. 하지만 그것은 결과론이다. 세상은 누구도 여성이니까 된다, 안 된다고 말하지 않는다. 경쟁의 조건에서 남과 여를 따지지 않는 동등의 패러다임이 자리 잡은 성숙한 사회다.

정치권만은 다르다. '여성'을 싸움의 잔기술로 이용하려 한다. 유력 여성 후보를 낸 여당은 여성 대통령의 당위성을 강조하는 '자가발전'에 열 올린다. 상대편은 '그가 여성을 위해 한 게 뭐가 있느냐'고 공박한다. 국민 수준에 한참 못 미치는 개그 수준의 논쟁이다.

미국 최초의 흑인 대통령인 오바마가 '흑인 대통령의 당위성'을 강조했다거나, 독일의 여장부 메르켈 총리를 향해 '여성을 위해 뭘 했느냐'고 따졌다는 소리를 들어본 적이 없다. 새 서울역장 김양숙 씨를 다시 생각하게 되는 이유다.

2012. 11. 19

대선 부동층과 '광해'의 귀

대박을 터트린 영화를 뒤늦게 본다는 것은 조금은 멋쩍은 일이다. 친구 따라 강남 가는 기분인데다, 주위에 '영화 봤다'는 얘기를 꺼내기도 쑥스럽다. 대종상을 휩쓸고 역대 흥행 3위에 오른 영화 〈광해, 왕이 된 남자〉를 보러 갈 때 나의 기분이 그랬다.

100석 정도의 소극장에 자리는 앞에서 두 번째. 스크린이 너무 가까워 눈앞에 꽉 찼다. 사운드는 우렁차고, 주인공 이병헌은 거인처럼 걸어 나왔다.

영화 감상의 생명인 몰입도가 급격히 떨어졌다. 스토리를 대강 알고 있으니, 다음에 무슨 일이 일어날지 능히 짐작이 갔다. '앞자리 효과'로 배우들의 몸 사위나 클로즈업된 얼굴이 너무 크고 세밀하게 보이는 것도 문제였다.

급기야 영화의 기승전결보다 배우의 표정, 의상, 무대가 더 들어오기 시작했다. 눈을 사로잡은 것은 1인 2역을 맡은 이병헌의 뛰어난 연기가 아니라 엉뚱하게도 그의 귀였다. 이병헌, 아니 '광해'의 왼쪽 귓불 정중앙에 선명한 검은 점 하나. 귀걸이 흔적이 분명했다. 왕이

불의의 사회, 진실의 불편함

다가설 때마다 왼쪽 귀를 확인했고 그곳엔 언제나 귀 뚫은 자국이 선명했다. 최우수작품상에 빛나는 영화가 조선 왕으로 나온 배우의 귀걸이 흔적을 그대로 놔뒀다니…….

한 번 트집을 잡으니 못마땅한 장면이 계속 눈에 들어왔다. 광해가 발을 올릴 때마다 '재봉틀'로 박은 바지 밑단이 드러났다.

가짜 왕 하선이 떠나가는 라스트 신도 그랬다. 그가 탄 목선은 대패가 아니라 제재소 전기톱 기계목으로 만든 배였다. 그런 눈으로 영화를 보니 '보름 만에 완벽한 왕으로 변신한 광대'라는 영화적 상상력은 감동보다 황당함으로 다가왔다.

대통령 선거 막바지에 웬 한가한 영화 감상문이냐 타박할지 모르나, 사실은 대선 때문에 꺼낸 얘기다. 많은 사람이 "정치인이 〈광해〉를 꼭 봤으면 좋겠다"고 해서 하는 말이 아니다. 유력 후보가 영화를 보고 한동안 흐느꼈다고 해서도 아니다. 투표일이 코앞인데도 마음을 정하지 못한 '심란한 유권자'들에게 작은 팁을 주고 싶어서다.

이번 대선은 박근혜, 문재인 후보 간 초박빙의 승부라고 한다. 여론은 깜깜이가 되었다. 당락을 좌우할 캐스팅보트는 누구인가. 아이로니컬하게도 일찍 마음을 굳힌 박, 문 후보의 열렬한 지지자가 아니다. 열쇠는 마지막까지 마음을 정하지 못한 부동층(또는 중도층, 무당파, 전략적 유권자)이 쥐고 있다.

이유는 통계가 말한다. 여론조사 공표가 금지된 지난 13일을 전후해 언론사가 내놓은 여론조사 결과가 근거다. 박근혜·문재인 두 후보의 합산 지지율은 전체 유권자의 85~92% 수준. 군소 후보의 지지율을 감안하면 지지자를 정하지 못한 유권자는 10% 정도다. 여기에 전문가들이 예상하는 투표율 70%를 대입하면 갈등하는 부동표는 7% 안팎이라는 결론에 이른다.

오차범위 내 살얼음판 승부에서 7%는 결정적인 숫자다(지금쯤 3~4%로 줄었다 해도 그렇다!). 아직도 부동층에 머물러 있다면, '내 한 표가 당락을 가른다'는 자긍심으로 결단할 때다.

스크린이 너무 가까워 혼란스럽고, 귀걸이 같은 디테일에 빠져 영화의 큰 흐름을 놓쳤듯, 그렇게 대선을 보느라 마음이 떠다니는 것은 아닐까. 그런 유권자에게 권하고 싶다.

거리를 두고 담담히 바라볼 것―과열된 편 가르기에 잘못 휩쓸리면 상처만 입는다.

작은 것, 나무보다 숲을 볼 것―최선 아니면 차선을, 그리고 꼭 투표한다.

(며칠 전 TV에 젊은 날의 이병헌이 나왔다. 오래전인데도 왼쪽 귀엔 작은 점이 또렷했다. 아, 그것은 귀 뚫은 흔적이 아니라 태생의 그냥 점이다. 내가 만든 마타도어에 내가 빠진 꼴이다. 마타도어는 역시 무섭다. 이병헌, 미안하다.)

2012. 12. 17

불의의 사회, 진실의 불편함

'창조'가 미래와 과학을 만났을 때

캠페인성 TV광고 화면에 자막이 뜬다.

"얼음이 녹으면 무엇이 되나요?"

모두가 "물이 된다"고 말할 때, 한 어린이가 엉뚱한 대답을 한다.

"봄이 와요."

동심이 떠올린 틀 밖의 생각이 가슴을 흔든다. 우리는 언제부터 마음의 창을 닫고, 상상의 날개를 접은 채 보이는 것만 말하기 시작했을까. 돌아보면 누구나 생각이 고무공처럼 튀어 오르던 시절이 있었다. 얼음이 녹으면 봄이 되고, 꽃이 피고, 시냇물이 흘러가기도 했다.

그런 시절도 잠깐, 어느 날 문득 그것은 모두가 말하는 정답이 아님을 깨닫게 된다. 답은 오직 하나뿐이며, 남과 다른 생각은 틀린 것이고, 보이지 않는 것을 믿어서는 안 된다고 배운다. 그렇게 어른이 되고, 생각은 틀 속에 갇힌다. 암기식 교육의 위대한 성취다.

틀 안의 생각은 세상과 부딪치지 않는다. 고요하고 편안하다. 세상을 흔드는 것은 틀을 벗어난 생각과 튀는 행동이다. 흔들려야 바뀐다. 편안함을 거부하는 용기가 필요하다. 새로운 역사는 언제나 남다른 생각과 용기 있는 도전이 만들어냈다.

혁명가만이 새 역사를 쓰는 것은 아니다. 허허벌판 백사장 사진 한 장으로 배를 판 정주영 현대 창업자나, 청와대 경제수석이 결사반대 하는 반도체 사업을 밀어붙인 이병철 삼성 창업자는 어떤가. 상식을 뛰어넘은 발상이 한국의 산업지도를 바꿔놓았다.

100년 전, 살벌한 '도살장 풍경'이 생산공정의 혁명을 부른 불씨가 되었다. 도살한 소가 천장의 이동활차에 매달려 돌아가고, 인부들은 서서 고기를 자르고 있었다. 이를 목도한 기업인이 무릎을 쳤다. 스테이크 대신 공장을 떠올렸다. 돌아가는 활차에서 고기를 바르듯 움직이는 작업 라인에서 부품을 조립한다면! 포드자동차 창업자인 헨리 포드였다.

1913년 디트로이트 공장에서 세계 최초로 '컨베이어 벨트' 위에서 조립된 자동차가 탄생했다. 조립시간은 12시간 30분에서 단 93분으로 줄었다. 차 값은 3분의 1로 떨어졌고, 노동자 임금은 배로 뛰었다. 대량생산, 대량소비의 시대가 열렸다. 중산층의 확대로 이어졌고 미국은 세계 제조업의 최강자로 우뚝 섰다. '복지 자본주의' 또는 '2차 산업혁명'으로 불리는 포디즘(Fordism)의 출발이다.

그로부터 100년. 산업과 기술은 격변한다. 2013년 새해도 산업계에 획기적 변화가 예고됐다. 스마트폰, 태블릿PC와 같은 무선 이동 기기의 인터넷 접속이 유선 컴퓨터를 넘어설 전망이다. 모바일이 바꿔놓은 세상은 이제 우리의 일상이 되었다. 그곳에는 사고의 틀을 깬 또 하나의 거인, 스티브 잡스가 있다.

봄을 부르는 해빙과 포드, 이병철, 정주영, 잡스를 거쳐 현실로 돌아오면 가슴이 답답해진다. 누구나 창의와 독창성을 말한다. 용기와 도전을 강조한다. 하지만 세상을 지배하는 무기는 스펙과 학력, 토익 점수다.

박근혜 새 정부가 '미래창조과학부'라는 오묘한 이름의 정부조직을 만들기로 했다. 더 이상 '암기식 낡은 경제'만으로는 나라를 진전시킬 수 없다는 판단이리라 믿는다. 이름은 단순명쾌한 것이 최선이지만, 의지를 담겠다면 시비 걸 생각은 없다.

벌써부터 말들이 많다. 공룡 부처가 될 것이다, 주무를 예산만 수십조 원이다, 순수과학과 실물산업이 얽혀 제대로 돌아 가겠느냐……

그런 걱정은 정부 책임자와 전문가들의 몫이다. 과학 문외한인 나의 시선을 끄는 것은 미래와 과학 사이에 끼어 있는 '창조'다. 고정된 틀을 깨는 열린 마음과 튀는 발상, 용기 있는 도전이 없다면 창조도 없다.

창의가 죽은 교육, 나와 다른 생각을 죽이는 사회에서 어떻게 미래와, 창조와, 과학을 말할 것인가. 미래창조과학부, 과연 이름값을 할지 기대 반 걱정 반이다.

2013. 1. 21

"나는 사도세자의 아들이다"

"아아……."

감탄사 한마디를 쓰고 젊은 왕은 눈을 감았다. 그날의 슬픔과 공포가 다시 밀려왔다. 열한 살 어린 나이에 지켜본 아버지의 길고 비참한 최후. 뒤주에 갇힌 채 울부짖던 목소리. 분노한 할아버지의 얼굴. 떠나는 날, 아버지가 그토록 두려워하던 천둥번개가 요란했었지.

1776년 3월 10일, 25세의 정조가 조선 22대 왕에 올랐다. 즉위 첫날 그는 세상에 고하는 윤음의 첫 머리를 아버지 사도세자의 이름을 부르며 시작했다. "아아, 나는 사도세자의 아들이다." 아버지의 억울한 죽음에 젊은 왕의 복수를 알리는 신호탄인가. 사도세자를 죽음으로 내몰았던 세력(노론)은 끝장나는 것인가.

사도세자는 정조를 낳았지만, 법적 아버지는 아니었다. 죄인의 아들은 왕이 될 수 없었다. 선왕 영조는 사도세자가 죽은 후 세손 정조를 위해 정치적 결단을 내렸다. 어린 손자를 일찍 세상을 떠난 효장세자(사도세자의 이복형)의 양자로 입적시킨 것이다. 이로써 정조는 반역 죄인의 아들이라는 굴레에서 벗어났다.

어렵게 왕위에 오른 정조가 즉위한 당일 '나는 사도세자의 아들'이 라 고백한 것은 무엇을 뜻하는가. 그쯤이면 처절한 복수극이 펼쳐지 는 게 궁중 드라마의 필연적 수순이다. 이제 절대권력을 쥐었겠다, 빼 앗긴 아버지를 되찾아 억울한 영혼을 위로할 그날을 얼마나 고대했 던가.

하지만 정조는 달랐다. 이어진 말에서 반전이 일어났다.

"나는 사도세자의 아들이지만 영조께서 효장세자의 아들로 만들었 으니, 그 뜻을 지켜야 한다. 불경한 무리가 사도세자를 복권시키자는 논의를 한다면 엄히 형률로 논죄하겠다."

엄포가 아니었다. 행동으로 옮겼다. 사도세자의 억울함을 앞세워 상소를 올린 이덕사, 이일화, 유한신이 사형을 당했다. 거듭 상소를 올린 안동 유생 이응원은 물론 그의 아버지까지 죽임을 당했다. 이들 이 태어난 안동은 아예 부에서 현으로 강등시켰다.

정조는 결코 아버지를 잊은 게 아니다. 효심이 지극했다. 사도세자 의 무덤을 화성으로 옮긴 데서 드러나듯 그의 행적 곳곳에는 아버지 를 향한 그리움이 절절하다. 그런 정조가 왜 복권 논의를 엄금했을까.

사도세자라는 이름은 너무나 강한 정치적 휘발성을 가지고 있었 다. 그가 '사도세자의 죽음'을 꺼냈을 때 몰아칠 당쟁과 피바람은 불 보듯 뻔했다. 그가 사도세자를 추앙하면 공을 다투는 무리가 줄 이을 것이다.

역사가 된 과거사로 국기가 흔들리는 것을 정조는 원치 않았다. 아 마 정조는 이런 생각을 했을지 모른다. "아버지 일은 내가 누구보다 잘 안다, 아파도 내가 가장 아프다. 아버지를 앞세워 권력을 취하려거나, 나라를 흔들지 말라."

복수 일념에 불탔다면 정조는 폭군이 됐거나 정쟁의 파편에 무너졌을 것이다. 역사가 정조를 가리켜 백성을 끔찍이 사랑한 명군, 강력한 카리스마의 개혁군주로 부르는 것은 그가 아버지의 불행을 뛰어넘은 결과가 아닐까. 분노와 콤플렉스를 사적 복수가 아닌 치열한 자기 절제와 선정으로 승화시킨 때문은 아닐까.

오늘 박근혜 18대 대통령이 취임했다. 5년 임기의 첫날이다. 물론 세습이 아닌 국민 선택의 결과다. 상황은 다르나 그에게도 아버지의 그림자가 어른거린다. 아버지 박정희 전(前) 대통령에게는 빛과 그늘, 추앙과 비판이 함께한다. 세월은 흘렀다. 1960~1970년대와 지금은 시대와 시대정신이 다르다.

박 대통령이 "나는 박정희의 딸이다"라고 외치는 모습을 상상해본다.

가장 잘 아는 아버지를 역사 속으로 떠나보낸다. 그때의 끈을 잡거나 떠올려 뭔가를 도모하려는 무리를 멀리한다. 그리고 '누구의 딸'을 넘어서 오롯이 '박근혜 시대'의 새 역사를 써나가기를.

2013. 2. 25

불의의 사회, 진실의 불편함

관료의 득세, 세상을 바꿀 수 있을까

오늘로 박근혜 대통령이 취임한 지 한 달, 한국 사회의 힘센 집단인 관료그룹이 주목받고 있다. 진통을 거듭한 박 대통령의 첫 인사에서 그들은 누구보다 약진했다. 장·차관급의 넷 중 셋은 전·현직의 고시 출신 엘리트 관료다. '관료의 나라'라는 말까지 나왔다.

인사를 보는 눈길은 따가웠다. 좁은 인재풀, 탕평의 실종, 불통·밀봉인사에서 부실 검증까지. 그런 세평이 고독한 박근혜식 인사 스타일에서 비롯된 숙명이라면, 관료 출신의 대거 기용은 그렇게 해서 탄생한 인사의 속살이다.

'관료 득세'의 새 정부 인사에 특히 주목하는 이유는 '관료주의'로 불리는 그들의 견고하고 독선적인 습성에 대한 우려 때문이다. 공무원에 취업준비생이 몰리는 이유가 뭔가. 불안한 시대에 공직의 안정성은 달콤한 유혹이다. 법대로, 맡은 일만, 윗분 뜻에 따라서, 책임질 일은 하지 않는 것이 안정성의 전제다. 좋게 보면 전문성, 효율성, 연속성이다.

안정성을 뒤집으면 무사안일과 보신주의가 보인다. 시대적 요구인

소통과 융합, 창의와는 어울리지 않는다. 사퇴한 김종훈 미래창조과학부장관 내정자가 업무보고를 받는 대신 토론을 제안해 화제가 된 바 있다. 공무원들이 당황해한다는 얘기가 들렸다. 황당했을 것이다.

평생 보고서와 결재로 살아온 직업 관료라면 그런 도발적인 발상을 할 수 있었을까. 희로애락을 같이하면서 한솥밥을 먹은 부하 직원들과 치열한 논쟁이 가능할까. 자신의 손때가 묻은 정책에서 허물을 짚어낼 수 있을까. 그나마 새 바람을 기대케 했던 벤처 기업인 출신 김종훈, 황철주 두 사람은 공교롭게도 모두 중도 하차했다.

관료사회의 끈끈한 연대감은 현직에서 끝나는 게 아니다. 선후배 관료의 우정과 전관예우의 배려는 오래된 습속이다. 마피아·금피아 하는 말이나 정부 산하기관 대표, 금융기업 감사나 사외이사가 누구로 채워졌는지를 살펴보는 것만으로 그들의 결속력을 실감하기에 충분하다.

궁금한 것은 새 정부에 포진한 거대 관료세력이 박근혜 정부의 국정코드와 어떻게 결합될까 하는 점이다. 국민행복과 창조경제로 상징되는 국정 슬로건은 새로운 발상의 복지와 창의를 강조한다. 관료적 습관에 길들여진 그들이 과연 새로운 길, 창의적인 열정을 보일 수 있을까.

조상의 직설적 경구는 속담에 살아 있다. '세 살 버릇 여든까지 간다'거나 '개꼬리 3년 묻어도 황모(黃毛) 되지 못한다'는 말은 버릇 내지 습관의 끈질긴 생명력에 대한 경험적 성찰이다.

나쁜 것을 알면서도 나쁜 습관을 쉽게 고치지 못하는 이유는 간단하다. 습관은 이성적 판단의 산물이 아니다. 그냥, 무의식적으로 반복

불의의 사회, 진실의 불편함

하는 행동일 뿐이다. 『습관의 힘』을 쓴 찰스 두히그는 "뇌세포에서 기억인자를 완전히 없애도 습관은 사라지지 않는다"고 말한다.

습관이 집단화하면 관행과 타성이 돼 잘못을 합리화하고 도덕성을 허문다. 최근의 청문회에서 보듯 사회 지도층이란 사람들이 '위장전입'이나 '다운계약서'가 드러나도 '관행'이라 둘러대면 그만이다. 사회적 연대감은 자신을 지키는 든든한 울타리다.

혈연, 지연, 학연은 연대를 구축하는 훌륭한 성이다. 동창회, 향우회가 번성하는 이유다. 그런 나라에서 힘 있고 동료의식이 남다른 관료사회가 날개를 달았다.

"장관의 어젠다는 용납하지 않겠다"는 박 대통령의 말도 예사롭지 않다. 정해진 궤도를 한 치도 벗어나지 말라는 경고다. 상명하복에 익숙한 관료들은 기꺼이 따를 것이다.

일사불란한 효율성만으로 창조경제가 가능할까. 지금은 고속도로 운전기사도 내비게이션을 켜고 차 없는 우회도로를 찾아가는 세상이다. 그들을 택한 박 대통령의 리더십은 이제 시험대에 올랐다.

2013. 3. 25

경제민주화와 '돈의 논리'

"정치는 4류, 관료행정은 3류, 기업은 2류다."

1995년 대한민국을 흔들었던 이건희 삼성 회장의 '베이징 발언'이다. 기업의 발목을 잡는 규제의 남발에 대한 비판이었다. 통쾌해했던 국민과 달리 돌직구를 맞은 정치권과 관료조직의 얼굴은 붉게 달아올랐고 급기야 삼성은 사과문을 발표하기에 이르렀다.

18년이 흐른 지금, 다시 정치권을 향한 기업들의 볼멘소리가 높다. 경제민주화 관련 법안들이 줄줄이 국회에 오르며 소리는 더 커졌다. 4월 국회에서만 징벌적 손해배상을 담은 하도급법, 등기임원의 연봉을 공개토록 한 자본시장법, 매출의 5%까지 과징금을 물릴 수 있는 유해물질관리법 등의 개정안이 통과됐다.

그것으로 끝난 게 아니다. 가맹주의 권익을 강화한 프랜차이즈법, 국세청 정보 취합을 확대한 금융정보분석원법, 그룹 총수의 사면권을 제한한 사면법 등의 개정안이 소관 상임위를 통과했거나 대기 중이다. 6월 국회를 기다리는 경제민주화 법안도 열 손가락이 모자란다.

경제민주화란 이름표는 달지 않았지만 재계가 손사래 치는 60세

정년연장법도 통과됐다. 대체휴일법은 계류 중이다. 재계의 불만은 '경제도 어려운데, 기업까지……'로 모아진다.

경제민주화 관련법의 봇물은 2류(기업)의 발목을 잡는 3류·4류(정부·정치)의 무차별 공세인가. 국민이 심판대에 오른다면 어떤 판정을 내릴까. 정치권은 여전히 정신을 못 차렸고, 기업은 국력 신장의 동력이라는 데 국민의 대다수는 동의할 것이다.

그렇지만 경제민주화만을 떼놓고 보면 여론은 결코 기업에 우호적이지 않다. 그 속에는 기업이 읽지 못한 시대의 변화와 고단한 서민의 삶, 그리고 무언의 사회적 합의가 두루 얽혀 있기 때문이다.

기업의 주장은 대개 '돈(비용)의 논리'에서 출발한다. 대체휴일제에 대해서는 '인건비 4조 원, 근무일 축소에 따른 생산 감소액 28조 원 등 손실 총 32조 원'을 앞세운다. 근로자의 재충전이나 소비의 확대 등은 모른 체한다. 유해물질 사고 사업장에 매출의 최고 5%까지 과징금을 물리겠다고 하자 '매출 1조 원에 과징금이 500억 원'이란 단순 셈법을 들이댄다. 어느 누가 기업을 결딴내려 결심하고 모든 사고에 최고 과징금을 물린단 말인가.

60세 정년연장도 그렇다. 50대의 월급이 젊은 사원의 2~3배에 이르지만 생산성은 오히려 떨어진다면서 부담의 증가를 강조한다. 아버지와 자식의 일자리 다툼으로 내몬다. 20~30년 회사에 헌신한 50대 직장인, 그들의 노하우나 경험을 자산으로 보는 게 아니라 짐으로 여기는 태도다.

정년연장은 난데없는 발상이 아니다. 전체 기업의 35%가 이미 60세 이상 정년제를 도입했다. 그럼에도 직장인의 실제 퇴직 연령은 평균 53세다. 지난해 직장을 떠난 베이비붐 세대 57만 명 중 정년퇴직자는 8,000명에 불과하다. 청년실업을 걸고 넘어질 만한 숫자가 아니다. 정년연장에는 급속한 고령화, 막막한 노후, 5060세대의 정치적 파워 등이 얽혀 있다. 단순한 비용의 논리만으로 맞설 수 없는 복잡한 문제다.

경제민주화는 정치권의 창작물이 아니다. 민심의 바닥에서 떠오른 여론이다. 정보화 시대, 인터넷 물결이 불러온 경제의 정치화 현상이다. 50대 투표율에 놀란 정치권이 60세 정년을 밀어붙였다. 우연일까. 라면 상무, 빵 회장, 대리점 욕설, 잇단 유해가스 사고는 또 다른 원군이 되었다.

기업도 따질 것은 따지고 할 말은 해야 한다. 하지만 시대정신과 사회적 책임에서 비켜서면 안 된다. 가슴을 열고 세상을 보라. 돈의 논리를 넘어서 여론을 우군으로 만드는 세련된 전략을 세워라. 낡은 논리의 포로가 되어 계속 시대의 요구에 눈감는다면 기업 역시 4류일 뿐이다.

2013. 5. 13

피부경제와 '좋은 관치'

같은 단어를 놓고 다르게 생각하는 것도 직업병 증세의 하나다.

'거품'이란 말에서 맥주회사 직원이 신선도를 떠올린다면 환경운동가는 오염된 하천을, 경제기자라면 너무 올라서 언제 터질지 모르는 주식 가격이나 집값을 연상할 것이다.

'피부'란 단어도 경제와 만나면 뜻이 오묘해진다. '피부경기'나 '피부물가'는 삶의 현장에서 몸으로 느끼는 감각적 경제의 한 모습이다.

피부경제는 예민하다. 소소한 움직임에도 쉽게 상처받는다. 하지만 본질은 뜻밖에도 강골이다. 공식 통계나 정책 당국자의 립서비스에 쉽게 넘어가지 않는 체험적 소신과 저항 또는 불신이 바탕이다. 예컨대 '피부물가'는 통계청이나 한국은행에서 내놓는 공식 물가통계에 맞서는 장바구니의 소리다.

통계상 물가는 1%대 오름세를 이어간다. 너무 낮아 걱정될 정도다. 하지만 여론조사에서 주부의 으뜸가는 소망은 여전히 물가 안정이다. 왜 그런가. 통계는 서민의 애환을 읽어내지 못한다. 저물가를 실감하기에는 이미 너무 올라 있다. 교육비에 치여 더 줄일 곳도 없다. 뛰는 전셋값에 은행 돈을 또 빌린 사람도 있다. 하루가 힘겨운 서민의 입장에서 '1% 저물가'라는 통계는 탁상 위의 공허한 숫자일 뿐이다.

어디 정부가 발표하는 통계뿐인가. 국민행복과 소통을 앞세운 정부이지만 서민의 피부에 와 닿지 않는 경제관료의 '그들만의 언어'는 과거와 달라진 게 없다.

서민과 다른 특이성 피부를 가졌을까. 최근에도 그들의 '관료스러운' 언행은 이어졌다. 금융기관 낙하산 인사와 관치 논란이 한창일 때 조원동 청와대 경제수석은 "좋은 관치도 있고 나쁜 관치도 있다"고 말했다. 그가 '나쁜 관치'를 강조하려고 그런 어법을 쓴 것은 분명 아니다.

"관료도 전문성이 있다면 금융지주 회장을 할 수 있다"는 신제윤 금융위원장의 말도 그렇다. KB금융지주 회장 후보로 모피아(기획재정부 출신) 인사가 유력하게 떠올랐을 때다. 그가 전하는 은근한 메시지의 뜻은 삼척동자도 읽을 수 있다. 며칠 전 금융전문가 143명이 모여 '관치금융의 뿌리 모피아는 금융 감독에서 손 떼라'고 요구한 것도 그런 제 식구 감싸기 식의 행태가 불씨라면 불씨다.

국회 가계부채 청문회에서 현오석 경제부총리는 "위기상황은 아니다"고 말했다. 규모나 증가 속도를 보면 그렇다는 것이다. 1,000조 원 가계부채라는 숲을 가리킨 말이지만, 숲 속에는 위태위태한 개개인이 숱하다. 내가 위기인데, 위기가 아니라는 말에 공감할 수 있을까. 그들의 피부에 와 닿는 따뜻한 언어는 찾을 수 없었을까.

말과 통계뿐 아니라 정부의 정책도 체감경제와 어긋날 때가 많다. 얼마 전에 나온 하반기 경제 운용 방향은 민생 회복 가시화를 핵심 과

불의의 사회, 진실의 불편함

제에 올리고 구체적으로 3%대 성장회복을 내걸었다. 연간 경제성장률을 2.3%에서 2.7%로 올려 잡았다. 하반기에는 3.4% 안팎의 성장을 하겠다는 얘기다. 이를 통해 30만 명의 일자리를 만들겠다고 약속했다. 목표는 가상하지만, 글쎄다.

성장 회복의 근거는 세계경제 회복과 정책효과의 본격화다. 현실은 어떤가. 서민의 주머니는 비었고 기업은 투자를 망설인다. 한여름 폭염에도 피부경기는 냉랭하다. 나라 밖 사정도 심상치 않다. 세계 경제는 출구전략의 가시화로 요동친다. 추경 편성 외에 실효적 정책은 눈에 띄지 않으니 믿음보다는 썰렁한 말을 듣는 느낌이다.

경제관료라면 정책과 언행이 왜 서민의 가슴에 울림을 주지 않는지, 오래된 직업병은 없는지 짚어볼 필요가 있다. 좋은 관치를 말하기 전에 선배 일자리 챙기는 낡은 의리부터 청산해야 한다. 때로는 탁상의 고고한 통계표를 던지고 바람 부는 거리로 달려가 서민의 창백하고 예민한 피부를 직접 만져보라.

2013. 7. 8

'박 대통령, 김중수 총재 후임을 말하다'

박근혜정부의 인사 스타일이 바뀐 것인가.

내년 봄에 임기가 끝나는 김중수 한국은행 총재의 후임자 윤곽이 떠올라 벌써부터 논란이 뜨겁다. 입 무거운 박 대통령도 의중을 드러냈다. 언론이 흥분할 만하다. 다음은 관련 기사의 하나.

> 박근혜 대통령이 김중수 한은 총재의 후임으로 거론되는 A 전 경제장관을 지지하는 듯한 발언을 해 주목된다.
>
> 청와대에서 박 대통령을 면담한 새누리당 의원들은 박 대통령이 내년 3월 임기를 끝내는 김 총재의 후임 인선을 놓고 고심 중이라고 밝혔다고 전했다. 박 대통령은 그러면서 유력한 후임으로 오르내리는 A 전 장관에 대해 정치권이나 시민단체 등의 비판은 공정하지 않다고 두둔했다고 의원들은 전했다.
>
> 대학 강단으로 돌아간 A 전 장관은 전 정권에서 경제장관을 지낸 인연으로 후보로 급부상했다. 그는 B 한은 부총재와 2파전을 벌이고 있다. 그러나 A 전 장관은 고액의 금융기관 고문을 지낸 경력으로 논란이 일고 있는 데다 성차별적 언동 전력도 구설에 오

른 상태다.

청와대는 확대 해석을 경계했다. 청와대 대변인은 정례 브리핑에서 "대통령의 언급은 열심히 일한 경제팀 멤버를 옹호한 것으로 받아들여야지 실제 인사와 관련해 추측해서는 안 된다"고 말했다.

금융계의 여론을 전하는 기사도 나왔다.

여의도 금융가는 A 전 장관을 싫어한다. 무엇보다 김 총재와 달리 수시 금리조정을 주장해 왔기 때문이다. 한 신문사가 금융인 140명을 상대로 조사한 결과 차기 한은 총재로 B 부총재가 돼야 한다는 의견은 50%였으나 A 전 장관 지지는 2.5%에 불과했다.

소설 같은 얘기라고? 원본과 모델이 있다.

버냉키 미국 연방준비제도이사회(FRB) 의장의 후임 인선을 둘러싼 미국 언론의 보도다. 그 내용을 대한민국 버전으로 바꿔놓았을 뿐이다. 오바마는 박 대통령, 버냉키는 김 총재, 서머스 전 재무장관은 A 전 경제장관, 옐런 FRB 부의장은 B 한은 부총재, 월가는 여의도 금융가로.

미국은 지금 세계 경제대통령이라 불리는 버냉키 의장의 후임 논쟁과 검증이 치열하다. 세계도 '포스트 버냉키'에 신경을 곤두세운다. '양적완화' 한마디에 세계 금융시장이 흔들리는 것을 보면 그럴 만도 하다.

나의 시선을 끈 것은 버냉키 후임이 아니라, 일찍부터 달아오른 후임자 논란이다. 버냉키의 임기는 내년 1월, 김중수 총재는 내년 3월이다. 버냉키의 경우를 김 총재로 대치하면 요즘의 미국은 한국의 9, 10월이다. 그때쯤 김 총재의 후임자 윤곽이 드러나 금융시장이 시끄럽고, 언론은 검증에 나서고, 대통령도 의중을 슬쩍 비치며 여론을 살피는 일이 한국에서 일어날까.

꿈같은 얘기다. 미 FRB 의장 정도는 아니지만 한은 총재도 대한민국 돈 값을 지키는 무거운 책무의 금융통화위원회 의장이다. 예전 한은법에는 '고매한 인격'을 못 박은 규정도 있었다.

그런 한은 총재가 법정 임기나마 지키기 시작한 게 근년이다. 권력과의 관계, 정부의 입맛, 지연과 학연 등은 과거 인사의 주요 잣대였다. 미국의 경우처럼 일찍 후보에 오른다면 그는 분명 배겨나지 못할 것이다. 천기누설 괘씸죄에, 이런저런 괴소문에, 주위에서 곱게 놔둘 리도 없다.

'나도 몰랐다'는 비리로 인사청문회 때마다 장관후보가 우수수 낙마한다. 깜깜이 인사에 깜짝 놀란다. 벌써 임기가 끝난 기관장들이 하염없이 자리를 지킨다. 그것이 우리의 우울한 인사 현실이다. 힘 빠진 미국이 그래도 버텨내고 있는 것은 '포스트 버냉키' 논쟁과 같은 열린 인사와 여론의 필터링이 있어서가 아닐까.

2013. 8. 5

불의의 사회, 진실의 불편함

국세청의 거위 깃털 뽑는 방식

"죽음과 세금은 누구도 피할 수 없다."

100달러 지폐에 나와 있는 벤저민 프랭클린의 유명한 말이다.

최근 이에 이의를 제기한 사람이 나왔다. 탈세수법이 날로 진화하면서 프랭클린의 말이 무색해졌다는 것이다. 주인공은 김덕중 국세청장이다. 징세의 엄격함을 강조한 프랭클린의 말을 징세 총책인 국세청장이 부인하고 나선 것은 아이러니다.

김 청장의 말처럼 탈세는 날로 교묘해진다. 세금을 피해 멀리 중남미 외딴 섬까지 달려간다. 하지만 프랭클린의 금언을 철석같이 믿는 사람들이 여전히 대다수다. 봉급쟁이가 그 대표다. 명세가 훤히 드러나는 월급, 그것도 회사에서 세금을 뗀 후에 내어주니 탈세는 꿈도 꿀수 없다.

주변머리 없는 봉급쟁이의 한 명으로 평생 세금에 무신경한 나에게얼마 전 세무서 발신의 등기우편이 날아왔다. 매월 근로소득세를 꼬박꼬박 냈고, 숨겨놓은 땅도 없는데 웬 세무서 편지인가. 봉투를 뜯었다. 느낌이 다르다. 제목부터 예사롭지 않다. '종합소득세 과세자료

해명안내문.' '세금을 물리겠으니 이의 있으면 해명하라'는 요지의 통지였다.

안내문을 읽어나갔다. '2010년 소득을 2011년 5월 말까지 확정 신고해야 했는데 신고하지 않았다. 무신고에 따른 과세자료 발생처는 회사(월급), S대학(강사료), 전문지(원고료) 3곳.' 납득하기 어려웠다.

월급과 시간 강사료는 물론 소액 원고료까지 세 공제 후에 받았고 연말정산도 거쳤다. 합쳐봐야 근로소득세 누진 구간을 넘어설 만한 금액도 안 된다. 왜, 얼마나 세금을 더 내야 한다는 것인지 알 수 없었다.

세무서 소득세과의 여성조사관은 나긋한 목소리로 나의 무지를 일깨웠다. "원천징수를 했다고 끝난 게 아닙니다. 복수의 소득이 있으면 다음 해 5월에 종합소득신고를 해야 합니다. 기 납부 세금에서 중복된 법정공제를 정산해 종합과세합니다."

해야 할 신고를 안 하고, 낼 세금을 안 냈다면 이유 불문 잘못이다. 부끄러운 일이다. 그래도 짚어야 할 대목이 남았다. 얼마를 내야 하나. 조사관이 알려준 세액은 예상을 뛰어넘었다. 산출 근거는 거듭 나를 놀라게 했다. 자책으로 숙여졌던 고개가 번쩍 들렸다. 화가 났다. 이유는 두 가지다.

첫째는 과도한 페널티다. 종합소득세(종소세) 신고 기간 종료 즉시 20%의 무신고 가산세가 붙는다. 그것은 시작이다. 세금을 낼 때까지 매일 1만 분의 3%(연 11%)씩 납부불성실 가산세가 추가된다. 딱 1년이 지나면 가산세가 총 31%에 이른다. 지금 같은 저금리 시대에 연 31%라니(사채 법정 제한금리도 30%다!). 2010년 귀속 종소세를 확정하니 총 가산금이 44%에 달했다.

둘째는 고의 또는 태만이 의심되는 뒷북 행정. 2010년 종소세를 1년 내에 알려줬다면 2011년 및 2012년분은 정신 바짝 차리고 제때 신고했을 것이다. 그러나 통지서는 2012년 신고 종료 직후에 나왔다(그것도 2010, 2011년분이 함께 왔으니 합리적 의심이 들지 않겠는가).

결국 3년간 각각 무신고 가산세 20%와 누적된 불성실 가산세를 물어야 했다. 청와대 참모의 말대로 납세자가 '거위'라면 나는 뭘까. 국세청이 맘 먹고 키워 깃털을 뭉텅이로 뽑은 만만한 거위가 아닐까.

그 후 근소세법 개정안 파동이 일어났다. 샐러리맨들이 한 달 세금 1만 3,000원에 그렇게 흥분한 것은 아니다. 더 열 받은 것은 '중산층'이니 '거위 깃털 뽑듯' 세금을 거둔다느니 하는 오만함이 묻어나는 고위 공직자들의 말이다.

세금을 숙명으로 생각하는 봉급쟁이들을 생각해서라도 세정은 달라져야 한다. 납세자의 마음에 다가서라. 유리봉투 과세하듯 진짜 큰 세금 도둑을 일망타진, 빠짐없이 세금을 물려라.

2013. 9. 2

"20만 원, 이건희 회장도 받아야 합니까"

먼저 이건희 삼성 회장에게 양해를 구해야겠다. 이 회장 개인과 무관한 이야기를 꺼내면서 그의 이름을 여러 차례 쓰게 된 사정 때문이다.

발단은 퇴근길 자동차 라디오다. 켜자 귀에 익은 시사프로그램 사회자 목소리가 흘러 나왔다. 모 대학 복지학과 K 교수와의 전화 인터뷰가 한창이다. 주제는 기초연금. 두 사람은 "이건희 회장도 20만 원을 받아야 하느냐"는 다소 엉뚱한 주제를 놓고 신경전을 벌이고 있었다.

사회자   당초 공약은 모든 65세 이상 어르신들께 월 20만 원씩 지급하는 게 골자죠?

K 교수   그렇죠.

사회자   그럴 경우엔 이건희 회장 같은 분들도 받게 되지요?

K 교수   그렇죠. 기초연금을 제대로 도입을 하려면 증세가 불가피하고, 이건희 회장 같은 분은 그보다 훨씬 많은 돈을 세금으로 내셔야⋯⋯.

사회자   하지만 연금에 과세해도 이건희 회장 같은 분들이 받은 20만 원 전액을 환수하는 것이 아니라 세율만큼 내는 것 아닌가요.

K 교수   그 말이 아니죠. 예를 들어 사회복지세가 도입돼 소득세가 2%정도 증가한다면, 훨씬 많은 돈을 내셔야…… . 어느 한 분을 놓고 이렇게 얘기를 하는 건 적절치 않은 것 같은데요.

사회자   그렇긴 합니다만, 워낙 공인이시니까.

'워낙 공인'이어서 도마 위에 올랐던 이건희 회장의 이름은 이쯤에서 양자 합의로 퇴장했다. 그는 말하자면 '고소득 계층'을 뜻하는 상징적 대명사였다. 이 회장이 포함되면 보편적 복지, 제외되면 선별적 복지가 됐다. K 교수는 약속대로 보편적 복지를 하되 재정이 모자라니 증세하자는 주장이었다.

기초연금 논란에 이건희 회장의 이름이 오르내릴 이유는 애초에 없었다. 기초연금의 본질은 '소득, 직업에 관계없이 모든 국민에게 노후에 정액의 연금을 지급하는 공적연금'이다(이철수 외, 『사회복지학사전』).

문제는 복지엔 돈이 들어간다는 점이다. 공약을 지키려니 나라 곳간에 돈이 턱없이 부족하다. 그래도 증세는 안 한다. 그래서 정부가 짜낸 고육책이 소득 상위계층 30%는 없던 일로 하겠다는 것이었다.

대선 때 '모든 노인에게 20만 원씩'을 약속했던 박근혜 대통령이 급기야 '죄송하다'며 사과했지만 어르신들의 섭섭함은 쉽게 풀릴 기색이 아니다. 누가 손을 벌렸나, 지들이 먼저 주겠다고 했지. 공약을 흔들며 표를 구할 때는 언제고.

　교과서적으로 보면 박 대통령의 대선 공약은 틀린 게 아니다. 기초연금의 기본은 모든 노인이 대상이므로. 정부의 공약 수정 또한 불가피했다. 재정의 어려움을 솔직히 고백하고 차선을 강구한 것은 대책 없이 밀어붙이는 것보다 낫다.

　그런데 왜 여론은 들끓는가. 배반감은 감정의 문제다. 세상을 바꾸겠다는 약속(새누리당 공약집 제목)을 뒤집었다. 불과 7개월 만이다. 원죄는 현실을 무시한 공약이다. 알고도 약속했다면 교활하고, 몰라서 그랬다면 멍청하다. 약속의 파기가 주는 감성적 상처는 재정건전성 같은 이성적 논리로 쉽게 덮어지지 않는다.

　궁여지책의 산물인 차등지급 방식은 또 다른 논란거리다. 제외된 상위 30%에 '이건희 회장' 같은 노인이 얼마나 있을까. 30%의 아래쪽은 월 소득 80만 원대다. 서울에 아파트 한 채만 있으면 수입 한 푼 없어도 연금 받을 가능성은 희박하다. 여기에 새누리당 스스로 빈곤 해소에 기여하지 못한다고 지적한 국민연금까지 복잡하게 엮어놓았다.

　기왕 물러섰으면 뒷감당이라도 깔끔하게 하는 게 도리다. 성실한 국민연금 가입자가 왜 상실감을 느껴야 하나. 수입 없는 노인까지 부동산 따져보겠다는 게 바른가.

　누구나, 언젠가, 노인이 된다.

2013. 9. 30

빌 게이츠 회장, 물러나시오

정보통신업계 종사자라면 '한국에서 빌 게이츠나 스티브 잡스가 나올 수 없는 까닭'을 100가지도 넘게 댈 수 있을 것이다. 그들이 창업을 포기하고 취업을 택했다면? 한국 사회에서는 대학 중퇴의 학력부터 발목을 잡았을 것이다.

타계한 잡스는 별개로 하고, 게이츠는 부차장급 간부 정도 하지 않았을까. 직장운이 좋았다면 1955년 10월 28일생인 빌 게이츠는 오늘 생일날 58세 정년을 꽉 채우고 회사 문을 나설지도 모른다.

만약에, 게이츠가 한국에서 사업에 성공해 컴퓨터 황제로 등극하고 계열사 수십 개를 거느리면서 일등 갑부에 올랐다면 지금 어떻게 살아가고 있을까. 경영을 총람하고, 청와대 오찬에도 참석하며, 아들ㆍ딸 후계자 만들기에 고심하고 있을 것이다. 그것이 대체적인 한국 대기업 오너상이다.

요즘에는 쓸쓸하고 안타까운 모습이 추가됐다. 세무조사를 받고, 검찰에 불려가며, 회사의 몰락으로 퇴장하는 오너들이다.

실존의 빌 게이츠는 '한국형 게이츠'와 너무나 다르다. 그는 지난

봄 청와대를 찾았을 때 바지 주머니에 손을 찔러 넣은 채 박근혜 대통령과 악수해 구설수에 올랐다. 그런 그가 재벌 오너의 일원으로 청와대 식탁에서 '창조경제에 매진하겠다'고 엄숙하게 말하는 모습을 상상하면 웃음이 터진다.

게이츠는 2000년 마이크로소프트(MS)의 최고경영자(CEO) 자리에서 물러났다. 45세 때다. 건강이나 경영에 문제가 있어서가 아니다. 자선사업에 진력하기 위해서였다. 자녀들에게 회사를 물려줄 준비는 돼 있는지 걱정스럽다면 그의 육성을 들어보기 바란다.

"아이들은 내가 가진 재산 가운데 조금씩만 갖게 될 것이다. 이는 자신의 길을 스스로 찾아야 한다는 것을 의미한다."(2011년 영국 『데일리 메일』 인터뷰)

600억 달러의 자산가인 게이츠는 "재산은 물려주는 게 아니라 사회에 환원하는 것"이라 말했고 세 명의 자식에게 "1,000만 달러(105억 원, 전 재산의 0.017%)씩 물려줄 것"이라 공언해왔다.

그런 게이츠에게 최근 깜짝 놀랄 일이 벌어졌다. MS의 일부 대주주가 '이사회 의장직에서 물러나라'고 요구하고 나선 것이다. 그는 창업주이자 최대 개인지분을 보유한 오너다. 경영 일선에서 떠났다. 그런데도 완전 퇴진을 요구한 것이다.

현 CEO 스티브 발머의 사의 표명이 계기다. 신임 CEO가 혁신을 일으키고 신경영 전략을 펼치는 데 부담을 줄 수 있다는 게 이유다. 오너십의 위기에 빠진 한국의 현실을 보면서 '성공한 창업 오너'의 퇴진'을 외치는 기업 풍토가 생경한 것은 나쁜일까.

한국의 재벌에는 빛과 그늘이 있다. 압축성장에는 기업의 역할이

컸다. 기업인들은 맨땅에서 신화를 일구었다. 열정과 도전의식이 넘쳤다. 현대 창업주 정주영은 백사장뿐인 조선소에서 없는 배를 팔아 오늘의 현대중공업으로 키웠다. 삼성 창업주 이병철은 청와대까지 반대한 반도체사업에 뛰어들어 지금의 삼성전자를 일궜다.

다른 한편으로는 독선과 허세, 취미를 사업화하는 식의 사유화로 기업을 망치고 경제에 그늘을 남긴 사례도 숱하다. 세상은 달라졌다. 그런데도 과거의 영광과 낡은 유물에 집착하는 사람들이 있어 세상을 흔들곤 한다.

최근 위기에 처한 그룹의 오너 한 사람, 오래전 만났을 때의 말을 또렷하게 기억한다.

"나보다 회사를 더 많이 생각하는 사람이 있다면 당장 물러나겠다."

그는 평생 물러날 일이 없을 것이다.

또 다른 오너는 사외이사 대부분을 고교 친구와 선후배로 꾸렸다. 동창회 모임 같은 이사회에서 쓴소리 한마디 나올 수 있을까. '물러나라'는 소리를 들을 수 있는 빌 게이츠, 그런 말이 나오는 기업이 부럽다.

2013. 10. 28

근혜노믹스의 숙명과 2014 경제

1년 전 박근혜 후보의 승리는 화려했다.

최초의 여성 대통령, 과반득표 대통령, 부녀 대통령. 단순한 보수세력의 승리가 아니었다. 선거전략부터 그랬다. 야당의 진지에서 휘날려야 마땅한 진보 빛깔 깃발을 먼저 들어 올린 것은 놀랍게도 박근혜였다. 경제민주화와 대담한 복지가 그것이다.

당선자에서 박근혜 대통령으로 바뀐 지 이제 열 달, 2013년도 종착역에 이르렀다. 돌아보면 영광보다는 고난의 행군이었다. 화려한 당선의 추억은 벌써 가물가물하다.

진보적 깃발은 승리를 안겨준 빛나는 전략이었으나 집권 후에는 그를 겨누는 예리한 창이 되었다. 박근혜 정권의 태생적 숙명이자 업보가 되었다. 올 한 해를 관통한 동물적 정쟁, 깊어진 사회적 갈등의 근원지이기도 하니까. 경제, 근혜노믹스도 그렇다. 경제민주화와 기초연금 파동은 살아 있는 증거다.

경제민주화의 표적은 대기업과 가진 자다. 그들이 악해서 그런 것만은 아니다. 힘과 권력이 있기 때문이다. 딜레마는 현실에서 비롯된다. 저성장·불황·부채로 상징되는 병약한 경제는 '바보야, 문제는 나야'라고 말한다. 경제를 살리기 위해서는 힘 있는 세력, 대기업의 기를 살려야 한다. 바로 경제민주화의 표적이다. 경제 살리기와 경제민주화의 운명적 충돌이다.

기초연금에서 겪은 근혜노믹스의 혼돈은 보다 본질적이다. 보편적 기초연금의 약속은 가뜩이나 보수적인 노인층을 유혹하는 데 주효했다.

그러나 박근혜 정권은 집권하자 금세 눈치챘다. 전면적 시행은 나라 곳간을 거덜 낼지 모른다는 사실을. 급기야 절대적 지지층인 '여유 있는 노인들'을 희생양 삼기에 이른다.

야당과 진보진영의 거센 반발은 일견 기이했다. 약자와 서민을 대변한다더니 돌연 '상위 30%'의 호위무사를 자처하고 나선 것이다. 그들의 진정한 타깃은 상위 노인층이 아니었다. 승자의 최대 아킬레스건, '공약의 파기'였다. 집권자의 달콤한 언약은 현실의 벽에 무너지고, 패자는 그런 승자의 약점을 흔들며 절치부심하는 것은 익숙한 정치의 풍경이다.

옆 나라에서 '아베노믹스'가 좌충우돌하고, '리커노믹스'가 혁신을 외칠 때 '근혜노믹스'는 숨을 죽였다. 정책은 제동이 걸리고 '창조경제'의 구호는 뜬구름처럼 높고도 유연하여 누구도 손에 잡아볼 수가 없었다.

집권 2년차 갑오년 근혜노믹스는 무엇을 지향할 것인가. 그 궁금증을 풀어줄 단서는 뜻밖에도 영국 시사주간지 『이코노미스트』가 펴낸 『2014 세계경제대전망』에 들어 있었다.

아시아편은 '모두를 위한 양질의 일자리/박근혜 대한민국 대통령'으로 시작됐다. 이코노미스트 전문가들이 1년에 한 번 이름을 걸고 쓴다는 경제전망에 박 대통령이 직접 펜을 든 것이다.

박 대통령은 G20 공동선언문에 담긴 '포용적 성장'으로 말문을 열었다. 성장과 일자리, 원칙이 바로 선 시장, 창조경제, 고용률 70%를 거쳐 행복한 지구촌 공동체로 마무리했다. 2014년 정책 우선 순위에는 '양질의 일자리 창출'을 올렸다. 기존의 경제 운용 기조를 강조한 일관된 정책의지의 표현이다.

그런 낯익은 단어 속에 눈길을 끄는 대목이 하나 있었다. '경기 회복을 위한 확장적 통화 및 재정정책의 계속 유지가 중요하다.' 성장우선 정책, 이를 위한 통화와 재정의 공급 확대를 떠올리게 하는 '2014판 근혜노믹스'라 할까. 하지만 쉬운 일일까. 재정만 해도 그렇다. 국회의 협조 없이 가능한가.

길은 있다.

박 대통령이 대선에서 진보의 어젠다를 선점했듯, 경제권력의 숨통을 쥔 국회를 선공한다면, 새해 근혜노믹스는 태생적 숙명을 극복하고 전진할 수 있을 것이다. 마침 국내외 경기도 고개를 드는 기미다. 선공의 병기는 오직 하나, 소통이다.

2013. 12. 23

원격진료 논란, IT강국의 코미디

최근 벌어지고 있는 의료시스템 개편 논란은 드라마로 치면 시청자 무시의 불통 드라마다. 원격진료를 둘러싼 갈등은 특히 그렇다. 오지, 섬 지역에 살거나 거동이 어려운 환자가 병원에 가지 않고도 컴퓨터·스마트폰을 통해 진료받을 수 있도록 하자는 게 원격진료 아닌가. 그런데 정작 주인공인 '환자'의 목소리는 없다. 싸움판의 볼모일 뿐이다.

논쟁의 공수(攻守)부터 바뀐 꼴이다. 의사나 병원은 고객(환자) 편의를 최우선에 놓고 신기술을 접목해 진료의 폭을 넓히려고 노력하는 게 정상이다.

반대로 정부는 안전성을 따지며 새로운 진료 행태에 신중한 것이 '정부=규제'라는 통념에 어울린다. 현실은 반대다. 정부는 밀어붙이고, 의사들(정확히는 의사협회)은 절대 반대, 타협 불가다.

정보기술(IT) 강국이란 말이 무색한 시대착오적 소동이다. 세상은 이미 원격진료나 IT와 의료서비스를 융합한 모바일 헬스(m헬스) 시대에 성큼 들어섰다. 미국 의사의 80%는 스마트폰과 앱을 진료에 활용한다.

모바일 헬스는 스마트폰에 이은 제2의 모바일 혁명이다. 미국 MC10사가 개발한 진료밴드를 몸에 부착하면 센서가 심장박동, 체 수분, 혈압 등 신체 빅데이터를 감지해 스마트폰에 넘긴다. 스마트폰 은 이를 실시간 주치의에게 전송한다. 10초 내 응급실에서 요구하는 모든 인체 정보를 스마트폰으로 보여주는 '만능 진단기'에 삼키면 몸 의 이상을 감지하는 '전자 알약'도 나왔다.

한국은 어떤가. 논란의 역사는 10년이 넘었다. 2010년에도 정부가 원격진료를 허용하는 내용의 의료법 개정안을 냈지만 의료계의 반발 로 폐기됐다. 법은 막았지만, 현장의 의사들이 진단기술의 진전이나 의료기기의 혁신을 몰랐을 리 없다.

나는 지난해 병원의 큰 손님이었다. 종합병원에서 전신마취로 수술 을 했고, 동네병원을 여러 번 찾았으며, 건강검진도 받았다. 의료계를 장악한 첨단기술은 놀라워 인술을 압도할 정도였다.

수술실에서 단연 눈길을 끈 것은 하복부를 뚫고 들어가 환부를 잘 라낼 로봇의 조종대(콘솔)였다. 의사의 정위치는 환자 곁이 아니다. 콘솔에 앉아 게임하듯 로봇을 원격 조종한다. 15배 확대된 3차원 영 상을 보면서 로봇 팔로 빠르고 정교하게 환부를 도려낸다. 커피도 한 잔 하면서.

대당 30억 원짜리 수술용 로봇 '다빈치'가 한국에 첫 상륙한 것은 2005년. 역사는 짧지만, 위세는 맹렬하다. 전립선 수술의 80%는 로 봇이다. 세브란스병원에서만 로봇수술 1만 건을 돌파했다. 단일 병원 으로 세계 최초다.

수술 후엔 담당의사와 병원 블로그에서 만났다. 진료실에서는 2~3분도 마주하기 어려웠던 주치의가 블로그에선 딴판이었다. 진료차트를 인용하며 상태를 설명하고, 용태를 묻고, 위급 시 대처법도 알려줬다. 훌륭한 원격진료였다.

두드러기 증세로 동네병원을 찾을 때의 일도 떠오른다. 묘하게도 집을 나서면 증세가 잦아들었다. 의사가 말했다. "스마트폰으로 찍어오세요". 확대하자 선명한 두드러기의 실체가 드러났다. IT진료라면 IT진료다.

원격진료는 의사협회가 제기하듯 접근성, 사고의 책임, 쏠림 현상 등이 우려된다. 반면 환자 입장에선 편의성, 실시간 진료, 의료비 절감 등이 장점이다. 장단점을 떠나 거역할 수 없는 시대적 흐름이기도 하다.

문제는 줄이고 장점은 극대화해야 한다. 지금도 늦었다. '어떻게 잘할 것인가'를 고민할 때다. 그만큼 전문가인 의사들의 선도적 역할이 중요하다. 그런데 '무조건 반대'를 외치다니, 그들만의 바벨탑 쌓기다. IT강국의 코미디다. 손으로 해를 가리려 한다면 그들은 5년 후, 10년 후 IT와 융합한 첨단 의료시스템의 초라한 희생자로 전락할 것이다.

2014. 1. 20

쇼트트랙과 스마트폰

소치 겨울올림픽이 종반을 향해 치닫는다.

한 시대를 풍미한 전설이 지고 새로운 영웅이 떠오른다.

빅토르 안(안현수)처럼 부활한 히어로도 있다.

그 뒤편에 이름 없는 선수들이 있다. 노메달이면 어떤가. 1초의 승부를 위해 긴 시간을 불사른 열정에 감동하고 극한의 긴장을 이겨낸 그들에게 숙연해진다.

"순위는 뭐" 하다가도 신문의 메달 집계표에 눈길이 가는 것은 어쩔 수 없는 인지상정인 듯하다. 중반을 넘긴 한국의 성적은 기대에 못 미친다. 대표선수단의 공식 목표는 금메달 4개였지만 내심 6개 정도는 바라는 눈치였다.

불운을 탓하고 부진에 낙담해야 할 선수들이 오히려 국민을 위로한다. 올림픽에는 메달 이상의 것이 있다고 말한다.

"어쩌면 올림픽은 핑계였다. 올림픽을 통로로 스케이트를 계속했다. 메달이 없어 여기까지 왔다. 그래서 행복했다."

한국 스피드스케이팅의 전설 이규혁이 마지막 레이스를 끝내고 남

불의의 사회, 진실의 불편함

긴 말이다. 20년간 6회의 올림픽에 도전했으나 메달은 그를 외면했다. 그런 그가 노메달을 탓하기보다 '핑계'라는 쿨한 한마디로 아름다운 작별을 고했다.

"저희는 괜찮다는데, 왜 여러분이 형을 욕하나요?"

쇼트트랙 계주에서 넘어진 이호석에게 네티즌의 비난이 쏟아지자 후배 신다운이 쓴 편지다.

두 번 넘어지고도 완주해 동메달을 목에 건 박승희는 "난 괜찮다. 대한민국 파이팅!"을 외쳤다. 기대주 모태범은 메달을 놓친 후 "나는 죽지 않는다"며 4년 후를 기약했다. 동료들은 "4등도 대단하다"고 어깨를 두드렸다.

줄 세우기와 결과주의가 판치는 한국 사회에서 극한의 경쟁을 벌이는 국가대표 청소년들의 의연하고 쿨한 모습을 보는 것은 또 다른 즐거움이다.

한국 빙상은 기적의 행군을 이어왔다. '부자나라 축제'라는 겨울올림픽에서 한국이 이름을 알린 것은 쇼트트랙이 정식종목으로 채택된 1992년 이후다. 안현수가 3관왕에 오른 2006년 토리노는 한국 쇼트트랙의 정점이었다. 2010년 밴쿠버는 한국 빙상의 획기적인 전환점이 됐다. 모태범·이상화가 스피드스케이팅에서 신천지를 열었고 김연아는 은반의 여왕으로 등극했다.

한국이 쇼트트랙 강국으로 떠오르자 그럴듯한 분석이 따랐다. '체구가 유리하다'는 일종의 천부론이다. 얼마 전 한 전문가의 깜짝 놀랄 말을 들었다. '체구론'은 놀라운 성적을 제대로 설명할 수 없어 지어낸 말이라는 것이다.

그럴 수도 있겠다. 곡선 중심의 쇼트트랙에서 작은 체구의 민첩성은 유효하다. 하지만 전부는 아니다. 몸싸움에서 밀리지 않는 체력, 치고 나가는 파워가 훨씬 더 중요하다. 세계 정상에 섰던 김동성, 성시백의 키는 175센티미터, 178센티미터다. 쇼트트랙의 희망 심석희는 174센티미터이고, 스피드스케이팅의 여제 이상화는 165센티미터다.

한국 쇼트트랙 신화는 체구보다는 피나는 연습과 뛰어난 전술의 결과다. 매일 10시간을 연습했다. 얼음판을 짚는 개구리장갑, 날 들이밀기, 휘어진 스케이트 날, 외다리 주법 등은 모두 한국 발명품이다.

하지만 비법은 더 이상 한국의 전유물이 아니다. 모두가 비법을 알고 쓴다. 해외에서 활약하는 한국인 코치도 여럿이다. 세상이 다 그렇다. 애플은 스마트폰의 새 시대를 열었지만, 이제 스마트폰은 애플의 전유물이 아니다. 과거의 영광에 매달리면 추락할 뿐이다.

쇼트트랙의 비리가 새삼 도마 위에 올랐다. 올림픽 성적도 예전만 못하다. 그러나 실망은 이르다. 쇼트트랙의 성취가 스피드스케이팅과 피겨로 이어졌듯 빙상 한국은 계속 진화할 것이 분명하다. 넘어져도 다시 일어나고, 실수한 동료를 격려하며, 메달 이상의 가치를 지향하는 신세대 선수들이 있기에 그렇다.

2014. 2. 17

불의의 사회, 진실의 불편함

현오석 경제팀의 스캔들 1년

스캔들이 연예인만의 전유물은 아니다. 밖에서는 대통령, 총리, 황태자가 예사롭게 스캔들 메이커로 오르내린다. 해외의 한 시사잡지가 최근 박근혜 대통령을 스캔들의 주역으로 올렸다.

박 대통령의 스캔들?

물론 로맨스는 아니다. 박근혜정부 첫 1년을 평가하며 내치(內治) 성적표를 스캔들이란 말로 압축했다. 정확한 표현은 '나라 밖에서는 성공, 안에서는 스캔들'. 잡지는 국정원 댓글 사건을 정치적 스캔들이라 이름 붙였다.

대선 투표소에 가기도 전에 일어난 선거개입 의혹이 곪아 터져 국정의 발목을 잡았다. 그래서 외교 안보에서 얻은 후한 점수를 깎아 먹었다는 분석이다. 요즘 벌어지는 국정원의 또 다른 버전(문서 위조 사건)을 접한다면, 이 잡지는 또 어떤 말을 할까.

'밖에서는 성공, 안에서는 스캔들'이란 표현이 국정의 총평뿐 아니라 국정의 맨 앞자리에 있는 '경제'에도 딱 맞아떨어지는 것은 오묘한 일이다. 오는 22일 취임 1년을 맞는 현오석 경제부총리를 리더로 한 경제팀, 그들이 추진한 근혜노믹스를 돌아보면 '밖에서는 박수, 안에서는 스캔들 행진' 그대로다.

경제팀은 열심히 일했고 쉼 없이 정책을 쏟아냈다. 하지만 끊임없이 뒤탈이 났다. 경제부총리 직제를 복원했으나 부총리 리더십은 줄곧 비판의 도마 위에 올랐다. 출범 6개월 만에 벌어진 소득세제 개편 논란, 부동산 정책 혼선, 카드사 정보 유출에서 최근의 전·월세 파문에 이르기까지 정부가 대책을 내놓을 때마다 여론의 역풍을 받았고 경제팀은 흔들렸다. 낙하산 엄격 규제를 선언하는 날 공기관 낙하산 인사가 이뤄지는 코미디도 일어났다.

경제팀은 억울하다, 야박하다 생각할지 모른다. 해외의 평가는 분명 다르다. 과거 한국에 날 선 비판을 날렸던 『월스트리트저널(WSJ)』은 지난해 가을 「아시아의 모범이 된 한국의 위기극복법」이란 사설을 썼다. 1997년 외환위기와 2008년 금융위기를 너끈히 극복하고 꿋꿋이 성장과 안정을 유지하고 있다고 치켜세웠다.

박 대통령의 야심작인 경제혁신 3개년 계획에 대해서도 대부분 높은 점수를 주었다. '실행 가능하고, 정치적 의지와 목표가 분명하다(WSJ).' '적절한 추진 체제를 갖췄다(JP모건).' '정책방향을 단기 경기 진작에서 구조개혁으로 과감하게 전환했다(바클레이스),' 근혜노믹스가 아베노믹스를 눌렀다는 평가도 나왔다.

그런 경제가 왜 안에서는 '새는 쪽박'이 됐을까. 밖의 평가는 지표에 의한 객관적 기계적 평가다. 물가지수가 낮으면 물가가 안정된 것이다. 그러나 우리 국민은 다르다. 물가상승률이 1%라 해도 전·월세가 오르고 배춧값이 뛰면 가계부가 놀라고 심장이 두근거린다.

카드 정보 유출 사태가 나자 "바보들이 책임을 따진다"고 일갈한 현오석 부총리나 전·월세 스캔들로 정부가 여론의 뭇매를 맞은 이유는 간단하다. 기계적 발상, 객관적 눈길, 관료적 우월감으로 국민을 바라본 때문이다.

　그들이 높은 책상에서 내려와 신용카드 신청서를 한 번이라도 직접 작성해봤다면, 세입자의 손을 잡아보고 중개업소라도 들러봤다면 그런 말, 그런 단선적 정책은 나오지 않았을 것이다.

　진돗개에서 암덩어리, 사생결단으로 이어지는 박 대통령의 독한 어법이 경제 쪽에 집중된 것은 강렬한 개혁 의지의 표현이겠지만, 경제팀의 헛발질과도 무관치 않아 보인다. 강한 압박이 가뜩이나 주눅 든 경제팀을 한층 의기소침하게 만들지는 않을지 걱정이다.

　경제팀도 이제 2년차다. 국민의 마음을 읽을 때가 됐다. 스캔들 행진은 끝내야 한다.

　얼마 전 정홍원 국무총리가 국민의 소리를 대신했다.

　"정부정책이 국민의 뜻을 헤아리지 못하고 신뢰를 얻지 못하면 없는 것보다 못하다."

2014. 3. 17

30년지기 국민은행의 배반

요즘 국민은행의 돌아가는 모양새를 보면 '이름값도 못한다'는 말이 딱 들어맞는다는 느낌이다. 국민은행 홈페이지에 들어가면 고객이 3,000만 명을 넘어섰다고 자랑한다. 우리나라 전 국민의 60%가 고객이라니, 가히 '국민의 은행'이라 자부할 만하다. 하지만 영광은 거기까지다.

최근 1년여 동안 국민은행 임직원이 저지른 사고와 탈선, 부정과 비리는 3,000만 고객에 대한 배신일 뿐더러 '국민'이란 이름에 모독이 아닐 수 없다. 책임지겠다고 나서는 사람도 없으니 이참에 국민은행은 이름에서 '국민'을 떼내는 게 어떨지 모르겠다. 이미 지주회사나 대부분의 계열사는 '국민'을 지우고 KB라는 영문자를 쓰고 있지 않은가.

애꿎은 은행 이름을 놓고 시비를 거는 게 아니다. 국민은행은 말 그대로 서민의 편에 선 국민의 은행으로 출발했다. 은행 문턱이 높던 시절에도 국민은행은 달랐다.

서민에게는 생활자금, 전세자금, 소액 사업자금을 융통해주는 동반자였고 어려운 대학생에게는 학자금을 지원해주는 든든한 후원자였다. 대기업 금융 대신 소액 산매금융만을 다루는 까닭에 유독 점포가 많았고 고객이 넘쳤다. 업무는 폭주했지만 행원들은 어느 은행보다 친절하고 상냥했다.

그런 국민은행이 변하기 시작한 것은 민영화로 국책 특수은행이란 굴레에서 풀려나면서부터다. 장기신용은행·주택은행과 합치면서 국내 최대 공룡은행으로 올라서자 기세는 한층 등등해졌다. 가슴에는 '리딩 뱅크'란 이름표까지 달았다. 은행업 집중도가 높은데 지주제가 필요한가라는 물음에 아랑곳하지 않고 금융지주 체제로 전환, 11개 계열사를 거느린 오늘에 이르렀다.

최근 20여 년간 걸어온 국민은행의 길은 외견상 급격한 양적 팽창이었다. 하지만 안으로는 균열과 추락의 행진이었다. 주인 없는 은행, 이질적 구성원, 산매에서 도산매금융으로의 전환, 금융그룹화로 압축되는 국민은행 변천사의 뒤쪽은 낙하산 폐해와 인사 갈등, 조직 분열, 충성도의 실종, 초심의 와해로 점철됐다.

최근 빈발하는 사고와 임직원 일탈은 일시적 돌출 현상이 아니다. 조직의 구조적 병폐가 쌓여서 터진 필연의 결과다. 세상 사람들이 '리딩 뱅크'란 말 대신에 '2류 은행' 또는 '사고 뱅크'라 부르는 것은 그런 연유에서다.

오랜 고객이라면 조직의 문제를 떠나서도 국민은행의 변심 내지 거대 금융회사의 관료화 과정을 피부로 느꼈으리라. 털어놓자면 나도 국민은행 고객이다. 001로 시작하는 30년 넘은 본점 영업부 발행 통장을 지금까지 쓰고 있다. 사회 초년병 시절에 처음 만든 국민은행 통장은 그래서 추억이 어린 오래된 친구 같은 존재다.

국민은행의 배반을 직접 경험한 것은 금리가 떨어지기 시작했을 때다. 대출금 이자 조정 상담에 담당자는 냉랭했다. 다른 은행의 낮은 금리로 대출을 바꾼 후 놀라운 일이 벌어졌다. 대출해준 은행에서 감사 카드와 함께 장미꽃이 배달된 것이다. 이때 직감했다. '국민은행은 더 이상 과거의 국민은행이 아니다.' 그런 쓸쓸한 추억은 최근 카드 신용정보 유출 대란이 일어났을 때 반복됐다.

국민은행의 배반은 국민은행만의 문제가 아니다. 주인 없는 민영화 공기업에서 일어나는 보편적 문제다. 여기에 '돈'이라는 금융회사 특수성이 더해지며 비리가 증폭됐다. 국민은행은 최근 1개월간의 '내부 비리 고발 기간'을 선포했다. 오죽하면 그런 비상수단까지 동원했을까.

하지만 즉흥적 요법으로 치유되기 어려울 만큼 병색은 깊어 보인다. 중병의 실체인 '낙하산 증후군'과 보신에 급급하는 낙하산 장본인들이 버티고 있는 한 그렇다. 순이익이 곤두박질친 지난해에도 KB금융지주 임원 연봉은 평균 59.7%가 올랐다고 한다.

2014. 4. 14

'관피아'는 구르지 않는다

'강물은 흘러도 돌은 구르지 않는다(江流石不轉·강류석부전).'

조선시대 하급관리인 아전들이 좌우명으로 삼았다는 두보의 시 구절이다. 사또는 왔다가 가면 그만이지만, 아전은 바닥 돌처럼 박혀 있다는 뜻으로 가슴에 새겼다는 것이다. 그런 신념으로 아전들은 백성을 수탈하고 검은 배를 채웠다. 제갈량을 흠모해 시를 읊었던 두보가 가슴을 칠 일이다.

시대는 달라졌지만 아전의 좌우명은 살아 있다. 정권이 바뀔 때마다 공직 쇄신과 공기관 개혁을 외친다. 철밥통 공무원, 특히 오랜 세파를 견뎌낸 힘 있는 곳의 관료들은 그런 정권 초 깜짝 이벤트에 결코 놀라지 않는다. '강류석부전'을 되뇌며 '우린 정규직, 대통령은 5년 임시직'을 확인한다. 숨을 죽이지만 두 손을 들지는 않는다. 생존을 위해 잠시 고개를 숙일 따름이다.

큰 배가 침몰하며 돌을 때렸다. 희뿌연 부유물 속에서 거대한 바다 돌이 모습을 드러냈다. 국민의 생명과 재산을 책임진 자들의 태만, 무능, 부정부패, 그리고 사적 이익을 좇는 관민유착의 문화가 그곳에 도

사리고 있었다. 아이들의 귀환을 앞질러 떠오른 '관피아(官+마피아)'의 맨얼굴에 국민은 참담했다.

이름은 새롭지만 관피아의 뿌리는 길고도 깊다. 개발연대 이후 금융을 움켜쥔 모피아(옛 재무부 + 마피아) 세력이 관료 마피아의 원조다. 얼마 전부터는 모피아에서 분화한 금피아(금융위·금감원 + 마피아)가 득세했다. 급기야 세월호 참사에서 해피아(해수부 + 마피아)까지 실체를 드러냈다.

공직자 패밀리 문화가 특정 부처의 문제가 아니며 모든 국가 공조직에서 낙하산과 부패, 관민유착이 이뤄지고 있다는 사실을 절감케 했다. 관피아라는 이름은 그렇게 탄생했다.

한국 경제의 압축성장은 관료들에게 빛이자 그늘이다. 무에서 유를 창조한 고도성장은 한국 관료들의 우수성을 증명했다. 그 과정에서 관료들은 무소불위의 힘을 발휘했다. 정부가 경제의 모든 것을 기획하고, 돈줄을 장악했다. 기업은 정부가 그린 밑그림대로 행동할 따름이었다. 정부의 개발계획에 발을 걸치느냐, 정부가 나눠주는 금융을 챙기느냐 여부에 기업의 생존이 갈렸다. 1960~70년대 한국경제에 시장의 기능은 없었다.

경제가 성장하며 정부의 기능과 역할은 점차 민간으로 넘어갔다. 기업과 시장의 무대는 세계로 넓혀졌다. 세상은 빠르게 바뀌어갔지만, 관료들은 한번 움켜쥔 기득권을 놓을 생각이 없었다. 전관예우는 미덕으로 계승됐다. 퇴직 후까지 서로를 챙기며 그들만의 성을 견고하게 쌓았다. 강물은 도도히 흘러도 돌은 구르지 않았다.

모두가 관피아 척결을 말한다. 박근혜 대통령은 오늘 담화를 발표하면서 "민관유착의 고리를 끊어 관피아 문제를 해결하겠다"고 다짐했다. 이번엔 강돌을 깨트릴 수 있을까. 확신은 이르다.

　어설픈 관료개혁은 관피아의 내성만을 키운다는 사실을 숱하게 경험했다. 공직 내부의 자성과 의식 변화가 없는 타율적 개혁은 한계가 있다. '퇴직 후의 편안한 자리'를 내놓는 방책을 스스로 만들어낼까. 공복의 자긍심보다 '아전의 신념'을 우선하고, '에쿠스는 타야 한다'는 고위 퇴직자의 허세가 바뀌지 않는다면 관피아는 불사조처럼 살아남을 것이다.

　관피아를 척결하면, 낙하산과 부정부패는 과연 이 땅에서 없어질까. 빈자리를 호시탐탐 노리는 또 다른 무리가 있다. 물먹은 정치인, 대선캠프 출신, 권력을 기웃대는 폴리페서……. 권력에 기생하는 '권(權)피아'다.

　낙하산 근절을 외친 박근혜정부에서 낙하산이 여전한 것은 관피아에 권피아까지 가세한 때문이다. 공직자가 권력 사유화를 당연시하고, 권력에 빌붙은 권피아가 활개 치는 한, 공직개혁은 멀고 세월호 참사로 증폭된 국민의 정부 불신은 줄지 않을 것이다.

2014. 5. 19

만장일치 금리 동결, 무책이 상책인가

지난 12일 금융통화위원회는 6월 본회의를 끝낸 후 한 장짜리 '통화정책 방향'을 발표했다. 다음은 그 마지막 문장이다.

> 금융통화위원회는 앞으로 주요국의 통화정책 변화 등 해외 위험요인에 유의하고 세월호 사고 이후의 내수 움직임을 면밀히 점검하면서, 성장세 회복이 지속되도록 지원하는 가운데 중기적 시계에서 소비자물가 상승률이 물가안정목표 범위 내에서 유지되도록 통화정책을 운용해 나갈 것이다.

글쓰기로는 낙제감인 장황하고 애매한 문장을 모두 인용한 데에는 이유가 있다. 신기하게도 첫 단어 '금융통화위원회~'에서 끝의 '~것이다'까지 5월 발표문과 토씨 하나 틀리지 않는다. 그렇게 의미 있는 문장이라면 좀 길어도 소개할 만한 가치가 있지 않겠는가. 글 속에는 유의, 점검, 지원, 유지, 운용하겠다……, 두루두루 좋은 말뿐이다. 그러나 공허하다. 통화정책 방향이 도대체 어떻다는 것인가. 경기인가,

물가인가. 금리 인하 쪽인가, 인상 쪽인가.

금통위는 만장일치로 기준금리를 13개월째 동결했다. 시장에서는 일찍부터 6월의 금리 동결을 예상했다. 7월은 어떨까. 금융 전문가가 아닌 나도 능히 예견할 수 있겠다. 금리는 또 묶고, 여러 변수를 유의·점검·지원하면서 통화정책을 운용한다는 쪽으로 정리될 것이다.

과거를 보면 미래를 안다. 금통위 행보가 그렇다. 금리의 인상·인하 요인이 병존하는 딜레마 상황은 7월에도 크게 바뀌지 않을 것. 진퇴양난일 때 금통위는 늘 무책(無策)을 택했다. 놔두면 책임질 일도, 리스크도 따르지 않는다.

5월에서 6월로 건너오는 한 달간 금리 동결을 만장일치로 결의할 만큼 금융환경은 태평성대였을까. 아니다. 글로벌 금융시장은 겉으로는 고요했지만 물밑 전쟁은 치열했다.

금통위 개최 일주일 전 유럽중앙은행(ECB)은 마이너스 예금 금리라는 극약처방을 꺼냈다. 저물가·저성장의 디플레이션을 경계한 마리오 드라기 ECB 총재의 강공책이다. 유로 국가들이 만장일치로 드라기를 손들어준 것은 아니다. 부양효과에 대한 회의도 따랐고, 경제가 튼튼한 독일의 반대기류도 있었다. 그래도 가라앉는 경기를 놔둘 수 없다는 의지는 분명하게 시장에 전달됐다. 중국 인민은행은 중소기업 지급준비율을 인하했고, 미국은 초저금리 유지 방침을 재확인했으며, 일본 금융정책협의회는 금융완화의 지속을 선언했다.

그뿐인가. 지난 10일엔 세계은행이 올해 세계 성장률 예상치를 3.2%에서 2.8%로 낮추며 위기 재발을 경고했다. 경제협력개발기구(OECD)도 지난달 세계 성장률 전망을 내렸다. 경제가 어려워지면서 중앙은행마다 경기회생과 고용창출의 선봉에 나서고 있는 것이 작금의 상황이다.

한국경제도 연초 낙관론이 조금씩 후퇴하는 양상이다. 성장률 전망은 내려가고 환율은 급락한다. 투자는 여전히 부진하고 내수는 냉랭하다. 물가는 계속 안정목표치를 밑돈다. 경제상황의 변화를 금리에 대입하면 인상기류가 인하로 바뀌는 변곡점이다.

그러나 한국은행은 의구하고 금통위는 금리를 13개월째 동결했다. 금통위원은 모두 7명. 이 정도의 최고 전문가 정책회의라면 적어도 1, 2명은 반대도 하고 다른 의견도 나오는 게 정상이다. 딜레마 상황일수록 토론과 논쟁은 뜨거워야 한다. 만장일치는 자랑이 될 수 없다.

금통위 후 이 총재는 "현 금리는 경기회복세를 뒷받침할 수 있는 수준"이라 말했다. 금리 동결에 대한 합리화다. 마이너스 금리, 제로 금리가 즐비한 터에 2.5%를 놓고 경기부양적이라는 근거가 뭔지 궁금하다.

이 총재가 취임 초 '금리의 장기 방향성'을 말했을 때만 해도 전임 김중수 총재 때와는 뭔가 달라지리라 기대했다. 3번의 금통위를 보면서 그 생각은 접기로 했다.

2014. 6. 16

불의의 사회, 진실의 불편함

알렉스 퍼거슨의 손목시계

월드컵이 없었다면, 2만 원이 넘는 돈을 주고 축구감독의 자서전을 사는 일은 없었을 것이다. 질겅질겅 껌을 씹으며 종반이 가까워지면 손목시계를 손가락으로 두드려대는 알렉스 퍼거슨. 그의 자서전을 구입한 것은 브라질 월드컵 열기에 편승한 충동구매였다.

웬만한 축구팬이라면 잉글랜드 프로축구클럽 맨유(맨체스터 유나이티드)의 감독으로 군림하며 숱한 드라마를 연출한 퍼거슨을 기억할 것이다. 지난해 고별 경기 때에는 구장에 '불가능한 꿈을 이뤄낸 퍼거슨 경(卿) 26년'이라는 헌사가 걸렸다. 영국 왕실은 기사 작위를 수여했고, 구단은 그의 전신 동상을 세웠다.

『알렉스 퍼거슨, 나의 이야기』라는 제목에서부터 그의 자긍심 내지 오만한 풍모가 묻어나는 자서전은 당연히 맨유에서의 축구와 선수들의 이야기였지만, 단지 축구만의 이야기는 아니었다. 예컨대 데이비드 베컴이 미국 코스모스팀으로 떠날 때의 표현이 그렇다. "무엇인가를 얼마나 사랑했는지 알려면, 그것을 빼앗겨봐야 한다."

브라질 월드컵에서 우리는 천당과 지옥을 오가는 감독들을 목격했다. 1998년 프랑스 월드컵에서는 0대 5로 패하자 즉시 감독을 자른 나라도 있었다. 그런데 퍼거슨은 어떻게 '감독들의 무덤'이라는 영국 프로축구 리그에서 26년을 살아남아 전설이 됐을까.

예측 불허와 이변은 스포츠의 묘미다. 축구도 그렇다. 영원한 우승 후보가 어느 날 1대 7 대패의 수모를 당할 줄 누가 알았겠는가. 퍼거슨이라 해서 그런 패배를 맛보지 않았을 리 없다. 누구나 마주치는 패배다. 인생이 그렇다. 그가 달랐던 것은 패배와 맞서는 방식이었다.

그는 말한다. "패배는 나를 크게 흔든다. 잠시 되짚어보지만 예전 방식 그대로는 한 번도 내 선택권에 들어 있지 않았다. 곧장 개선과 회복의 문제로 달려갔다. 불행에 대응할 수 있는 것도 자질이다. 반격은 늘 우리 존재의 일부였다."

브라질 월드컵 알제리전에서 한국은 전반에 3점을 잃었다. 후반 5분, 손흥민이 1점을 만회했으나 승부를 뒤집기엔 역부족이었다. 반전의 전략은 없었다.

퍼거슨에게도 그런 경기가 있었다. 2001년 9월 맨유는 토트넘과 맞붙어 전반 3실점했다. 퍼거슨은 풀죽은 선수들을 호통치는 대신 나직하게 말했다.

"좋아, 우리는 후반을 시작하자마자 첫 골을 집어넣을 거야."

후반 1분, 맨유의 첫 골이 터졌다. 리더는 진정한 예언자였다. 선수들은 승리를 믿었고 혼신을 다했다. 맨유는 이후 4골을 쏟아부어 5대 3 대역전의 역사를 썼다.

퍼거슨이 손목시계를 두드릴 때는 대개 종료 15분 전. 맨유 선수를 격려하는 게 아니다. 적을 겁주기 위해서다. 지고 있어도 맨유는 마지막 15분을 포기하지 않는다. 그의 손목시계가 알리는 마법의 15분은 적에게 공포를, 맨유 선수에게는 승리의 믿음을 주는 골든타임이다.

조직을 묶어 목표에 헌신하게 만드는 것은 탁월한 리더의 카리스마다. 박근혜정부 들어 리더십 논란이 끊이지 않았다. 말뿐인 책임총리, 유약한 경제부총리가 그랬다.

2기 내각이 짜였다. 그중 최경환 경제부총리는 특별하다. 유일 후보로 떠올라 그대로 내정됐고 청문회도 무사통과했다. 인사 논란을 비켜선 화려한 등장이다. 그뿐인가. TK(대구경북), 옛 경제기획원 출신에 요즘 잘나간다는 위스콘신대 학맥이자 여당 원내대표를 지낸 친박 3선 의원이다. 명실상부 실세다. 등장 일성, 성장을 외치자 벌써 시장이 술렁인다.

그는 한국 경제가 3개의 함정(저성장·축소균형·성과부재)에 빠졌다고 진단했다. 축구로 치면 3실점 상태. 시간은 없고 함정은 어둡고 깊다. 시험대에 오른 최경환 리더십을 주목한다.

소리만 요란한 수레인가, 아니면 경제를 흔들어 깨울 마법의 시계가 될 것인가.

2014. 7. 21

정치인이 경제를 말할 때

달콤하게, 때로는 정색을 하고 나를 불러 세운다.

정신 차려. 넘어가면 안 돼.

언제 돌아서 뒤통수를 치거나, 발목을 잡을지 모르잖아.

정치를 바라보는 경제의 속내다. 포퓰리즘, 허황한 공약에 경제는 상처투성이다. 요즘 국회는 또 어떤가. 경제를 대하는 정치의 행태는 이중적이다. 앞에서 하는 말과 뒤에서 하는 행동이 다르다. 국회의 힘이 커지면서 그런 성향은 더 짙어졌다.

경제를 만만하게 보다가는 크게 다친다. 마음먹고 받아치면 정치는 한 방에 나가떨어질 수 있다. 선거 때마다 경험하는 일이다. 어떤 뜨거운 이슈가 있어도 여론조사 첫 머리 민심은 늘 경제다. 물가, 일자리, 전월세, 세금……. 이를 제대로 읽지 못하고 헛발질하면 정권도 정치인도 끝장난다.

경제를 앞장세워 가장 재미 본 정치인은 미국의 클린턴이 아닐까 싶다. 1992년 46세의 클린턴이 조롱 섞인 선거구호 '바보야, 문제는 경제야!'로 걸프전의 영웅 (아버지) 부시를 꺾고 대통령에 당선되자 세계의 많은 정치인들이 따라잡기에 나섰다. 한국도 예외가 아니어서 '경제대통령'에 'CEO(최고경영자)대통령'까지 나왔다.

클린턴이 경제를 일갈하기 훨씬 전 경제의 힘을 알아챈 정치인이 한국에 있었다. 김대중(DJ)이다. 1971년 대선에서 현직의 박정희와 맞붙었던 그는 선거기간 중에 『김대중 씨의 대중(大衆)경제, 100문 100답』이란 책을 냈다. DJ노믹스의 출발점이다.

1997년 대통령 당선 때까지 대중경제는 수정·진화를 거듭했다. 사민주의적 시각에 자유시장주의가 입혀졌다. 그 같은 변모가 '외환위기'와 조우한 것은 절묘하다.

경제는 갈수록 어려워진다. 복잡하고, 위험하고, 불투명하다. 단칼에 풀 수 있는 경제 문제는 없다. 공부한다고 답이 쉽게 나오는 것도 아니다. 그래도 큰 뜻을 품은 정치인이라면 경제를 알아야 한다. 경제는 정치인의 우열과 그가 꿈꾸는 미래의 성패를 가늠하는 시험지가 됐다. 선거공약의 9할은 경제다.

요즘 떠오르는 정가의 스타는 새누리당 대표 김무성이다. 여론조사에서 대권후보 지지도 정상을 넘나든다. 잦아진 그의 경제 언행에 시선이 쏠리는 것은 당연하다. 실세 경제부총리 최경환과 맞장 뜨기를 불사한다. 기업 사내유보금 과세에 직격탄을 날렸고 국가부채를 놓고도 설전을 벌였다.

전문성도 과시한다. 재정건전성을 따지며 '현금주의' '발생주의' 같은 난해한 경제용어를 술술 입에 올린다. 여당 대권 잠룡의 그런 모습을 호사가들이 지나칠 리 없다. 당장 언론이 그렇다. 대권을 의식한 행보다, 정부와 엇박자다, 비판을 위한 비판 아닌가······.

경제에 열심인 정치인을 나무랄 일은 아니다. 대권 가도에 경제가 필수과목이 된 것은 필요한 일이고 당연한 현상이다. 뛰어난 경제안목을 가진 정치지도자가 나온다면 국민의 복 아닌가.

그래도 정치인이 미덥지 못한 것은 '나도 다 알아'식의 과시욕, 인기영합, 지지층만 보는 편향성 때문이다. 최저임금이나 버스요금을 달달 외운다고 경제통인가. 그런 것은 인터넷을 치면 몇 초 안에 나온다. 필요한 것은 통계치 내면의 의미를 읽어내는 내공이다.

언론 보도대로 일본 출산율을 모른다 해서 당 여성국장에게 "넌 자격이 없다"고 질타했다면 김 대표는 오버했다. 한국도 아닌 일본 출산율을 왜 외우고 있어야 하나. 통계는 움직이고, 출산율은 여럿이다. 그가 말했다는 한국 출산율 1.18%도 틀렸다. 2013년 한국 종합출산율은 1.190%다(통계청).

앞으로 대권 잠룡마다 고개를 들고 요란하게 경제를 말할 것이다. 명심할 것은 벼락치기 선거용 경제는 금세 본색이 탄로난다는 사실이다. 디테일의 과시는 촌스럽고 위험하다.

사소한 것에 왜 목숨을 거나.

귀를 활짝 열고 크게, 멀리 보는 능력이 지도자의 덕목이다.

2014. 9. 29

불의의 사회, 진실의 불편함

신해철, 그가 마중한 '아버지'

아버지는 이제 더 이상 예전의 아버지가 아니다, 라고 아버지들은 말한다. 그런 말조차 조심스럽다. 그들끼리, 술기운에, 동병상련으로, 울컥해서 털어놓는다. 온 가족을 숨죽이게 했던 호통 소리. 모르는 것 없었고, 존재만으로도 든든했던 아버지. 나이 든 아버지들이 떠올리는 그들의 아버지는 이제 없다.

22년 전 젊은 가수가 아버지를 노래했다. 노랫말이 이 시대의 우울한 아버지상과 빼어 닮았다는 사실은 놀랍다. 노래는 이렇게 시작한다.

> 아주 오래 전, 내가 올려다본 그의 어깨는 까마득한 산처럼 높았다.
> 그는 젊고, 정열이 있었고, 야심에 불타고 있었다.
> 나에게 그는 세상에서 가장 강한 사람이었다.

아버지들이 회고하는 과거의 그 아버지다. 그러나 노래는 반전한다.

저기 걸어가는 사람을 보라, 나의 아버지, 혹은 당신의 아버지
인가?

가족에게 소외받고, 돈 벌어 오는 자의 비애와 거대한 짐승의
시체처럼 껍질만 남은 권위의 이름을 짊어지고 비틀거린다.

집안 어느 곳에서도 지금 그가 앉아 쉴 자리는 없다.

이제 더 이상 그를 두려워하지 않는 아내와 다 커버린 자식들
앞에서 무너져가는 모습을 보이지 않기 위한 남은 방법이란 침묵
뿐이다.

노래의 종반, 커버린 아들이 늙은 아버지를 마중 나간다. 몇 년 만
인가. 어둠이 깔리는 골목길에 부자의 애잔한 그림자가 드리운다.

할 말은 길어진 그림자 뒤로 묻어둔 채
우리 두 사람은 세월 속으로 같이 걸어갈 것이다.

신해철이 쓰고, 곡을 만들고, 노래한 〈아버지와 나〉(1992년 넥스트
1집)다. 7분 48초의 길이에 중저음의 내레이션만으로 이어진다. 노래
라기보다 아버지를 향한 회한의 독백으로 들린다.

신해철의 사망을 들은 것은 지난주 LG와 넥센의 플레이오프 1차전
이 끝나갈 무렵이었다. 딸이 먹먹한 목소리로 말을 건넸다. 신해철이
세상을 떠났대, 오빠는 어릴 때부터 광팬이었는데, 지금쯤 펑펑 울고
있을 거야. 오빠로부터 감염된 슬픔이 묻어났다.

다음 날 페이스북에서 '이건 아니잖아'라고 짧게 쓴 아들의 절규 같
은 글을 읽었다. 페북에 고양이 사진이나 올리던 녀석이 몇 번이나 신

해철을 보낸 충격을 표출하고 있었다. 마왕은 진정한 우상이었다고, 그들이 말하는 '빠돌이'였다고 고백하고 있었다.

신해철을 알기는 하지만 '개성이 강한 뮤지션' 정도였다. 아들도 까칠한 편이니 좋아할 만했겠다. 하지만 어릴 때부터 열렬한 추종자로 성장기를 그와 함께했다는 내밀한 역사는 미처 몰랐다. 후배가 카카오톡에 올린 〈아버지와 나〉를 들으며 신해철의 초상에 아들이 오버랩됐다. 나는 아들을 얼마나 알고 있는가. 아버지에게 아들은 무엇인가.

신해철은 노래에서 말했다. '우리의 아버지들은 아직 수줍다. 그들은 다정하게 뺨을 비비며 말하는 법을 배운 적이 없었다'고.

맞다. 한국의 아버지들이 대체로 그렇듯 나도 수줍다. 아들과 가슴을 열고 대화한 적이 있었던가. 그의 노래, 그의 꿈, 그의 고민을 진지하게 들어보려 했는가. 대화는 언제나 실용적인 주문과 단답으로 끝났다. 술 적당히 마셔라, 운동 좀 해라. 그러면 아들은 예, 예, 짧게 대답했다.

세대의 갈등은 역사와 함께한다는 얘기가 있다. 고독은 아버지의 숙명인지도 모른다. 21세기를 사는 아버지들에게 또 다른 짐이 얹혔다. 100세 장수의 축복이 두렵고 버겁다. 노쇠한 몸으로 다시 일자리를 찾아 나선다. 젊은이 일자리를 빼앗는다는 비난을 무릅쓰면서 오늘도 바람 부는 거리를 헤맨다.

저기 걸어가는 사람을 보라, 나의 아버지, 혹은 당신의 아버지인가?

스물넷 젊은 나이에 주름진 아버지를 마중 나간 신해철의 깊은 속을 다시 생각한다.

2014. 11. 3

심판대에 오르는 '초이노믹스 2015'

이래저래 뒤숭숭한 연말, 머리도 식힐 겸 쉬운 객관식 문제 하나.

　다음에 나오는 '새해'는 언제인가?

　새해에는 나라 돈을 풀어서라도 경기를 살리겠다. 무엇보다 내수를 활성화하겠다. 경기회복의 온기가 고루 퍼져 국민이 피부로 실감하도록 하겠다. 성장률 목표 3.9%, 일자리 창출 45만 개.

　　① 2014년　　　　　　　② 2015년

　정답은 ①번. 예문은 1년 전(정확하게는 2013년 12월 27일) 박근혜정부 1기 현오석 경제팀이 내놓은 '2014년 경제정책 방향'의 핵심 내용이다. 그러나 정답을 ①번 하나로 처리하면 큰 혼란으로 이어질 가능성이 있다.

　예상되는 수순은 이렇다. '2015년 경제정책 방향'이 발표된다. 응시자들의 항의가 빗발친다. "②번은 왜 정답이 아닌가. 예문과 무엇이 다른가." 시차는 있지만 틀린 말이 아니다. 논란 끝에 정답은 복수

처리된다. 전례도 있으니까.

돌아보면 한국 경제의 지난 1년은 무상했다. 뚜렷한 성취도, 크게 달라진 것도 없다. 1년 전이나 지금이나 최우선 국정과제는 여전히 경제 활성화다. 삶은 고달프고 앞날은 불투명하다. 웜홀 시간여행을 한 듯 1년의 시차가 압축돼 재현된다.

현오석팀은 2014년 경제정책을 세우면서 의욕을 보였다. 국내외 연구기관의 예측치보다 높게 성장률 목표를 잡았다. 과거 20~30개 수준이던 정책과제도 65개나 선정했다. 하지만 정치권의 반응은 차가웠다. 여당 지도부까지 비판의 날을 세웠다. 새누리당 원내대표는 "구체적이고 뚜렷한 청사진이 보이지 않는다"며 "박근혜정부 2년차에 성과를 내야 하는데 너무 밋밋하다"고 비판했다. 당시 원내대표는 최경환 의원이었다. 최경환은 7개월 후 박근혜정부 2기 경제팀장이 되었다.

최경환 경제팀은 이달 중 2015년 경제정책 방향을 발표한다. 논평자에서 평가받는 자리로 바뀐 최경환의 카드는 무엇일까. 1년 전 현오석팀을 향해 던졌던 비판의 칼이 그에게 되돌아오지 않는다는 보장은 없다.

찔리지 않으려면 다부진 준비가 필요하다. 청사진은 구체적이고 뚜렷해야 한다. 밋밋하면 안 된다. 톡톡 튀고 국민의 입맛에 착 감기는 정책이 필요하다. 박근혜정부 3년차, 눈에 보이는 성과를 올려야 한다. 그것이 그가 공격한 전임 1기 경제팀에 대한 최소한의 예의다.

경제 환경의 어려움은 누구나 안다. 난국을 강조한다고 해법이 나오는 것은 아니다. 절망을 뒤집어서라도 희망의 화살을 찾아내야 한다. 그런 역발상의 전략이 없다면 최경환 팀의 경제정책도 결국 '밋밋한 정책'의 테두리를 맴돌 것이다.

예컨대 '신(新) 3저' 현상도 쓰기에 따라 필살의 화살이 될 수 있다. 기름 값이 폭락했고 금리는 사상 최저다. 달러화 강세로 달러·원화 가치는 하락세로 반전됐다. 유가 하락과 초저금리는 기업의 생산원가와 금융비용을 떨어뜨린다. 기업가 정신과 정부의 유인책이 잘만 결합하면 투자심리를 살려낼 수 있는 호기다. 달러화 강세는 엔저현상의 역풍을 막아낼 방패다.

국회도 최 부총리의 손을 들어주었다. 새해 예산으로 "곳간을 풀어 경기의 불씨를 살리겠다"는 데 힘을 실었다. 초이노믹스의 야심작이라는 기업소득환류세제 등 가계소득 증대 3개 패키지 법안도 통과시켰다.

최 부총리는 취임 초 "가지 않은 길을 가겠다"고 말했다. 용기 있는 선언이었다. 그 길이 무엇이며, 어떤 종착점에 이를지는 내년 경제 운용에 달렸다. 국제통화기금(IMF)과 경제협력개발기구(OECD)의 평가처럼 '경제혁신 3개년 계획'은 최고의 정책이 될 것인가. 미국의 신문『월스트리트저널』의 저주처럼 초이노믹스가 아베노믹스의 이복형제로 전락할 것인가. 밋밋하지 않은 경제정책의 진수는 무엇인가.

최경환호의 '2015 경제정책방향'을 주시한다.

2014. 12. 8

불의의 사회, 진실의 불편함

재벌가 3세를 때리는 죽비 소리

해가 바뀌었지만 묵은 해는 여전히 우리 곁을 맴돈다. 과거를 떠올리는 회고가 넘친다. 광복 70년, 역사의 매듭이 시간을 돌려 세운다. 최빈국에서 선진국 문턱까지 대한민국 70년 여정은 드라마를 뛰어넘는다. 고난, 희생, 도전, 성취가 파노라마처럼 펼쳐진다. 그처럼 힘차게 달려왔는데 지금은 왜 발걸음이 이토록 무거운가. 그래서 다시 돌아본다.

광복이 전부는 아니다. 또 다른 70년, 분단은 진행형이다. 짧게는 지난해의 묵은 숙제가 목에 걸린다. 맹골수도의 비극에도 나라는 바뀌지 않았고, 청와대 문건의 파장은 계속 이어진다. 웃자고 지어낸 '가는 말이 고와야 오는 양이 곱다'는 말이 그럴듯하게 들리는 이유다.

과거를 반추하면 현재가 힘든 것이다. 옛 사람 얼굴이 커 보이면 의지할 자가 없다는 말이다. 이병철과 정주영은 경제에서 그런 상징이다. 외환위기 때도, 금융위기 때도 그랬다.

지난 5일자 『아시아경제』 신문에는 이병철 삼성 창업주와 정주영 현대 창업주의 캐리커처가 나란히 실렸다. 신년기획 '해방 70년사—

산업변천사' 편에 나온 두 사람의 얼굴을 보면서 그들의 치열한 기업가정신과 주저앉은 지금의 경제가 대비됐다.

피난민의 삶을 통해서 본 또 하나의 70년, 영화 〈국제시장〉도 그랬다. 가족을 위해 자신을 내던진 덕수의 개인사에 기업인의 편린이 불쑥불쑥 드러난다. 구두닦이 덕수에게 "시련은 있어도 실패는 없는 거야." 생뚱맞은 말을 툭 던지는 사나이. 그가 젊은 날의 정주영임을 눈치채기는 어렵지 않다.

한진그룹의 모체인 한진상사로 여겨지는 '대한상사'도 등장한다. 덕수는 전쟁터로 떠난다. 월남전에서 미군 물자를 수송하는 대한상사의 직원으로. 목숨을 건 돈벌이다.

대한상사가 상징하는 조중훈은 또 어떤가. 총탄이 빗발치는 전장에서 수송 차량의 선두에 섰던 그다. 그렇게 사업을 키우고 국영 항공사를 인수(지금의 대한항공)해 오늘의 한진그룹을 구축했다. 영화는 '한강의 기적은 기적이 아니라 정주영 조중훈 같은 기업인의 열정과 도전, 수많은 덕수가 뿌린 피와 땀의 결정'이라 말한다.

정주영, 이병철, 조중훈. 고인이 된 이들의 얼굴이 현실과 오버랩되면 심사가 복잡해진다. 이병철, 정주영의 캐리커처가 실린 『아시아경제』 지면의 바로 앞면에는 정의선 현대차 부회장, 이재용 삼성전자 부회장의 캐리커처가 나와 있었다. 참으로 묘하다. 그들이 누군가. 정주영의 손자이고, 이병철의 손자다. 미래는 그들의 시대다.

이 땅의 많은 3세, 4세 기업인들은 맨손으로 기업을 일군 선대를 얼마나 알고 있을까. 2세만 해도 창업세대를 지켜보며 자랐다. 엄한 훈육을 받고, 아버지와 함께 기업을 키우기도 했다.

생전의 정주영 회장 모습이 떠오른다. 구두는 갈라지고, 식단은 소박했다. 그의 한 아들은 입사할 때 모든 임원에게 고개를 숙이고 지도 편달을 부탁했다. 나는 두 손을 모은 아들을 현장에서 지켜보았다.

그러나 3세는 다르다. 세상에서 말하듯 금 숟가락을 물고 태어난다. 유학에서 돌아오면 할아버지가 일으키고 아버지가 물려받은 기업에 들어가 초고속으로 임원 자리에 오른다. 승진 속도만 보면 한국 재벌가의 피에는 우월한 경영의 유전자가 흐르는 게 분명하다.

지난주 조중훈 회장의 장손녀가 구속됐다. 한 개인의 일탈이 아니다. 재벌가 3세들을 때리는 죽비 소리다. 빌 게이츠와 워런 버핏의 기부를 놓고 한 경제학자는 말했다. "그들의 자선은 불쌍한 자를 돕는 게 아니다. 자신을 위한 것이다. 자본주의와 시장경제를 지키기 위해서다. 그래야 살 수 있으니까."

한국의 재벌가 3세, 4세는 선대의 명예와 자신의 부를 지키기 위해서라도 더 낮은 곳으로 내려와야 한다.

더 넓은 세상과 만나야 한다. 그것이 반(反)기업 정서를 허무는 지혜이자 용기다.

2015. 1. 12

증세 논쟁, 법인세가 답인가

복지 재정이 구멍 나면서 증세 논쟁이 불붙고 있다.

세금을 올릴 것인가, 그대로 둘 것인가.

답을 찾으려면 연속된 질문이 필요하다. 이른바 '세금 없는 복지'는 가능한가. 아니라면 어떤 세금을 어떻게 올릴 것인가. 야당의 주장처럼 법인세 인상이 최선인가.

박근혜 대통령이 지난주 '증세 없는 복지'에 대해 친절한 해설을 내놨다. 경제활성화에 더 노력해야지 국민에게 세금을 더 내라고 하는 것은 배신이라고. 야당은 발끈했다. 하지만 경제활성화 우선론이 근본부터 틀린 말은 아니다. 경기가 살아나면 세수도 늘어난다. 나라 곳간에 돈이 쌓여 복지정책을 제대로 펼 수 있다면 그보다 좋은 방책이 있겠는가.

문제는 시간이다. 구멍 난 재원은 발등의 현실이고 경제활성화는 불투명한 미래다. 경제 상황이 어떠한지는 박 대통령이 더 잘 알 것이다. 지난해만 해도 세수는 11조 원 가까이 펑크 났다. 올해는 어떤가. 정부는 성장률 3.8%를 앞세워 예산을 짰다. 국내외 어느 예측 기관보

불의의 사회, 진실의 불편함

다 높은 전망치다. 그런 낙관적 전망이 불러온 결과는 세수의 3년 연속 펑크다. 다시 똑같은 길을 가려 한다.

정부가 증세 대안으로 내세운 지하경제 양성화 카드도 그렇다. 그동안의 학습 결과 대세를 바꿀 만한 예리한 칼이 아니었다. 담뱃값을 올리고 근로소득세를 조정해 정부 스스로 '꼼수 증세'라는 비판의 빌미를 제공한 배경이 뭔가. 복지는 대세다. 그러나 공짜가 아니다. 돈이 없다. 씀씀이를 줄이든가, 세금을 더 걷든가, 빚을 내 후손에게 떠넘기든가, 선택은 셋 중 하나다.

박 대통령만은 '소신'을 접지 않았지만 여야의 새 지도부가 출범한 뒤 분위기가 달라졌다. 새누리당에서도 '증세 없는 복지는 거짓말'이라는 고백이 나왔다. 겨우 입을 뗀 증세론의 관건은 접근 방식이다.

야당은 법인세를 겨냥한다. 논지는 이렇다. 세율이 낮다. 이명박정부 부자 감세의 정상화다, 기업 유보금이 수백조 원에 이른다……. 우리 법인세율은 최고 22%다. 경제협력개발기구(OECD) 평균보다 낮다. 세수가 부족하고, 세율이 낮은 편이면 올리는 것도 일책이다. 기업들은 투자 저해를 말하지만 유의미한 증거는 찾기 어렵다.

그러나 부자(대기업) 봐주기라거나 유보금 운운은 논리의 비약이다. 중견·중소기업의 법인세율이 더 내렸다. 유보금은 몇몇 거대기업의 얘기다. 법인세 실효세율은 김영삼 정부 때인 1995년 27%를 정점으로 김대중·노무현·이명박 정부를 거치며 줄곧 내려왔다. 경기 상황과 맞물린 결과다. 지금도 글로벌 불황에서 법인세 인하가 세계적 추세다.

보다 중요한 것은 법인세 인상이 복지 재원의 대안이 될 수 있느냐다. 작년과 올해 2년치 세수 결손만 15조 원을 웃돌 전망이다. 법인세 최고세율을 25%로 환원해도 세수가 늘어난다는 보장은 없다. 오히려 줄어들 것이란 분석이 있다. 지난해 법인세 세수 결손액은 3조 3,000억 원이었는데, 삼성전자 한 곳의 감소액만 3조 4,000억 원에 달했다. 세율을 올려도 경기가 살아나지 못하면 헛일이다.

정치권은 법인세에서 자유롭다. 부가가치세나 근로소득세, 양도소득세는 표심과 직결된다. 그러나 법인은 표가 없다. 삼성전자만 해도 주주의 70%가 외국인이며 국민연금이 최대주주다. 법인세를 올렸다고 삼성 직원들이 표로 심판하지 않는다. 하지만 그것이 정치권이 법인세를 표적 삼는 속셈이 돼서는 안 된다.

증세를 논하려면 성역 없이 조세와 복지의 모든 것을 공론의 장에 올려야 한다. 세원을 넓히고 낡은 제도와 불합리를 깨야 한다. 복지도 다시 따져볼 필요가 있다.

여당은 세금에서, 야당은 복지에서 한 발 물러서 '복지와 세금의 새 틀'을 짜야 할 때다. 박근혜정부는 공약에 발이 묶였다. 정치권이 나설 수밖에 없다.

2015. 2. 16

불의의 사회, 진실의 불편함

지도에 없는 길을 가는 법

'나 홀로 산악회 회장'을 만난 것은 옛 상공부(산업통상자원부 전신)를 출입하던 때였다.

그는 평소엔 산업정책을 다루는 고위 공무원이었지만 주말이면 비범한 '산 사나이'로 변신했다. 등산과 얽힌 그의 일화는 전설처럼 떠돌았다. 전국의 유명한 산은 모두 섭렵했고 곳곳에 새 등산로를 개척했다고 했다. 무엇보다 기이하게 들린 것은 언제나 혼자서 길 없는 험한 곳으로 다닌다는 그의 산행법. 그래서 얻은 별명이 나 홀로 산악회장이었다.

그를 만났을 때 취재보다 '나 홀로 등산'의 정체가 궁금했다. 그렇지만 왜 그런 유별난 산행을 하느냐고 물을 수는 없었다. 그런 질문은 흡사 여럿이 어울려 훤하게 뚫린 산길을 오르는 것이 등산 아니냐는 식의 어리석은 주장처럼 들릴 터였다.

대신 밋밋한 질문을 했다. 두렵거나 위험하지는 않은가.

그는 말했다.

"설렘은 두려움을 누른다. 위험은 어디에나 있는 것 아닌가. 거대한

멧돼지와 마주친 적이 있다. '절대 너를 해치지 않아.' 멧돼지 눈을 바라보며 말했다. 한참을 그렇게 서 있었다. 거짓말처럼 멧돼지는 고개를 돌리더니 숲으로 사라졌다. 어떤 들짐승도 이유 없이 사람을 공격하지 않는다. 소리를 지르거나, 돌을 던지거나, 도망가는 게 오히려 위험하다. 냉정하게 직시해야 위기를 돌파할 수 있다."

나 홀로 산악회장을 떠올리게 한 것은 최근 최경환 경제부총리 겸 기획재정부 장관을 잇따라 비판한 문재인 새정치민주연합 대표다. 문 대표는 얼마 전 청와대 회동에서 최 부총리의 경질을 요구하더니 최근에는 "실패한 이명박정부의 낡은 지도에 나온 길을 가고 있다"고 공격했다. 문재인이 말하는 '낡은 지도에 나온 길'은 물론 최경환의 '지도에 없는 길'에 대한 패러디다.

최 부총리는 지난해 7월 취임 일성으로 "지도에 없는 길을 가겠다"고 선언했다. 그로부터 9개월, 그는 과연 지도에 없는 길을 헤쳐왔는가, 위기를 직시하며 용기 있게 맞섰는가, 아니면 문 대표의 말대로 실패의 낡은 길을 걸었는가.

문 대표가 집요하게 정부의 경제정책을 비판하는 속내엔 4·29 재보선을 겨냥한 정치적 계산도 없지 않을 터다. 하지만 박근혜정부를 위해서도 '최경환 경제'에 대한 엄정한 중간평가를 해볼 때가 됐다. 그는 내년 4월 총선에 출마할 뜻이 확고하다고 전해진다. 그렇다면 올 연말 또는 내년 초에 물러날 것이다. 지금이 바로 재임기간의 반환점이다.

그의 등장은 요란했다. 발언은 화끈했고 행보는 빨랐다. 단칼에 부동산 규제를 자르고 돈을 풀었다. 가계소득 증대를 외쳤고 기업소득

불의의 사회, 진실의 불편함

을 시장에 돌리도록 압박했다. 급기야 헬리콥터 최, 초이노믹스라는 신조어가 붙었다.

그렇게 달려온 '최경환 9개월'은 성공인가, 실패인가. 실패를 말하기는 성급하나 성공의 징후 또한 잡히지 않는다. 누구도 경제가 나아졌다고 말하지 않는다. 내수는 얼어붙고 서민의 고통은 더 깊어졌으며 청년백수는 넘친다. 부동산거래가 늘어난 정도가 달라진 풍경이다. 그가 걸어온 길은 지도에 없는 길이 아니라 세계 곳곳에서 목도되는 익숙한 경기부양의 길이었다.

최 부총리에게는 두 번의 심판이 기다린다. 오는 7월 취임 1주년이 첫 번째다. 앞으로 3개월, 역사적 초저금리 시대의 효과를 극대화할 것인지, 경제구조 개혁의 틀을 구축할지 여부가 관건이다.

두 번째는 총선 출마를 위해 떠날 때다. '국민이 체감할 수 있는 경기회복을 이루겠다'고 약속하면서 경제부총리에 오른 그다. 국민과 시장은 그 언약을 지켰는지 심판할 것이다.

최경환 부총리가 진정 지도에 없는 길을 가겠다면 이런 길은 어떤가. 견위수명(見危授命), '손에 잡히는 경제회복을 이뤄내지 못하면 총선에 불출마하겠다'고 배수의 진을 치는 것. 그렇게 스스로를 절벽 위에 세우는 용기와 헌신을 국민은 보고 싶다.

2015. 3. 30

지도에 없는 길을 가는 법

진정 '아쿠에르도 나티오날'이 필요한 나라

박근혜 대통령이 중남미 4개국 순방을 마치고 오늘 돌아왔다. 긴 여정이었다.

12일간의 짧지 않은 일정, 또는 지구 반대편을 오가는 물리적 거리만을 말하는 게 아니다. 그가 떠난 뒤 나라 안은 '성완종 파문'으로 소용돌이쳤다. 급기야 부정부패 척결을 외치던 국무총리가 부패 의혹의 화살을 맞고 추락하는 초유의 사태가 벌어졌다. 대통령과 총리가 동시에 부재한 비상한 국가 상황이 연출된 것이다. 길고도 불안한 시간이 그렇게 흘렀다.

국정 공백의 불안은 예고돼 있었다. 박 대통령은 순방길에 오르며 직무를 대행해야 할 국무총리 대신 여당의 대표를 불렀다. 외면당한 총리는 물러나겠다는 뜻을 먼 곳의 대통령에게 전했다. 잉카의 전설이 떠도는 나라에 새벽이 열리는 시각이었다.

"안타깝다"는 한마디로 63일 초단명 총리의 역할은 끝났다. 나라 밖에서 나라 안의 긴박한 상황을 지켜보는 박 대통령의 시간은 무겁고도 길었을 게 분명하다.

불의의 사회, 진실의 불편함

돌아보면 중남미 순방은 의미가 적지 않았다. 중남미는 떠오르는 신흥시장이자 환태평양 경제권을 묶는 축의 하나다. 역대 최대 규모인 125개 기업이 경제사절단으로 참여한 것도 그런 이유에서다. 페루에서는 두 나라가 공동 생산한 한국 훈련기(KT-1P) 1호기의 출고 기념식이 열렸고, 칠레와 브라질에서는 여성 대통령이 여성 대통령을 만나는 보기 드문 장면도 등장했다.

그럼에도 박 대통령의 중남미 순방은 내내 뉴스의 초점에서 비켜나 있었다. '내치는 고전하지만 외치는 잘한다'는 과거의 평가는 빛이 바랬다. 성완종 파문은 모든 것의 블랙홀이 됐다.

그렇게 끝이 난 중남미 순방이지만, 나의 눈길을 끈 것이 하나 있었다. 낯선 스페인어 한 구절 '아쿠에르도 나티오날'이 그것이다. 한·페루 비즈니스 포럼에서 박 대통령은 "오늘날 페루의 경제성장을 이룩한 원동력은 아쿠에르도 나티오날(Acuerdo Nacional) 정신이라고 생각한다"고 말했다. '국가 정책을 결정할 때 국가 차원에서 대화와 설득, 합의를 기본 바탕으로 하는 원칙'이 아쿠에르도 나티오날 정신이라고 한다.

인터넷을 찾아보니 페루가 각계각층이 참여하는 국가적 합의 기구로 아쿠에르도 나티오날을 만든 것은 정권 교체기인 2002년. 기구는 〈민주·법치〉, 〈평등·사회정의〉, 〈국가경쟁력〉, 〈효율·투명·분권〉의 4가지를 국가 정책목표로 내걸었다.

재미있는 것은 기구 내에 거창한 목표뿐 아니라 '모두가 페루' '우리는 페루' '언제나 페루'와 같은 국가 정체성과 일체감을 강조하는 소규모 포럼이 많다는 점이다.

대화, 설득, 합의! 정작 이 같은 단어가 필요한 곳은 우리나라가 아닌가. 남과 북으로 갈라진 나라. 그것도 모자라 지역으로 쪼개진 나라. 국가적 비극인 세월호 참사를 놓고도 갈등하는 나라, 대타협이라 이름 붙인 기구가 끝없이 표류하는 나라, 소통의 리더십에 목마른 나라.

대화와 설득과 합의의 덕목이 작동되지 않는 나라의 대통령이 타국의 국가적 합의 정신을 성장의 원동력으로 정의하고, 칭송하는 모습은 몹시도 어색해 보였다. 대화와 설득의 요체는 소통이다. 취임 이후 줄곧 박 대통령을 따라다닌 비판의 단어가 '불통' 아니었나. 박 대통령이 아쿠에르도 나티오날을 격찬한 것만큼이나 그런 시스템에서 느낀 것이 많다면, 중남미 순방에서 거둔 망외의 소득이 아닐까 싶다.

기내 기자 간담회도 생략한 채 무겁게 귀국한 박 대통령이 직면한 국내 상황은 어느 때보다도 어렵고 복잡하다. 성완종 의혹의 파장은 진행형이다. 당장 이완구 총리의 후임을 골라야 한다. 4대 개혁은 기로에 섰다. 넓게는 박근혜정부의 성패를 가름할 후반부 국정 운영의 리더십을 새로 세워야 할 시점이다.

진정 아쿠에드로 나티오날의 정신이 필요한 것은 난제 앞에 선 박 대통령과 이 나라가 아닐까.

2015. 4. 27

경제 실패, 메르스로 가릴 수 없다

여론에 떠밀린 정부가 중동호흡기증후군(MERS, 메르스) 관련 병원을 공개했다. 발병 18일 만이다. 병원의 이름을 확인하면서도 두근거리는 국민의 가슴은 쉽게 진정되지 않는다. 세계 2위 메르스 발병국으로 빠르게 올라서기까지 정부 대응에 대한 불신의 골이 깊어질 대로 깊어진 때문이다.

메르스에 대한 공포가 고조되던 지난주 '자경단(自警團)'이라 부를 만한 일단의 시민들이 출현했다. 그들은 발병 환자와 병원을 추적하고, 예방법을 찾고, 이를 스마트폰으로, 인터넷으로 열심히 전파했다. 메르스와 맞선 전사의 주축은 '엄마'들이었다.

나에게도 '메르스 메시지'가 날아왔다. 깜짝 놀랄 정도로 상세한 정보가 표로 정리되어 있었다. 환자의 신상은 물론 거쳐간 병원과 담당의사 및 간호사까지 망라된 내용을 보면서 과연 진실인지, 괴담인지 혼란에 빠졌다.

그때까지만 해도 정부는 병원과 환자의 정보를 보안에 부치고 있었으나 인터넷에 '메르스'만 치면 내역이 줄줄이 쏟아졌다. 병원 리스트를 올린 한 블로그에는 다음과 같은 당부가 달려 있었다.

"도저히 정부를 믿지 못하겠으니, 우리가 조심하는 수밖에 없어요. 병원 확인하시고, 다들 마스크 쓰고 외출하세요. 씻지 않은 손은 입에 대지 마세요."

정부를 믿지 못하는 주민들이 스스로를 지키기 위해 결성한 조직이 자경단의 사전적인 뜻이다. 몇 년 전 멕시코에 무장 자경단이 출현했다. 무법의 마약 마피아에 주민들이 총을 들고 나선 것이다. 생존을 위한 처절한 대응이었다.

이 나라는 의료선진국이라 자부해왔다. 그런 나라에서 전염병에 맞선 자경단이 등장한 현상을 어떻게 설명해야 할까. 바이러스보다 무서운 것은 '도저히 정부를 믿을 수 없다'는 불신이다. 메르스 공포의 중심에 정부가 있다. 괜찮다고 해도 국민은 병원을 겁내고, 학교는 문을 닫았다.

경제도 직격탄을 맞았다. 관광객은 줄줄이 예약을 취소한다. 금융시장이 흔들리고 관광, 유통업, 시장은 울상이다. 가뜩이나 허약한 경제의 뺨을 메르스가 강타한 꼴이다. 경제의 앞날도 걱정이지만, 울고 싶은 정부를 메르스가 적시에 때려준 것은 아닌가 하는 걱정이 더 크다. 경제정책의 실패를 메르스에게 덮어씌우지 않을까 하는 염려에서다.

최경환 경제팀은 출범 이후 '경제가 곧 좋아진다, 좋아진다' 하면서 시간을 보냈다. 국내외 경제 예측 기관이 다투어 올해 경제성장률 전망치를 낮춰도 연초에 내세운 3.8%를 고수했다. 하지만 경제는 나아지지 않았다.

최경환 경제팀과 한국은행에 결단의 시간이 다가온다. 정부는 이달

중에 수출 대책을 내놓고 하반기 경제정책 방향도 발표할 예정이다. 한국은행은 오는 11일 금통위를 열어 기준금리 인하 여부를 논의한다. 성장률 전망치를 크게 내리고, 적극적인 경기 확장책을 동원할 것이 분명하다. 기준금리도 내릴 여지가 커졌다.

경제의 틀을 바꾸는 것은 좋다. 그러나 명심할 것이 있다. 메르스를 정책 실패를 합리화하는 도구로 끌어들여서는 안 된다는 점이다.

"경기가 살아나려는데 메르스가 터져서……"라거나 "메르스 충격 때문에 어쩔 수 없이 성장률을……" 하는 식으로 떠넘기거나 둘러대지 말라는 얘기다. 지금의 지지부진한 경제는 6개월, 1년 이어진 정책 운용의 결과다. 지금의 메르스로 누적된 무능과 무책을 덮을 수는 없다. 정부 말대로 과민한 반응이라면 더욱 그렇다. 그래도 메르스를 꼭 동원하겠다면 '정부가 잘못 대처한 결과로……'라 표현하는 게 그나마 정직한 태도다.

경제는 심리다.

'정부를 믿지 못하겠다'고 하는 말이 경제에서도 나온다면 경제는 끝장이다. 국민이 '경제 자경단'을 만들 수는 없지 않은가.

2015. 6. 8

우리 경제 안의 또 다른 메르스

너의 종말이 가까워졌구나. 이제야 임자를 만났구나.

지난주 한 대학병원을 찾았을 때 중동호흡기증후군(MERS, 메르스)의 끝나가는 운명을 직감했다. 병원은 입구부터 삼엄했다. 열화상 카메라가 붉은 빛을 번쩍이며 노려보고 흰 가운의 검색 요원들이 줄지어 서 있었다. 한 직원이 초록색의 '열 없음' 스티커를 가슴에 턱 붙여주더니 옆자리로 안내했다.

질문이 쏟아졌다. 무슨 용무로 왔는가, 예약은 했는가, 최근 한 달 새 다른 병원에 들른 적은 없는가, 열이 나거나 기침을 하지는 않았는가, 다른 이상 증세는 없는가. 생년월일과 이름, 전화번호까지 물어서 적은 문진표를 건넸다. 흰 마스크 한 장이 덤으로 따라왔다.

진료 접수에도 문진표 제출은 필수였다. 까다로운 절차였지만 짜증보다 신뢰가 솟았다. 이 정도면 독한 메르스도 두 손을 들겠지. 한편으로는 메르스에 농락당한 초기 대응이 떠오르며 묘한 배신감과 씁쓸함이 몰려왔다. 처음부터 제대로 대처했다면 온 나라가 휘둘리지는 않았을 것이다.

불의의 사회, 진실의 불편함

메르스가 진정세다. 마스크 행렬도 많이 줄었다. 메르스는 초여름 한바탕 역병 대란으로 끝나는 것일까.

아니다. 안심은 금물, 메르스 대란은 끝난 게 아니다. 메르스의 끝자락에서 우리 안에 도사린 또 다른 메르스의 얼굴을 본다. 또 다른 메르스는 자생적이지만 원조 메르스를 빼어 닮았다. 소리 없이 다가와 어느새 온 국민을 감염시켰다. 원조보다 치명적이지만, 마땅한 백신이나 치료제가 없다. 무엇보다도 책임 있는 자들의 대응이 원조 메르스의 경우처럼 무능하고 안이해 사태를 키웠다. 또 다른 메르스는 불안, 무기력, 체념이 어우러져 번지는 절망의 증후군이다.

올해도 반환점을 막 돌았다. 하반기에는 무엇이 나아질지 꼽아보라. 가계는 기를 펴게 될까. 기업은 활기를 되찾을까. 청소년들은 일자리를 찾을까, 정치는 민생의 해결사가 될까. 누구도 그런 기대를 하지 않는다. 연초에 걸었던 모든 기대치는 추락한다. 설렘은 좌절로 바뀐 지 오래다. 오늘보다 내일이 나아지리라는 희망이나 조짐이 없는 무망함, 절망감이 이 땅을 덮고 있다.

경제는 그 상징이다. 창궐한 무기력이 경제를 옥죈다. 최경환 경제팀은 '3% 성장' 사수를 외치며 22조 원짜리 캠플주사를 뽑았으나 추가경정예산은 응급처방일 뿐이다.

하반기 경제정책 방향을 발표하면서 최 경제부총리 겸 기획재정부 장관은 말했다. "메르스로 경제가 성장 경로를 이탈했다. 추경이 없으면 성장률이 2%대로 추락할 것이다." 그의 어법에서 무능했던 메르스 대응이 떠오른다.

보건당국은 처음 메르스 감염률이 '환자 1명당 0.69명'이라 주장했다. 밀접접촉 기준은 '2미터 이내에서 1시간 이상'으로 정했다. 메르스는 스스로 힘을 떨쳐 지침의 허황함을 증명했다.

최경환의 화법도 그렇다. 메르스 때문에 경제가 성장 경로를 이탈한 게 아니다. 경제의 이상 조짐은 메르스가 상륙하기 훨씬 전에 나타났다. 분기 성장률은 0%대 행진을 거듭했다. 국내외 연구기관은 경고를 쏟아냈다. 그런데도 '나아진다, 나아진다' 오도하며 시간을 죽였다.

성장률 추락보다 심각한 것은 자신감의 상실이다. 저성장은 어쩔수 없다고 여긴다. 피로와 체념, 절망의 증후군이자 경제 안의 메르스다. 2%대 성장을 경고하는 최 부총리조차 그랬다. 부끄러워하지도 않았고 한마디 사과도 없었다. 민간 기업에서 반년도 되지 않아 연초에세운 목표의 달성이 크게 빗나가게 됐다면 책임자에겐 어떤 일이 벌어질까. 물러나거나 쫓겨나거나 둘 중 하나다.

서서히 무너지는 것처럼 무서운 일은 없다. 한 방에 넘어진 복서는 다시 일어설 수 있다. 그러나 무수한 잔주먹에 쓰러지면 그대로 끝장이다.

저성장에 무감각한 경제에 그런 불길한 예감이 엄습한다.

어쩌면 지금 한국 경제는 1997년 외환위기나 2008년 금융위기 때보다 더 위험한 상황에 빠졌는지도 모른다.

2015. 7. 6

불의의 사회, 진실의 불편함

청년 고용절벽과 에코의 비극

요정 에코는 그리스 신화에서 가장 슬픈 이야기의 주인공이다.

수다쟁이 에코는 제우스의 아내 헤라의 저주로 아름다운 목소리를 잃고 오직 상대방의 마지막 말만을 따라 할 수 있게 된다. 비극의 2막은 에코가 미남 사냥꾼 나르시스를 짝사랑하면서 시작된다. 자신만을 사랑한 나르시스는 에코의 손을 뿌리친 채 죽어 수선화로 피어난다. 비탄에 빠진 에코는 결국 목소리만 남아 메아리가 되었다.

시대를 넘어 비극의 주인공 에코가 한국 땅에서 부활했다. 그것도 무리지어 등장했다. 요정 에코와 한국판 에코는 닮은 점이 많다. 꿈 많은 청춘이다. 가슴은 뜨겁고 소망은 간절하다. 하지만 손을 뻗어도 잡아주는 사람이 없다. 목소리를 높여보지만 메아리로 되돌아올 뿐, 이제 모든 것을 포기했다.

언제부턴가 베이비부머 세대(1955~1963년생)의 자녀를 에코 세대 (1979~1992년생)라 부르기 시작했다. 한국전쟁 이후 태어난 베이비부머 세대는 700만 명, 그들의 2세인 에코 세대는 1000만 명에 육박한다.

두 세대를 합치면 우리나라 총 인구의 35%에 이른다. 20~30대에

넓게 포진해 있는 에코 세대는 앞으로 20년, 30년 한국을 이끌어갈 미래의 주역이다. 그들이 흔들리면 나라가 흔들리고, 그들이 방황하면 나라가 방황할 것이다.

그들이 지금 천 길 낭떠러지 위에 서 있다. 고용절벽에 절망해 연애도 결혼도 출산도 포기했다. 정부는 지난주 청년 고용절벽 해소 종합대책을 내놨다.

최경환 부총리 겸 기획재정부 장관은 대책을 발표하면서 에코 세대의 고용 현실을 3가지 악재로 축약했다.

'첫째, 베이비부머 세대의 자녀인 에코 세대가 한꺼번에 취업시장에 나왔다. 이전에 비해 10만 명 이상 공급이 늘었다. 둘째, 에코 세대의 대학진학률도 사상 최대였다. 셋째, 내년부터 정년이 60세로 연장되면 청년 취업은 제한될 수밖에 없다.'

사면초가(四面楚歌), 출구가 보이지 않는다.

작심하고 내놓았다는 정부 대책에 비판이 쏟아졌다. 예컨대 20만 개의 청년 일자리를 만들겠다고 했으나 그중 11만여 개는 인턴, 직업훈련과 같은 고용 '기회'의 창출이었기 때문이다. 정부 대책을 놓고 맹탕이니, 재탕이니, 신기루니 말이 많지만 그렇게 말하는 사람조차 뾰족한 대안을 내놓지 못한다. 백약이 무효인 현실에 청년실업의 심각성이 있다.

최 부총리의 3악재보다 더 본질적인 재앙은 활력 잃은 경제다. 한국 경제는 5분기 연속 0%대 성장률 행진을 했다. 제조업은 고용 없는 성장에 들어선 지 오래다. 일자리 창출의 원천이 꽉 막혔다. 6차례나 쏟아낸 정부 청년고용 대책의 한계는 여기서 출발한다. 고용절벽은 정부 힘만으로 감당하기에는 너무나 깊고 아득하다. 기업과 학교, 가

불의의 사회, 진실의 불편함

계가 손잡고 나서도 넘을까 말까 한 상황이 됐다.

'3포 세대'로 불리는 에코 세대의 대칭점에 베이비부머가 있다. 에코들은 취업 전선에 들어서고, 베이비부머들은 직장을 떠나는 나이가 됐다.

청년들이 고용절벽에 섰다면 베이비부머들은 은퇴절벽에서 떨고 있다. 준비 없는 노후를 걱정하면서 그들 또한 일자리를 찾아 나선다. 부모 자식이 함께 구직시장을 떠도는 우울한 풍경이 오늘의 현실이다. 청년고용과 한 묶음으로 벌어지는 임금피크제 논란이 세대 간 일자리 다툼으로 비치는 배경이다.

부모 세대가 나르시스가 돼 귀를 닫고, 자녀 세대가 요정 에코처럼 하고 싶은 말을 할 수 없는 불통의 상황이 된다면, 세대 간 갈등의 골은 깊어질 수밖에 없다. 그렇게 날 선 외눈으로 바라보면 은퇴 세대가 일자리를 다시 찾거나 정년을 연장하는 것은 젊은이의 밥그릇을 빼앗는 행태에 다름 아니다.

정말 그런가. 오히려 그 반대다. 부모 세대와 자식 세대는 한 배를 탄 공동운명체다. 베이비부머가 아무런 소득 없이 긴 노년을 보내야 한다면 그 부담은 고스란히 에코 세대의 몫으로 돌아온다. 백수 자식을 둔 부모는 가슴 한편에 아들 딸의 실업 고통을 나눠 담는다.

일자리에서도 소통과 배려, 양보는 빛나는 미덕이다. 특히 절박한 청년실업 문제는 정부와 기업, 기업과 학교, 노와 사, 부모와 자식이 힘과 지혜를 모으고 격려하면서 풀어가야 할 시대적 과제다.

2015. 8. 3

'총선필승!' 덕담 건배사의 우울함

'총.선.필.승.'

건배사 한마디가 지난주 정치권을 흔들었다. 여당의 총선 승리에 총대를 멘 듯한 정종섭 행정자치부 장관의 직설적 어법이 파문의 진원지다. 20대 국회의원 총선거는 내년 4월. 8개월이 남았다.

계절이 세 번 바뀌는 짧지 않은 시간이지만 그것은 일반인들의 한가한 얘기다. 정치인들의 마음은 벌써 '총선 콩밭'에 가 있다. 가슴은 타고 시간은 없다. 여야가 따로 없다. 오픈 프라이머리를 도입하느니, 현역 10%를 걸러내느니 하는 말이 나올 때마다 술렁이고 예민하게 반응하는 모습을 보면 능히 짐작할 수 있다.

정치권의 신경이 곤두선 상황에서, 집권당 의원 연찬회장에서, 선거관리 부처의 장관이 '총선'을 외치고, 의원들은 '필승'으로 받았다. 야당이 조용히 넘어갔다면 그것이 오히려 이상한 일이다(새정치민주연합은 중앙선거관리위원회에 정 장관을 고발하는 한편 탄핵소추안을 발의키로 했다).

정 장관이 누구인가. 선거 사무를 담당하는 부처의 수장에 더해 총선 출마설이 나도는 인물이다. 새누리당은 '덕담' 수준이었다고 슬쩍 넘기려 했다. 하지만 별 생각 없이 정 장관의 입에서 불쑥 총선이란 단어가 튀어나온 게 사실이라면 그것이 더 큰 문제다.

정 장관의 건배사 파문을 보면서 개인적인 '오페라 스트레스'가 떠올라 쓴웃음을 지었다. 요즘 오페라 증후군이 나를 압박한다.

한 문화단체 가을철 프로그램의 오페라 강의를 듣기로 한 게 발단이다. 제대로 아는 노래 한 곡 없는 열등감을 조금이라도 벗어나볼까 해서 내린 나름의 결단인데 수강 신청을 하면서부터 걱정이 앞섰다. 2시간 넘는 시간을 견뎌낼까, 제대로 알아듣기는 할까. 강의 일정표를 보자 근심은 더 커졌다. 제1강 주제는 레온카발로의 〈팔리아치(Pagliacci)〉. 듣도 보도 못한 오페라다.

오페라에 마음 쓰다 보니 묘한 현상이 나타났다. 친구와 만났을 때 불쑥 오페라 얘기를 꺼내는가 하면 보이지 않던 오페라가 이곳저곳에서 나타나기 시작했다. 한 일간지는 지난주 오페라를 소개하는 특집을 3페이지나 실었다. 어제 저녁에는 예술의 전당에서 오페라 갈라축제가 열렸다. 해외 오페라 공연을 실시간 중계하는 극장이 있다는 것도 처음 알았다. 오페라 페스티벌 현장을 찾아가는 해외여행 상품이 있는가 하면, 유튜브는 오페라의 바다였다.

줄곧 곁에 있었던 오페라가 눈에 들어오지 않은 이유는 무엇일까. 무관심이다. 관심이 없으면 눈은 보고 있어도 보이지 않는다. 생각에 빠져 잘 아는 사람을 그냥 지나친 경험은 누구나 한 번쯤 있을 것이다. 스마트폰에 몰두해 신호를 보지 못하고 무단 횡단하다가 크게 다친 행인의 이야기가 얼마 전 뉴스에 나왔다. 몰입과 무관심의 무서움이다.

정 장관의 '총선 승리'가 무심결에 나왔다면 큰일이라 생각한 이유가 바로 그런 점이다. 그의 뇌리에 총선이란 단어가 깊이 입력돼 있어 여당 의원들의 얼굴을 보자 자연스레 덕담이 튀어나온 것은 아닐까. 그래서 '공무원의 선거중립 의무'나 '선거관리 주무장관'이란 중한 책무는 무관심 내지 무자각의 영역으로 밀려났는지 모른다.

정 장관의 건배사보다 더 큰 걱정은 박근혜정부의 중심에 새누리당 현직 의원들이 포진하고 있다는 사실이다. 현 정부에서 의원을 겸하는 장관은 최경환 경제부총리와 황우여 사회부총리를 포함해 5명에 이른다. 그들이 내년 총선에 나가려면 선거 90일 전(내년 1월 초)까지 장관에서 물러나야 한다. 박 대통령이 한눈팔지 말라고 몇 차례 경고했지만 쏠리는 마음을 막는 것처럼 어려운 일은 없다.

의원 겸직 장관들이 의식하지 않더라도 국정의 많은 부분은 총선과 직간접적으로 연결된다. 하물며 총선의 눈으로 본다면 모두가 총선용이다. 오페라에 몰리니 세상이 오페라로 보이는 것과 같은 이치다. 당장 다음 달에 국회 심의가 시작되는 내년 예산부터 그렇다.

총선이 어른거려 선심성 정책에 자꾸 손이 가고 장밋빛 전망을 쏟아낸다면 문제는 심각하다. 여당 연찬회에서 "내년에 (성장률이) 3% 중반 정도 복귀할 수 있도록 해 총선일정 등에 도움이 되도록⋯⋯" 운운해 정 장관과 함께 고발당한 최경환 부총리의 사례는 하나의 상징이다.

2015. 8. 31

　　　　　　　　　불의의 사회, 진실의 불편함

추로스 가게의 청년들

입맛은 쉽게 길들여지지 않는다.

식성은 한 사람이 걸어온 과거와 추억의 퇴적이다.

그 끝자락이 대개 '엄마의 밥상'으로 귀결되는 이유다.

고속도로 휴게소를 들를 때 나는 습관처럼 호두과자 매장을 찾는다. 호두과자에서는 오래전 열차여행의 추억과 '천안명물~'을 외치던 열차 안 홍익회 판매원의 목소리가 묻어난다.

비슷한 추억을 가진 사람들이 많은 때문일까. 휴게소 호두과자 가게는 늘 손님으로 붐빈다. 갓 구워낸 호두과자를 한 입 물었을 때 입 안으로 번지는 팥소의 달콤함, 탁 하고 씹히는 호두의 감촉. 미각으로 전해지는 소소한 행복도 뿌리칠 수 없는 유혹이다.

그렇게 호두과자 마니아라 자부하는 내가 얼마 전 호두과자를 외면하는 일을 저질렀다. 추석 귀경길 휴게소에 들어설 때만 해도 목표는 분명했다. 한 봉지 호두과자. 사단은 인파로 붐비는 휴게소 통로를 걸어가다가 눈에 띈 간이점포의 간판에서 비롯됐다. 처음 보는 추로스 가게에 큼지막하게 붙어 있는 '청년창업매장'.

청년창업이란 단어가 가슴을 쿵 하고 때렸다. 발길이 저절로 멈췄다. 체감실업률 20%를 웃도는 이 땅의 청년들이 고속도로 휴게소까지 진출했구나. 매장에서는 대학생 정도로 보이는 젊은이 둘이서 추로스를 만들어 팔고 있었다. 장사는 잘될까. 졸업은 했을까. 초콜릿 토핑으로 추로스를 주문하고 이런저런 생각을 하면서 한동안 지켜봤다.

손님이 없지는 않았으나 썩 잘되는 것 같지는 않았다. 호두과자, 회오리감자, 반건조 오징어구이에서 냉커피까지 낯익은 경쟁자들은 훨씬 우월한 자리에서 손님을 부르고 있었다. 추로스의 상품력은 약해 보였고 젊은이들은 여리고 수줍었다. 장사를 하려면 얼굴이 더 두꺼워야 할 텐데, 임대료나 제대로 내고 있을까, 공연한 걱정이 앞섰다.

개인적으로 추로스엔 스페인 여행길의 추억이 담겨 있다. 마드리드의 유명한 초코테리아 '산 히네스(San Gines)'를 찾았을 때 입구에는 '1894'라 새겨진 간판이 가게의 오랜 연륜을 과시하고 있었다. 스페인 전통식품인 추로스를 커피 잔에 담긴 초콜릿에 듬뿍 찍어 먹으며 허기를 달래던 그때의 여정이 떠올랐다. 내가 휴게소에서 호두과자 대신 추로스를 택한 것은 청년창업매장이라는 특별한 유인에 '스페인의 추억'이 더해진 결과다. 누구나 그런 느낌과 경험을 가지고 있지는 않을 터이다. 입맛은 쉽게 길들여지지 않는 법. 추로스의 맛에 익숙해져서 매점을 찾는 손님이 과연 얼마나 될까.

알고 보니 고속도로 휴게소 청년창업매장은 한국도로공사가 사회공헌 차원에서 도입한 회심의 작품이었다. 창의적인 아이디어를 가진 청년들을 지원한다는 명분으로 '청년창업 창조경제 휴게소' 계획을 세워 지난해 7월 이후 전국 9곳 휴게소에 29개 매장의 문을 열었다.

도로공사는 창업자들에게 임대료 감면과 인테리어, 컨설팅, 홍보 등을 지원했다. 총 임대료 감면액만도 3억 1,500만원에 달했다. 청년창업매장은 정부의 2014년 공기업 경영평가에서 호평을 받아 도로공사가 우수등급(A)을 따내는 데 공신이 됐다. 그러나 청년매장의 운영 결과는 초라했다. 전체의 절반이 넘는 17개 매장이 벌써 폐업했다. 국회에서는 미숙한 사업에 예산만 낭비했다는 질타가 쏟아졌다.

　청년창업 휴게소 사업의 사실상 실패는 시혜성, 이벤트성 청년사업의 한계를 드러낸 상징적 사례다. 파격적인 특혜로 '쉬운 장사'를 권하면서 '창의적 젊은이의 성공' 운운하는 것부터 자가당착이다.

　난무하는 청년 일자리 사업의 대부분은 허울 좋은 빈 수레다. 지난해 448억 원을 지원한 정부의 청년 해외취업 사업만 해도 실제 취업 성공은 1,100명에 불과했다. 1인당 4,000만 원의 세금을 쏟아부은 꼴이다. 이 같은 취업 사업에 무슨 의미가 있는가. 다른 한편에서는 '현대판 음서제'니 '고용세습'이니 하는 특채비리가 드러나 청년들을 절망케 한다.

　진정 청년의 장래를 생각한다면 제대로 된 일자리를 만들고 제대로 훈련시켜야 한다. 잠시 달콤한 사탕으로 달래려 할 게 아니라 치열한 경쟁에서 살아남을 수 있는 강인한 인재를 길러내야 한다. 박근혜 대통령의 제안으로 번지고 있는 청년희망펀드 또한 그 같은 원칙에서 예외가 될 수 없다.

2015. 10. 5

탄생 100주년 정주영을 다시 떠올리는 이유

불굴의 기업인 정주영이 다시 돌아왔다.

그를 기리는 기념식과 학술 심포지엄, 음악회, 사진전 등 다양한 행사가 줄을 잇는다. 오는 24일은 현대그룹을 일으킨 고(故) 아산 정주영 명예회장의 탄생 100주년. 하지만 지금 정주영을 말하는 소리가 높은 것은 단지 탄생 100주년이 그 이유의 전부는 아니다. 경제가 어렵다는 징표다. 불굴의 '기업가 정신'에 목마르다는 뜻이다.

"이봐, 해봤어?"라는 짧고 강렬한 한마디. 안 된다, 힘들다, 모르겠다는 말을 단칼에 무력화시키는 정주영식 어법이다. 이 말이 얼마 전한 설문조사에서 '최고의 기업인 어록'으로 꼽혔다. 답답한 경제, 무력한 정부, 기업가정신이 사라진 기업을 향해 국민들이 소리치고 싶은 말이었기 때문은 아닐까.

나의 기억 속에도 정주영 회장의 편린이 남아 있다. 거창한 경영철학이나 드라마틱한 기업 비화는 아니다. 취재원으로 만났던 그의 육성과 인간적 면모다. 경제기자로 경제4단체를 맡았을 때 그는 정상의 대기업 총수로 전국경제인연합회 회장직을 연임 중이었다.

정 회장은 매주 수요일이면 전경련에 나와 업무를 보고 특별한 일이 없는 한 점심은 출입기자들과 함께 했다. 행사장에서도 자주 조우했고 단독 인터뷰도 몇 차례 했다. 2년 가까이 전경련을 출입하는 동안 정 회장과 줄잡아 60~70회는 대면한 듯하다. 그에 대한 기억은 세간의 강렬한 이미지와는 많이 다르다. 초심, 소탈, 낙관, 검약 등이 카랑카랑한 그의 목소리와 함께 떠오르는 단어들이다.

정 회장과 첫 대면했던 1980년은 좌절과 고통의 시대였다. 민주화를 갈망하는 '서울의 봄'은 신군부에 밟히고, 경제는 2차 석유파동의 충격파로 파탄 지경에 내몰렸다. 기업에게도 신산의 계절이었다. 정 회장 또한 자동차 사업의 포기와 전경련 회장 퇴진이라는 양면의 압력을 받고 있었다. 그러나 그런 암울한 시절에도 그의 말과 표정은 늘 담담했다. "좋지 않은 일이 닥쳐오더라도 '이 시련은 더 큰 일을 감당할 수 있도록 하기 위한 것이다' 이렇게 생각해야 합니다." 신입사원 특강에서 했다는 말을 그대로 옮겨놓은 표정이었다.

한강개발 구상은 하나의 사례다. 1980년 가을, 이런저런 얘기를 주고받던 정 회장이 갑자기 말머리를 돌렸다.

"세계 어느 나라 수도에도 한강같이 훌륭한 강은 없잖아요. 한강을 센강이나 라인강처럼 만들면 어떨까. 내가 돈 한 푼 안 받고 해낼 수 있는데……."

허황한 얘기로 들렸던 한강 개발은 1년 후 당시 전두환 대통령의 '특별 지시'로 구체화, 지금의 한강으로 탈바꿈하는 출발점이 됐다. 신군부 세력과 불편한 관계 속에서도 정 회장의 상상력과 사업가적 촉수는 멈추지 않았던 것이다.

검붉게 죽어 있던 허벅다리의 충격도 생생하다. 여름 어느 날, 기자실을 찾은 정 회장이 돌연 허리띠를 풀더니 바지를 쭉 내려버렸다! 깜짝 놀란 기자들을 그가 불러 세웠다. "한번 만져봐요."

검붉게 물든 한쪽 허벅지로 나의 손을 잡아끌었다. 당시 66세였던 그가 신입사원 수련회 씨름판에서 20대 신입사원과 맞붙었다가 쓰러지면서 입은 상처라고 했다. 말이 필요 없는 화끈한 소통법이 아닌가.

식사 때면 늘 식당 방문 앞 한가운데 놓여 있던 커다란 구두도 생각난다. 앞쪽이 접히고 접혀 가죽이 자글자글했으나 그는 아랑곳하지 않았다. 누군가 왜 낡은 구두를 그렇게 오래 신느냐고 묻자 망설임 없이 말했다. "편하잖아요." 빈한한 농촌 출신에서 정상의 기업인으로 발돋움한 후에도 그는 궁핍했던 때의 초심을 결코 잊지 않았다.

금융위기가 절정에 달했던 2009년 정 회장과 얽힌 이런저런 일화를 떠올려 책을 쓴 적이 있다. 출판사에서 보내온 책 제목은 '경제위기? 나 이길 수 있어?'였다. 정 회장 말투를 패러디한 것이 분명했다. 내키지는 않았으나 전문가의 안목이니 그대로 따르기로 했다(실패한(?) 책 제목은 부진한 판매에 대한 좋은 위안의 도구가 됐다).

그로부터 6년이 지났으나 경제위기는 여전히 진행형이고, 세상은 다시 정주영을 말한다.

"맞서지 않으면 이길 수 없습니다."

그의 결연한 한마디가 울림이 되어 다가온다.

2015. 11. 2

안개 속을 행군한 '2015년 한국경제'

사무실에 새 달력을 걸었다.

2016년 병신년(丙申年) 붉은 원숭이 새해의 달력이다. 그림 한 장 없는 건조한 달력이지만 '올 한 해도 저물어가는구나' 하는 감회를 불러오는 데는 모자람이 없다.

한 장에 세 달씩 들어 있는 달력의 첫 장 맨 위에는 2015년 12월이 매달려 있다. 올 한 해가 온전히 지나간 것은 아니라는 징표다. 정월은 한가운데에 자리했고 그 아래로 2월이 이어진다. 일견하니 세 달 빠짐없이 연휴가 들어 있다. 12월 성탄절 연휴 3일, 1월 신정 연휴 3일, 2월에는 설 연휴 5일. 연말연시에 직장인들 대박 났구나!

다시 생각해보니 짧은 생각이었다. 달마다 연휴가 누구에게나 반가운 것은 아니다. 도심 골목의 작은 음식점, 일용직 근로자, 시급 아르바이트생……. 그들에게 연휴는 생계의 위협일 뿐이다. 365일이 쉬는 날인 실업자나 기계를 계속 돌려야 월급이 나오는 영세기업의 사정도 다르지 않다. 세상에는 샐러리맨만 있는 게 아니다.

빛과 그늘은 공존한다. 그러나 사람들은 자신이 앉아 있는 곳에서 보이는 세상만을 바라본다. 때로는 다른 세상이 보일까 봐 질끈 눈을 감기도 한다. 새해 달력에서 연휴를 찾아내 기꺼워한 것은 스스로 주5일 근무에 길들여진 직장인이라는 고백이다.

돌아보면 올해처럼 한쪽만 보고 말하는 사람들이 많았던 적도 없었던 듯싶다. 모든 것이 불확실하고 불안정했다. 짙은 안개가 사위를 둘러싸 음영과 앞길을 제대로 가려내기가 어려웠다. 혼돈 속에서 모두들 자기가 보고 있는 것, 보이는 것만이 진실이라고 외쳤다.

숫자가 객관적 사실을 드러낸다는 경제도 예외는 아니었다. 경기가 살아나는지, 일자리는 늘어나는지, 개혁은 하는 것인지 모두 알쏭달쏭했다. 그런 애매한 상황이 몇 년째다. 다가오는 2016년 새해의 경제 전망도 불확실하기는 마찬가지다.

하지만 정부 쪽 얘기를 듣노라면 두루 잘 돌아가는 듯했다. 전혀 무근한 것은 아니었다. 해외 신용평가회사가 한국의 국가신용등급을 올리며 일본을 제쳤다. 정부의 구조조정 프로그램은 최우수 평점을 받았다. 0%대 행진을 거듭하던 경제성장률은 3분기에 1%대를 회복했다. 정부 입장에서 아쉬운 게 있다면 깊은 뜻을 몰라주는 정치권과 이익집단의 발목잡기다. 화급한 경제살리기 법안이 국회에서 잠자고 4대 개혁은 속도를 내지 못한다.

해외에서 한국 경제를 상대적으로 호평가하는 데는 그럴 만한 배경이 있다. 지구촌 불황과 저성장 여파로 눈높이가 크게 내려간 때문이다.

많은 나라가 채무위기를 겪고 있다. 원자재 값 폭락으로 나라 곳간이 거덜 나는가 하면 장기불황의 후유증으로 몸살을 앓는다. 그런 쪽의 눈으로 본다면 한국 경제는 훨씬 나은 편이다. 그러니까 이대로 쭉 가도 괜찮다는 말인가. 선방했다고 자화자찬할 것인가. 저성장은 어쩔 수 없는 대세라고 손을 들 것인가.

박근혜 정부에 2015년은 기회의 해였다. 최경환 경제부총리 겸 기획재정부 장관이 신년사에서 올해를 '우리 편'이라 선언한 것은 나름 근거가 있었다. 큰 선거도 없었고 '이대로는 안 된다'는 개혁에 대한 공감대도 확산됐다. 실세답게 최 부총리는 마음껏 칼을 휘둘렀다. 추가경정예산을 편성하고 부동산 경기를 띄웠다. 금리를 내리고 소비세도 깎아줬다. 민간의 세일행사까지 정부가 나서 방석을 깔았다.

하지만 성장률 전망치를 1년 내내 고쳐 써야 했고 수출은 계속 뒷걸음질쳤다. 산업경쟁력이 떨어지며 많은 기업들이 부실의 늪으로 추락했다. 급증하는 가계부채와 치솟는 전월세 값은 민생을 옥죄고 있다.

연초만 해도 '3만 달러의 꿈'에 부풀었던 1인당 국민소득은 오히려 작년보다 줄어들 게 확실해졌다. 서민과 기업, 시장에서 바라본 한국 경제의 2015년은 우리 편도, 선방한 해도 아니었다. 어느 것 하나도 제대로 마무리하거나 성취하지 못한 미완의 해이자 고통의 행군을 거듭한 해였다.

곧 경제팀 수장이 교체될 것이다. 사방은 절벽이고 남아 있는 정책의 화살은 많지 않다. 오만하거나 착시하면 안 된다. 빛과 그림자를 두루 살피고 집중해서 정확한 표적을 찾아내야 한다. 2015년 경제가 세밑에 남기는 고별사다.

2015. 12. 7

언젠가 일어날 일들이 몰려왔다

2016년 출발이 심상치 않다.

새해 벽두부터 초대형 이슈가 지구촌을 연타했다. 권투로 치면 시작부터 난타전이다. 탐색전도 없다. 이런 식이라면 몇 라운드 가지 못하고 KO로 끝장날 것 같은 분위기다.

1년 같은 열흘을 보냈다. 열흘이라지만 신정 연휴와 주말 휴일을 빼면 일한 날은 겨우 5일. 그 짧은 기간에 국내외에서 한해 10대 뉴스 후보에 오를 만한 빅뉴스가 잇따랐다. 중국 증권시장의 주가 대폭락, 사우디아라비아와 이란의 단교, 북한 4차 핵실험, 보육대란의 현실화, 환율 1200원 돌파, 원유가 30달러 붕괴······.

2016년을 내다보면서 가장 많이 등장한 수식어는 '불확실성'과 '대분열'이다. 언제 어디서 무슨 일이 벌어질지 예측하기 어려운 변동성 높은 해라는 뜻이다. 그 기저에는 환호할 만한 일은 거의 없을 것이라는 우울함이 깔려 있다. 연초에 폭발한 경제적, 또는 지적학적 핫이슈는 예측 불가한 2016년 우울의 편린이 그나마 일찍 모습을 드러냈다는 점에서 축복이다.

새해 첫 거래를 시작하며 '신년효과'를 기대하던 세계 금융시장에 찬물을 끼얹은 '중국쇼크'는 특히 그렇다. 중국은 세계의 공장에서 세계의 시장으로 바뀌었고, 이제는 세계 경제의 불안이 됐다. 중국 경제의 둔화에 이의를 다는 사람은 없다. 다만 충격 없이 부드럽게 내려앉을 것인가, 아니면 요란하게 떨어져 상처를 입을 것인가를 놓고 의견이 엇갈릴 따름이다.

중국 증시의 폭락 사태는 단순한 주식시장의 문제가 아니다. 실물 경제의 본격적인 하강을 예고하는 신호탄이다. 이는 또 중국만의 문제가 아니라는 데 심각성이 있다. 많은 신흥국들이 중국 경제에 기대어 성장했다. 미국의 금리 인상에 중국 경제의 추락이 겹친다면 신흥국들은 비빌 언덕이 없어진다. 금융위기 이후 신흥국으로 몰려든 돈이 일거에 빠져나가면 위기에 처할 곳이 한둘이 아니다.

한국은 여러 면에서 신흥국들과는 다르다. 하지만 대중국 무역 의존도가 26%에 이를 만큼 과도하다는 점에서 한국 경제가 받게 될 구조적인 충격파는 결코 신흥국에 못지않을 것이다.

사우디와 이란이 격돌하는 중동 정세의 불안은 저유가 체제의 향방을 한층 가늠키 어렵게 만들고 있다. 유전시설이 타격을 입는 사태가 발생한다면 유가가 급등할 것이다. 반대로 서방의 규제에서 풀린 이란이 수출을 본격화하면 원유 값은 더 떨어질 것이 불 보듯 뻔하다.

북한의 4차 핵실험은 지정학적 리스크의 시선을 단번에 중동에서 한반도로 돌려놓았다. 이번에 분명하게 드러난 것은 북한의 불변의 핵 보유 의지다. 수소탄 실험의 성공 여부보다 더 본질적인 북핵 리스크다.

정부는 중국 증시가 폭락했을 때 국내 금융시장에 '제한적'인 영향을 주는 데 그칠 것이라고 말했다. 중동 사태에 대해서도 '제한적'을 강조했다. 북한의 핵 실험 직후 열린 긴급 거시경제금융회의에서도 북핵 리스크의 영향은 '일시적, 제한적'이라고 정부 입장을 정리했다.

지난 4일 중국 증시가 폭락한 다음날 증시는 반등했고 북한의 핵실험을 감행한 날의 코스피는 0.26% 하락에 그쳤다. 그런 시장의 움직임에 비춰볼 때 제한적이라는 말이 아주 틀린 것은 아니다.

경제는 심리다. 하지만 '제한적'이라는 한마디로 모든 악재를 설명하려는 정부의 모습에서 어휘의 빈곤과 무사안일의 관료주의가 묻어난다. 차라리 '제한적'이라는 단어에 몇 가지 등급이라도 매겨서 말해주면 고맙겠다.

시장은 잦은 리스크에 감각이 둔해졌다. 정책당국자들이 시장처럼 반응하고 행동한다면 큰일이다. 중국쇼크나 북핵 리스크를 '제한적'이라며 '별일 있겠느냐'는 식으로 대처하는 것은 위기를 자초하는 행위다. 2008년 금융위기가 발생했을 때에도 정부는 '국내 영향은 제한적'이라는 말로 얼렁뚱땅 넘기려 했었다.

일어날 일은 언젠가 일어난다. 맞을 매라면 일찍 맞는 게 낫다.

공은 우리 손에 넘어왔고 우리는 시험대에 올랐다.

정책당국자들의 어깨가 무겁다. '최악의 시나리오'까지 상정해 대비책을 세워야 한다. 그것이 일찍 찾아온 충격파를 축복으로 여기며 맞서는 승부사의 자세다.

2016. 1. 11

불의의 사회, 진실의 불편함

백남준의 비디오와 건달의 팔뚝

그는 여전했다.

빛으로, 소리로, 굿판의 무당으로 뜨겁게 살아 있었다.

비디오아티스트 백남준의 작고 10주년 추모전이 열리고 있는 갤러리현대를 찾은 지난 주말. 그는 예전의 익살스러운 얼굴로 관람객을 맞고 있었다.

낡은 TV 브라운관에서는 피아노를 치고, 스피커에서는 카랑카랑한 목소리가 흘러나왔다. 10년의 시공을 뛰어넘어 돌아온 백남준을 보면서 그와의 인상적인 두 번의 만남이 떠올랐다. 전시장으로 나를 불러낸 것도 마음의 빚으로 남아 있는 그때의 추억이었다.

첫 만남은 천재 아티스트라는 명성과 무관한 너무나 인간적인 백남준과의 1박 2일 여정이었다. 1991년 남태평양 작은 섬 타히티의 리조트. 책에 빠져 있는 동양인 남자의 검은 운동화가 유난히 눈길을 끌었다. 운동화는 너무 낡아 리조트의 우아한 풍경과 영 어울리지 않았다. 유럽에서 발표회를 끝내고 호주를 거쳐 온 백남준이었다.

렌터카로 섬을 함께 돌면서 폴 고갱을 얘기하고 기념관에도 들렸다. 백남준은 생애 처음이라는 큰일을 두 가지나 해냈다. 석양에 감탄하면서 해변에 차를 세웠을 때 불쑥 담배 한 가치를 청하더니 입에 물었다. 재치기를 연발했지만, 태어나 처음 피워본다면서 즐거워했다. 그리고는 이번이 끝이라고 금연을 선포했다.

타히티에 하나뿐인 골프장에도 갔다. 골프를 칠 수 있다고 주장했다. 클럽하우스에서 골프채 하나를 골라잡고 공을 툭툭 치고 나갔다. 그린에 이르자 "나는 다 쳤다!"고 소리쳤다. 클럽하우스로 돌아가 햇볕 좋은 벤치에 눕자마자 코를 골기 시작했다. 골프장에 미련을 보이는 나를 배려한 최초이자 마지막의 특별한 라운딩이었음이 분명했다.

저녁이 되자 그는 여행지에서는 좋은 음식을 먹어야 탈이 없다는 지론을 펴면서 타히티 중심가 파페에테의 중식당을 골랐다. 막무가내로 밥값도 냈다. 그때 그가 한 말이 생생하다. "나도 이제 돈이 좀 생겨요. 작품 사겠다는 사람들이 제법 있으니까. 그런데 한국은 달라. 이런저런 요청은 많은데 돈 줄 생각을 안 해. 국립미술관까지도……. 좋게 말해 기증이지, 공짜로 달라는 것 아녜요?"

2년 후 작품으로 백남준을 재회했다. 취재차 내려간 대전엑스포의 재생조형관에 그의 작품 〈프랙털의 거북선〉이 서 있었다. 낡은 나무 TV 301대, 부품 1,000여 개가 들어간 '거북선'은 높이 4.5미터, 너비 4미터의 거대한 규모였다. 대전엑스포는 '백남준이 엑스포의 성공적 개최를 위해 헌정한 것'이라고 선전했다. 백남준이 어떻게 대전엑스포 개최를 미리 알아서 제작비가 5억 원 넘게 들어갔다는 〈거북선〉을 헌정했을까. 한국식 특별헌정의 혐의가 짙었다.

그 후 〈거북선〉은 전시가 어렵고 관리 비용이 과중하다는 이유로 한때 폐기될 위기에 처했다. 〈거북선〉을 살려낸 것은 역설적으로 1억 원에 이르는 폐기비용이었다.

곡절 끝에 대전시립박물관에 이전됐으나 날개가 잘린 채 운용기술과 비용의 문제로 작품의 기능을 잃어가고 있다. 비슷한 백남준의 작품 〈다다익선〉을 소장하고 있는 국립현대미술관의 관리를 참고하겠다는 입장이지만 그곳 역시 작품에 쓰인 예전 모니터를 비축하지 않아 수리나 원형 보존이 어려운 처지다.

백남준 비디오작품을 구입할 때 똑같은 모니터를 많게는 120개씩 확보해 영구보존에 대비한 미국 스미소니언박물관이나 독일의 갤러리. 그리고 공짜로 받은 작품의 원형도 보존하지 못하는 곳, 문화융성을 앞세운 그의 조국 대한민국.

"예술은 사기"라 일갈한 백남준의 말은 유명하다. 그는 독자들을 눈속임하는 에고의 예술, 폼 잡는 예술을 사기라고 불렀다. 너도 나도 '선진국'을 외친다. 국민소득 3만 달러를 넘어서면 우리는 선진국이 되는 것일까. 그때가 되면 예술품에 제값을 치르고, 작품을 지켜낼까.

국회법에 붙였던 '선진화' 포장지를 떼내며 후진성을 고백하고, 국민과의 '보육' 약속을 서로 떠넘기며 아이들 가슴에 못 박는 행태가 백남준이 말한 사기와 무엇이 다른가. 겉만 번지르르한 '선진국 열망'에서 팔뚝에 '차카게살자'고 새겨놓은 건달의 위선을 본다.

전시회장을 나설 때 백남준은 여전히 빙긋 웃고 있었다.

2016. 2. 15

알파고와 오래된 내비게이션

이제 마지막 한 판이 남았다.*

내리 세 번을 졌을 때 절망과 탄식이 넘쳤다. 그러나 그는 포기하지 않았다.

도전은 계속됐다. 그리고 위대한 첫 승리를 따냈다.

기계와 맞서는 고독한 승부사, 인류의 대표선수, 극강의 바둑기사 이세돌이 인공지능 알파고와 벌이는 5번기. 이세돌의 투혼에 열광하고 인간의 창의성을 확인하며 위안을 받는다. 그렇지만 마음 한구석 착잡함을 지울 수 없다. 인간이 만든 두뇌가 인간의 두뇌를 넘어서는 시대가 열리고 있는 것인가.

따져보면 알파고는 인간에 도전하는 기계군단의 첨병은 아니다. 이미 여러 분야에서 기계는 인간의 축적된 경험과 지능을 압도한다. 수술을 하고, 노래를 부르고, 그림을 그린다.

---

* 이세돌은 5번기 마지막 판에서 흑돌을 잡고 불계패한다. 종합전적은 1승 4패로 알파고의 승리. 그러나 1200대의 컴퓨터와 마지막까지 외롭게, 의연하게 맞섰던 이세돌에게 세계의 찬사가 쏟아졌다.

불의의 사회, 진실의 불편함

진화하는 자동차 내비게이션도 그 하나다. 얼마 전 고속버스에서 놀라운 경험을 했다. 운전기사가 스마트폰의 내비게이션을 보면서 운전하는 게 아닌가. 고속버스 운전기사라면 운전에 관한 한 프로 중의 프로다. 눈 감고도 오가는 길을 훤히 알고 있으리라고 누구나 생각한다. 그런 상식이 무너지는 순간이었다.

고속버스 운전기사가 내비에 의지한 이유는 딱 하나, 실시간 교통 정보였다. 그는 '정체가 시작된다'는 내비의 신호가 뜨자 망설임 없이 고속도로를 버리고 우회도로를 택했다. 내비의 정보력 앞에서 오래된 운전경력이나 프로의 자존심은 설 자리가 없었다.

그러니 군인들이 내비를 보면서 운전했다 해서 탓할 일은 아니다. 하지만 그 군용차가 적진 속으로 돌진했다면 얘기가 달라진다. 영화 같은 이야기가 지난달 말 실제로 일어났다. 이스라엘 군인 2명이 스마트폰에 깔아놓은 내비 앱을 보면서 운전하다가 길을 잃고 팔레스타인 난민촌에 진입한 것이다. 주민들은 즉각 화염병과 돌을 던지며 공격했다. 이스라엘군이 구조병력을 급파하면서 총격전이 벌어졌다. 불의의 유혈충돌로 20여 명의 사상자가 발생했다.

사고 경위를 조사한 이스라엘 군 대변인은 "웨이즈(Waze)가 실수로 병사들을 난민 캠프로 안내했다"고 밝혔다. 웨이즈가 누군가. 2006년 이스라엘에서 개발된 내비의 이름이다. 구글이 2013년 13억 달러의 거금을 주고 인수했다. 오픈소스 방식의 웨이즈는 정확성이 뛰어나 우리나라 해외여행자들도 애용할 만큼 세계적으로 명성이 자자한 내비다.

웨이즈의 사례가 아니더라도 누구나 생각 없이 내비를 따라가다가

낭패를 겪은 경험이 한두 번은 있을 것이다. 지름길을 놔두고 돌아가기는 예사다. 없어진 길로 차를 이끌기도 하고, 논밭 위를 달릴 때도 있다. 기계적 경직성과 오작동이 문제를 많이 일으킨다.

하지만 조작하는 사람의 과도한 의존과 게으름이 불러오는 '내비게이션 치매' 현상도 적지 않다. 생각없이 달린다면, 최신 버전으로 업그레이드하지 않았다면, 내비가 어떻게 새로 난 길이나 끊어진 고가도로를 알아낼 수 있겠는가.

'내비 사건' 후 모세 야론 이스라엘 국방장관은 "내비를 쓰더라도 진짜 지도로 길 찾는 법을 알아야 한다"고 개탄했다. 고장난 내비만이 바른 길을 찾지 못하는 것은 아니다. 추락하는 한국 경제도 그렇다. 불분명한 목적지를 향해 낡은 버전의 내비에 의지해 달리는 위험천만한 자동차. 지금의 한국 경제 모습이다. 출범 두 달을 넘긴 유일호 경제팀의 경기 대응법이 그 증거다.

전임 경제부총리 최경환은 그나마 '없던 길을 가겠다'며 내비를 뿌리치는 모양새를 보였다(결국 부동산 부양이라는 20세기 버전을 돌렸지만). 유일호 경제팀에서는 그런 최소한의 용기나 창의성도 보이지 않는다. 재정을 앞당겨 풀고, 수출 대책회의를 다시 열고, 자동차 소비세 감면을 연장하고……. 길은 낯설고, 장애물은 넘치며, 시야는 흐린데 오래된 구형 버전의 내비에 의지해 달린다.

찍어놓은 목적지는 또 어떤가. 모두가 지도에 없다는 '3.1% 성장'을 향해 달린다. 대통령도, 경제부총리도, 중앙은행 총재도 이렇게 말한다.

"최근 경제지표를 보면, 어려운 가운데 긍정적 신호가 보이고 있다."

어떤 신호란 얘기인지 헷갈린다. 붉은 등인가, 푸른 등인가. '진짜 지도'로 길 찾는 법을 알고는 있는 것일까. 한국 경제에 알파고라도 모셔와야 하는가.

2016. 3. 14

2002~2004년
—
경향신문 칼럼
「경향의 눈」「아침을 열며」

2002년 봄부터 2004년까지 3년 가까이 경향신문 논설실장, 편집인으로 재직
했을 때 고정칼럼 「경향의 눈」 「아침을 열며」에 쓴 글 몇 편입니다. 2000년 3월
직선 편집국장에 선출돼 2년 동안 '글쓰는 기자'에서 물러나 있다가 다시 본업
으로 돌아온 시절입니다.

'도깨비 경제'는 이제 그만

제주도에는 '도깨비'라는 이름이 붙은 도로가 있다. 내리막으로 보이는 곳에 자동차를 세우면 내려가야 할 차가 오히려 오르막 쪽으로 뒷걸음질치는 기이한 길이다.

제주시에서 어리목 쪽으로 가는 길목에 위치한 이곳에는 '신비의 도로'라는 팻말까지 세워져 있다. 그러나 주민이나 관광객들은 '도깨비 도로'라 부른다. 도깨비에 홀린 듯하다는 뜻이다. 주위 환경에 영향을 받아 생기는 착시(錯視)현상이라고 한다. 자연의 신비가 경이롭지만 한편으로는 인간의 지각능력이 얼마나 보잘것없는가 하는 경고처럼 여겨지기도 한다.

줄곧 경기 나아진다더니……

경제도 도깨비에 홀린 것인가.

며칠 전 신문지상을 큼지막하게 장식한 '경기 하강곡선'이라는 제목을 보면서 불현듯 떠오른 생각이다. 국책 연구기관인 한국개발연구원

(KDI)은 "경기가 하강하고 있을 가능성이 있다"고 진단했다. 박승 한국은행 총재도 같은 날 콜금리 동결 배경을 설명하면서 경기동향을 "상향세보다는 하향세가 우세하다"고 말했다. 양자의 어법이 두루뭉실하게 조심조심하는 모양새지만 한마디로 경제가 나빠질 것이란 얘기다.

경기의 향방을 놓고 정부와 민간, 정부와 시장 간에 티격태격한 지 오래다. 정부 쪽은 줄곧 '(경기가) 올라간다' 또는 '곧 나아질 것이다'라는 것이었다. 다른 말이 나오면 성장률이나 수출 실적을 들이대면서 윽박질렀다. 그러나 시장의 반응은 냉담했다. 피부에 와 닿는 감각이 그게 아니었던 것이다.

그런 터에 중앙은행과 관변 연구소가 돌연 경기하강론으로 돌아서니 어안이 벙벙하다. 그동안 청와대 · 재정경제부 등이 마주친 경제는 '도깨비'였나. 얼마나 올라왔다고 내려가는 것일까. 왜 보통 사람들은 내리막길이 분명했는데 그들에게는 오르막 경제로 보였을까.

그들만의 착시였다면 국정 책임자로서의 자질을 따져볼 일이다. 알면서 못 본척 했다면 국민의 수준을 우습게 봤거나, 도덕성에 문제가 있다. 한발 물러서 '경제는 심리'라는 철학을 신봉하거나 경기회복을 바라는 충정의 표현일 수도 있겠다. 그러나 그 또한 잘못된 잣대 위에서 정책이 제대로 세워질 수 있겠느냐는 비판을 피하기 어렵다.

'착시경제'는 어제 오늘의 말이 아니다.

국제통화기금(IMF) 위기 사태도 착시의 수렁에 빠진 결과라 할 수 있다. 1차 반도체 호황으로 경제지표가 뒤틀리면서 경제의 내적 · 구조적 병폐가 가려진 것이다. 당시 경제 수장이 내세웠던 "기초는 튼튼하다"는 말을 많은 사람이 기억하고 있다.

불의의 사회, 진실의 불편함

'반도체 착시' 현상은 1999~2001년에 재현됐고 지금의 상황도 그 때와 흡사하다. 여기에 깊어가는 산업 간·계층 간·지역 간 양극화 현상은 경제지표를 무력화시키고 '평균의 의미'를 희화화한다. 우리 나라 총 수출의 6분의 1을 차지하는 삼성전자도 통계를 잡을 때는 3 만여 수출기업 중의 하나일 뿐이다.

'착시정책' 위험천만

그러니 경제지표와 체감지표 간 괴리가 커지는 것은 필연이다. 올 2 분기 성장률이 5.5%에 달했지만 IT산업을 제외하면 2%대에 그친다. 수출도 4~5개 주력품이 전체의 절반을 차지한다. 저실업률의 뒤편에 는 구직 포기자와 청년백수의 한숨이 높다. 고령화, 신용불량자, 사회 적 갈등 등 지표만으로 설명되지 않는 복잡다기한 현상이 중첩되고 경제에 지대한 영향을 미치는 게 현실이다.

경제지표만 되뇌며 내재한 본질을 외면한다면 판단은 흐려지고 정 책의 실효성은 떨어질 수밖에 없다. 관(官) 우월주의부터 버려야 한 다. 기름은 바닥나는데 자동차 속도계만 보면서 달린다면 결과는 뻔 하다.

도깨비 도로는 신비롭다.

하지만 도깨비가 출몰하는 경제, 그 뒤를 따르는 착시정책은 위험천 만이다. 도깨비 장단에 계속 춤을 춘다면 경제 잡는 선무당일 뿐이다.

2004. 9. 14.

어느 환자의 넋두리

몸이 예전 같지 않다.

한창때는 1시간에 10킬로미터 정도는 단숨에 달릴 수 있었다. 뜀박질에 신동났다는 소리도 들었다. 그 후에도 얼마 동안 7~8킬로미터는 너끈했다. 그런데 이제는 목표를 5킬로미터로 낮춰 잡아도 쉽지가 않다. 숨이 턱턱 막힌다. 내년에는 4킬로미터나 제대로 달릴 수 있을는지.

몸보다 더한 것은 마음이다. 목에 무엇이 걸린 듯 답답하다. 만사가 귀찮다. 하루하루가 불안하다. 세상만사에 자신이 없어졌다. 국립병원의 이름난 주치의는 내 병세를 가리켜 '우울증'이라고 진단했다. 그는 작년부터 '곧 나아진다, 나아진다'고 나를 달랬다. 그런데 요즘 들어 슬쩍 말이 바뀐다. 그런 주치의가 밉다. 믿음이 가지 않는다. 내 병세가 그만큼 심각하다는 뜻일까.

내 이름은 경제다.

뭔가 불안감을 느끼기 시작한 지 벌써 2~3년이 됐다. 자존심이 상하는 것은 과거 우습게 봤던 친구들이 모두 잘나가고 있다는 점이다. 10년 넘게 병석에 누워 있던 키 작은 이웃집 녀석은 얼마 전부터 골목을 헤집고 다닌다. 덩치만 컸지 별 볼 일 없던 옆집 친구는 아예 나를 무시하는 기색이다. 어쩌다 내가 이 꼴이 됐을까.

경제 어려운데 싸움질만

주치의뿐만이 아니다. 전문가라면 누구나 내 얼굴색을 살피면서 한마디씩 던진다. 무력증, 강박증, 허약체질에 순환기장애까지는 뭐라고 하지 않겠다. 가슴은 뛰고 손발은 늘 차갑다. 여기저기 아프지 않은 곳이 없다. 간단한 병이 아닌 게 확실하다. 그러나 노화니 조로(早老)니 산성 체질이니 하는 말만은 참기 어렵다. 희귀병이라는 주장까지 나왔다. 이 나이에 무슨 황당한 소리인가. 그런 병은 치료약도 없다고 하지 않는가.

가장 엽기적인 것은 내 몸의 엔진 하나가 멈췄다고 주장하는 의사다. 집 안팎에서 쓰는 엔진 중에서 한쪽이 멎었다는 것이다. 양 날개 중 하나가 부러졌다는 진단도 나왔다. 섬쩍지근한 얘기다.

심신의 균형에 다소의 이상이 생긴 점은 부인하지 않겠다. 집 안에서는 답답하지만 밖으로 나오면 숨통이 트인다. 특히 '수출'이라는 동네에 가면 제법 대우를 받는다. 그것이 그나마 나를 버텨주는 힘이 됐다. 그런데 요즘 들어 그 동네의 분위기마저 심상치 않다. 여기에 고유가(高油價)라는 돌림병까지 나돈다는 소문이다.

사정이 이러한데도 시원스런 처방도, 다부지게 달려드는 의사도 없다. 오히려 엇갈린 진단과 처방을 놓고 삿대질이 난무한다. 위로 말을 건네는 주위 친지들의 표정도 건성으로 보인다. 내 이름을 계속 불러

대지만 돌아서서 하는 짓은 엉뚱하다. 손가락을 걸고 싸우지 않기로 약속을 해도 며칠을 못 넘긴다.

6~7년 전에는 정말 심하게 앓은 적이 있다. 인사불성의 상태로 응급실에 실려갔다. 수술도 여러 번 받았다. 치료비에 보태라면서 일가친척들이 집안의 금붙이까지 내놓던 그때를 떠올리면 가슴이 뭉클해진다. 그후 자만에 빠져 몸 관리를 소홀히 한 탓에 건강을 다시 악화시킨 것이 후회스럽다. 캠퍼 주사도 너무 많이 맞았다.

따뜻한 격려 한마디 절실

그때와 지금은 물론 다르다. 사방에서 '살리자, 살리자' 하고 있지만 죽을병이 아닌 것은 내가 더 잘 안다. 장롱 속의 금반지는 언감생심 기대하지도 않는다. 그러나 환자 앞에서 네 탓 타령을 일삼거나 밥그릇 싸움하는 것은 참을 수 없다. 내 눈에는 그들이 나보다 훨씬 위중한 환자다.

모두들 입으로는 자신감을 가지라고 말한다.

이 사람들아, 나도 무던히 애를 쓰고 있다네. 그러니 제발 입에 발린 말, 속보이는 쇼맨십은 삼가기 바란다. 시도 때도 없는 낙관론이나 백척간두에 선 듯한 호들갑도 사양하겠다.

차라리 '즉효약은 없지만 못 고칠 병은 아니다. 고통스러워도 함께 견뎌내자'는 진솔한 목소리가 듣고 싶다. 당장의 진통제보다 마음에 와 닿는 따뜻한 손이 그립다.

2004. 8. 10

불의의 사회, 진실의 불편함

정치장관과 대권

"아빠가 좋아, 엄마가 좋아?"

어린이들을 심각한 고민에 빠뜨리는 어른들의 짓궂은 질문이다. 그러나 현명한 어린이들은 정답을 안다. "똑같이 좋아요."

그렇다면 국회의원이 좋은가, 장관이 좋은가. 장관으로 입각한 정치인이라면 한 번쯤 들어보게 되는 질문이다. 유치한 호기심 같지만, 보통 사람의 입장에서는 어떤 말이 나올지 궁금증이 일 법도 하다. 내가 만났던 정치인 출신 장관들은 하나같이 '국회의원'을 꼽았다.

행정 각부의 수장이자 국정을 논하는 국무회의 멤버로서의 역할보다 손가락질당하기 일쑤고 감옥행이 다반사인 국회의원을 왜 더 낫다고 하는 것일까. 국회의원이 아무리 욕을 먹어도 정치 지망생은 언제나 넘친다. 그 이유를 놓고 출퇴근이 자유롭고, 놀아도 월급 주고, 어디에서나 힘쓸 수 있는 직업이 국회의원 빼놓고 어디 또 있느냐고 진반농반 말하는 사람들도 있다. 범부의 상상력에는 한계가 따를 수밖에 없다. 당사자들만이 진정한 이유를 알 것이다.

차기주자 두 사람의 입각

유추의 단초가 아주 없는 것은 아니다. 누구나 본업이 우선이다. 정치인 출신의 장관이라면 본업은 정치다. 장관은 짧지만 국회의원은 4년이 보장된 선출직이다. 고로 정치인에게 장관직은 경력 관리용이며 거쳐가는 자리일 뿐이다?

지난번 '6·30 개각'의 특징은 정치인들의 입각이다. 여당의 대권 후보로 지목되는 인사 2명이 포함된 특별한 개각이었다. 그럼에도 민심은 시큰둥했다. 내용이 미리 알려진 데다 자리를 놓고 티격태격한 것이 이유로 꼽혔지만 그것이 전부는 아니었다. 무엇보다 장관을 바꾸는 이유가 아리송했다. 무슨 까닭에 물러나고 그 사람들이 들어가야 하는지 알 수 없었다.

김선일 씨의 죽음을 놓고 외교통상부 장관의 인책론이 거론될 때 "책임질 일이 있는지, 있다면 어느 정도인지 가려서 판단하겠다"고 말한 것은 바로 인사권자인 노무현 대통령이었다.

그래서 붙여진 이름이 '정치개각' '대권주자 관리용 개각'이다. 6·30 개각이 과연 거물 정치인들의 경력 관리를 위한 배려인지, 아니면 대권주자들을 분할 통치하려는 고도의 정치게임인지 정치 문외한으로서는 가늠키 어렵다.

'정치개각'이란 딱지가 붙은 후 주문과 비판이 쏟아졌다. '대권을 의식한 정치장관을 경계한다' '장관은 대권 수업 자리가 아니다' '대권주자 관리용인가' 등등. 한마디로 정동영 통일, 김근태 보건복지부 장관에 대해 대권은 싹 잊어버리고 장관직에 몰두하라는 충고다.

나는 여기에 동의하지 않는다. 상식적이고 이성적인 주문이라는 점은 인정하지만, 지켜질 수 없는 공허한 바람이기 때문이다. 이번의 장관직이 두 사람의 마지막 자리라면 얘기가 달라진다. 그러나 본인을 포함한 누구도 그렇게 생각하지 않을 것이다. 그들에게 장관이 좋으냐, 국회의원이 좋으냐고 물을 필요도 없다. 정 장관은 개각 후 '내 기본 뿌리는 당'이라 했고, 김 장관은 '출장을 다녀오겠다'고 말했다. 물론 장관 자리에 앉은 후에는 열심히, 최선을 다해 일하겠다고 다짐했다. 그 말을 의심하는 것은 아니다.

일로써 대권 자질 검증을

열심히 일하는 것과 대권을 잊는 것은 전혀 다른 얘기다. 잊은 척하거나 억지로 잊으려 애쓰는 것이 더 문제일 수 있다. 버릴 수 없다면 차라리 대권을 염두에 두고 의연하게 장관직을 수행하는 게 낫다.

나아가 대권에 도전할 만한 능력 있는 인물임을 증명하기 바란다. 예컨대 대통령 앞에서도 예스맨이 아니라 쓴소리를 할 수 있어야 한다. 사회적 갈등을 조정하는 정치력, 앞을 내다보는 비전도 내놔야 한다.

뭔가 화끈한 것을 보여주겠다는 이벤트성 한건주의나 사고만 치지 말자는 안일주의, 여론의 눈치를 살피는 포퓰리즘과는 부디 담 쌓기 바란다. 그것은 추후 대권가도에서도 스스로를 겨누는 부메랑이 되어 돌아올 것이다.

2004. 7. 6.

구미의 힘

지난주에 경북 구미를 다녀왔다. 구미의 첫인상은 여느 지방도시와 다를 게 없었다. 역 주변은 공사로 어수선했고 택시정류장에는 외지인들이 길게 늘어서 있었다. 시내 한편의 산업단지와 낯익은 입주기업 로고가 그나마 공업도시 구미를 알리는 징표라 할까.

그러나 '지방도시는 어디나 그렇고 그럴 것'이라는 지레짐작이 잘못된 것임을 깨닫는 데는 오랜 시간이 걸리지 않았다. 구미는 보통 지방도시와는 다른 '이상한 도시'였다.

처음 나를 당황케 한 것은 '37만'이라는 숫자였다. 구미시 관계자들과 자리를 함께했을 때 그들은 '37만 시대'니 '오늘 37만이 됐다'는 등 연신 요령부득의 말을 주고 받으며 들떠 있었다. 알고 보니 그날(6월 1일)은 바로 36만 1명째의 새 생명이 탄생하는 날이었다. 구미 인구 36만 돌파, 37만 시대의 개막을 자축하고 있었던 것이다.

인구가 늘어나는 지방도시가 있다니, 뜻밖이었다. 지방마다 인구 유출로 몸살을 앓고, 그 같은 현상이 쌓이고 쌓여 나타난 것이 수도권 인구 집중이란 불치병 아닌가.

불의의 사회, 진실의 불편함

인구 · 투자 느는 '별천지'

구미의 인구는 월 900명꼴로 늘어난다고 한다. 1994년만 해도 28만 명에 불과했으니 10년새 8만여 명이 증가한 것이다. 구미는 이에 만족하지 않는다. 5년 내 인구 50만의 도시를 건설하겠다는 청사진을 내걸었다. 꿈도 야무지다.

흔히 말하는 '구미공단'의 정확한 이름은 '구미국가산업단지'다. 이곳에서도 상식을 뒤집는 일이 벌어지고 있었다. 기업들의 해외 탈출 붐과는 대조적으로 입주기업과 투자가 몰리고 있는 것이다. 외국업체가 이 같은 현상을 이끌고 있는 것도 의외다.

지난해 코리아스타텍 등 일본의 3개 IT기업과 독일의 자동차 부품 업체인 ZF뤼페더코리아가 새로 들어섰고, 일본 도레이는 2010년까지 4억 달러를 투자키로 결정했다. 어제(8일)는 도쿄에서 김관용 구미시장이 아사히글라스 측과 5년간 6억 달러에 이르는 대형 투자 약정을 맺었다.

물론 구미에는 나름의 강점이 있다. 단단한 암반지대여서 IT, 반도체 등 정밀산업의 공장부지로 최적이다. 물이 넉넉하고(낙동강변), 전력 공급이 안정적이며(양산 · 울진 원전), 정밀 첨단제품에 치명적인 염분 피해의 우려도 없다.

그러나 그런 외연적 조건만으로 외국인 투자자의 발길을 잡아끌 수는 없다. 보다 중요한 것은 그런 조건을 최대한 활용하는 전략과 노력, 즉 소프트웨어다. 구미시가 디지털도시 · 테크노폴리스를 앞세워 첨단산업을 선점한 것, 제4단지를 만들면서 디지털 전자정보 및 외국인 전용 단지를 조성한 것, 해외시장 개척단이나 통역 도우미를 운용하는 것 등은 전략적 접근의 사례다.

아사히글라스만 해도 여러 나라와 불꽃 튀는 유치 경합을 벌였다. "수출과 외자 유치에 사활을 걸었다"(김관용 시장), "외국 투자자들이 원하면 무엇이든 한다"(박종우 해외유치팀장)는 정신이 구미의 힘이다. 중국에서까지 한 수 배우겠다는 발길이 이어지는 이유다.

구미를 잘 알기 위해서는 몇 가지 추가적 지표가 필요하다. 1인당 소득 2만 4천 달러, 평균연령 29세의 젊은 도시, 가장 값싼 수돗물, 작년 수출 2백억 달러 돌파—이쯤 되면 '인구 50만'을 내세우는 배짱의 근거를 짐작할 만하다.

우울한 뉴스 속 희망 발견

구미라 해서 장밋빛 일색일 리는 없다. 수출과 IT로 상징되는 공단의 활기가 곧바로 주민의 피부에 와 닿는 것은 아니다. 그럼에도 구미를 말하고 싶었던 이유는 두 가지다. IMF까지 들먹이는 우울한 시절에 어딘가 유쾌한 경제도 있다는 사실을 전하고 싶었다. 또 인구 유출과 깊어지는 지역 불균형으로 풀 죽은 지역경제에 의미 있는 메시지가 되지 않을까 하는 생각도 있었다.

구미에서 올라오는 날 신문·방송들은 '중소기업들까지 해외로 떠나간다'고 큰 일이라도 난 듯이 외치고 있었다.

2004. 6. 8

4월, 무엇을 갈아엎을 것인가

4월을 '갈아엎는 달'이라고 부른 사람은 시인 신동엽이다.

그는 폭정에 맞선 동학혁명과 불의(不義)한 독재정권에 항거한 4 · 19혁명을 사랑했다. 그는 부패와 향락의 불야성을 갈아엎고 그 자리에 보리를 뿌려 푸른 보리밭의 물결을 보고 싶어 했다.

시인의 가슴이 아니더라도 4월은 뭔가 뜨거움이 솟구치는 계절이다. 신춘의 설렘과 변화에의 기대가 어우러져 해묵은 밭을 한바탕 갈아엎고 새로운 씨앗을 뿌려보고 싶은 충동이 출렁인다. 우리는 지금 이 시대에 무엇을 갈아엎을 것인가.

2004년 4월도 격변의 달이라는 생태적 본능을 억제하지 못한 채 시작됐다. 4월이 열리자 세상을 바꾸는, 기존의 틀을 깨는 커다란 '세 가지 사건'이 한꺼번에 밀어닥쳤다.

1일 밤 0시 한국과 칠레 간 자유무역협정(FTA)이 정식 발효됐다.

새벽 2시 10분 EBS 수능강의가 테이프를 끊었다.

5시 30분에는 첫 고속철이 시동을 걸었다.

어둠이 채 가시기도 전에 일어난 5시간의 드라마다. 자고 나니 세상이 달라진 것이다.

새벽 5시간의 드라마

그로부터 1주일이 지났다. 충격과 논란은 잠잠해졌다. 벌써 새로움에 길들여진 것일까. 고속철에서는 일상사처럼 크고 작은 사고 얘기가 이어진다. 인터넷 수능강의에 등록한 학생 수가 43만 명을 넘어섰다고 한다. 현대차는 산티아고항을 통해 첫 무관세 입항을 마쳤고, 값이 떨어진 칠레산 포도가 시장의 좌판에 올라왔다. 그러나 그런 것은 이제 별다른 뉴스가 되지 않는다. 변화에 대한 대단한 흡인력이다. 우리가 격변의 시대를 살아가고 있다는 증거이기도 하다.

그렇더라도 나는 세 가지 사건을 되짚어보고 싶다. 일과성 해프닝이 아닌 현재진행형이자 미래를 알리는 이정표이기 때문이다. 고속철과 EBS 수능, 한·칠레 FTA가 갖는 각각의 의미나 파장은 숱한 사람들이 답했기에 덧붙일 것이 없다. 그래도 궁금증은 남는다. 같은 날 그들이 탄생한 것은 우연일 뿐일까. 나의 눈에는 운명처럼 보인다. 얼굴 모양새는 다르지만 그들을 관통하는 공통의 메시지와 거대한 시대적 흐름이 잡힌다. '확장'과 '형평'이며 '장벽이 무너지는 소리'다.

고속철은 단순한 '시간의 혁명'을 넘어서 우리에게 한반도에서 지역이나 지방의 의미가 과연 무엇인가 하는 물음을 던진다. 위성과 인터넷을 통한 수능강의는 세계적인 교육열, 인터넷 강국이 어우러져 만들어낸 독창성 넘치는 작품이다. 사설학원 강사의 목소리가 국가정책으로 이 땅을 누비는 현실은 씁쓸한 구석이 있다. 그러나 한국적 교육풍토에서 무엇이 기회의 균등 배분이라는 엄숙한 사회적 기능을 그 이상 발휘할 수 있을 것인가.

태평양을 건너뛴 한·칠레 FTA는 국제교역에서 '가깝다'는 것은 결코 지리적 거리를 일컫는 말이 아니라는 사실을 웅변한다.

장벽은 무너지고 시공(時空)은 해체된다. 신동엽의 노래에 그런 거대한 흐름을 접목해보면 이 시대 이 땅에 잔존하는, 반드시 갈아엎어야 할 것이 하나 있다. 지역주의다. 전국이 반나절 생활권인 좁디좁은 나라, 전국의 수십만 입시생이 동시에 인터넷 과외를 하는 나라, 태평양을 건너뛰고 담을 허무는 시대에 언제까지 갈라서서 얼굴을 붉힐 것인가.

푸른 새 정치문화 심자

또 한 번 갈아엎을 날이 다가온다. 1주일 후의 총선이다. 정치 다원화의 징후, 돈 선거의 퇴조, 여성의 약진 등 외견상 변화의 기운이 나타나고 있다. 지역색도 전보다는 엷어지고 있다고 한다. 그러나 선거일이 가까워질수록 구태가 살아나고, 지역을 자극하는 언행이 횡행한다. 껍데기만의 개혁은 발 붙이지 못하도록 이번만은 확실하게 갈아엎자. 그 자리에 보리밭처럼 푸른 새 정치문화를 심자.

신동엽 시인은 다시 말한다.

'껍데기는 가라/4월도 알맹이만 남고/껍데기는 가라.'

2004. 4. 6

장미꽃과 입춘대길

글로벌 금융그룹인 씨티의 한미은행 인수가 결정되면서 금융시장에 전운이 감돌고 있다. 국지전이 아니라 전면전의 양상이다. 씨티의 파괴력과 토종 은행들의 공세적 수성(守城)이 관전의 포인트다. 결과는 예측불허다.

전문가들의 예상은 극히 교과서적이다. 씨티가 위협적 존재임을 부인하지 않는다. 그러면서도 씨티의 선진 금융기법이 자극제로 작용한다면 한국의 금융시장을 한 단계 올려놓는 촉매제가 될 것이라 말한다.

국내 은행들의 반응은 보다 구체적이다. 씨티의 한미은행 인수가 발표된 직후에는 대체로 자신감을 보였다. 한 시중은행장은 "5~6년 전부터 충분히 대비해왔다"고 밝혔고, 또 다른 책임자는 "이제 씨티은행의 고객을 뺏어올 차례"라고 큰소리치기도 했다.

그러나 시간이 지날수록 긴장하는 기색이 역력하다. 토종 은행의 간판격인 국민은행은 비상경영을 선포했고, 여러 곳에서 프라이빗뱅킹(PB) 인력의 스카우트에 나서고 있다.

적을 제대로 알아야 전쟁에서 이기는 법. 씨티의 힘은 무엇인가. 외연적 위세는 선명하다. 한마디로 세계 최대, 최우량 금융그룹이다. 작년 한국에서는 단 12개의 점포로 웬만한 시중은행을 웃도는 560억 원의 순익을 올렸다.

씨티 · 토종銀의 한판승부

무서운 것은 드러난 외형보다 숨겨진 칼이다. 씨티에는 항상 '선진 금융기법'이란 수식어가 따른다. 선진 기법이 도대체 뭔가. 뮤추얼펀드를 개발하고, 국내에서 24시간 AMT나 폰뱅킹을 처음 실시한 것, 그런 정도인가. PB에는 무슨 비결이 있기에 모두 긴장하는가. 어느 것 한 가지로 금융공룡의 노하우를 완벽하게 판독해내기는 불가능할 것이다.

그런 터에 나에게 씨티라는 거대한 숲을 읽어낼 재간이 있을 리 없다. 그러나 우연히 숲 한편의 나무를 마주친 경험이 있음을 고백하려고 한다. 홧김에, 은행이 회사와 가깝다는 인연으로 이뤄진 씨티은행과의 거래가 그것이다.

발단은 이사 간 아파트의 은행빚을 넘겨받는 과정에서 비롯됐다. 대출은행 점포는 수도권 외곽에 위치해 오가는 데 반나절 이상이 소요됐다. 기다리고 혼나가면서 대출금을 인계한 지 얼마 후 황당한 내용을 발견했다. 금리가 턱없이 높았다. 은행 측은 이를 인정했으나 내려주지는 않았다. 직접 와라, 은행을 바꾸면 될 것 아니냐고 쏘아대는 것이었다(그 은행은 20년 넘게 거래한 나를 최우수 고객으로 뽑아준 은행이었다).

그런 와중에 회사 옆 씨티은행에 걸린 저리(低利) 담보대출 안내문이 눈길을 잡았고, 씨티는 나의 새로운 채권자가 됐다. 씨티의 서비스 등은 익히 들어온 터여서 그러려니 했다.

정작 놀라운 일은 그다음에 벌어졌다. 집으로 장미꽃 바구니가 배달된 것이다. 그곳에는 '저희 고객이 된 것을 축하드립니다' 운운하는 편지가 꽂혀 있었다. 최우수 고객을 박대하는 곳과 채무자에게 꽃바구니를 보내는 은행, 3년 전에 내가 본 작은 나무의 모습이다.

채무자에 꽃바구니 보내

씨티는 새해 들어 점포마다 분홍색 바탕에 '立春大吉(입춘대길)'을 내려쓴 대형 현수막을 걸었다. 객장을 단장하고 대길상품도 내놨다. 한국의 봄을 씨티가 선점한 모양새다. 미국계 글로벌 은행과 입춘대길—어울려 보이지 않는 양자의 만남에서 씨티의 '현지화' 전략을 읽었다면 '오버'한 것일까.

국내 은행들은 과연 철저히 대비해온 것일까. 씨티와 한판 겨룰 수 있을 만큼 진정 달라진 것일까. 무늬만 바뀐 것은 아닐까. 비상경영이 해법이 될 수 있을까.

씨티은행 사람이 들려준 그들의 'PB 얘기'가 귓가를 맴돈다.

"우리는 어떻게 돈을 모았는지부터 묻는다. 결코 올인하라고 말하지 않는다. 고급스런 VIP룸도 없다. 우리는 VIP를 접대하는 것이 아니라 고객의 자산을 프라이빗하게 관리하고 조언해줄 뿐이다."

2004. 3. 9

불의의 사회, 진실의 불편함

先분양식 정치의 청산

우리처럼 하루가 멀다 하고 부동산 대책을 남발하는 나라는 지구촌에서 찾아보기 어려울 것이다. 노무현정부만 해도 출범 직후부터 강남 집값과 쉼 없는 전투를 벌였다.

그런 상황에서 수십 년간 끈질기게 생명을 부지하고 있는 부동산정책이 있다면 기이하게 들릴지 모른다. 그러나 그것은 현실이다. 서민들을 웃기고 울려온 아파트 선(先)분양제도가 그것이다.

선분양제도는 말 그대로 맨땅에서 집을 분양하는 제도다. 질긴 생명력도 신기하지만, 그런 봉이 김선달식의 분양 방식을 금과옥조처럼 받들어온 주택시장도 결코 정상은 아니다. 주택에 전 재산을 '올인'하는 한국적 풍토에서 벌어진 일이니 더욱 신기하다.

실물부재라는 선분양제의 특성은 독특한 선택의 기준을 만들어냈다. 브랜드에 대한 맹종이 그 하나다. 건설업체의 이름에 따라 청약인파가 몰리고 프리미엄이 달라졌다. 현대, 한양, 동아 등에 이어 우성, 한신공영, 한보 등이 떠올랐고 신도시 건설을 전후해서는 청구, 우방, 건영 등 소위 대구 3인방이 급부상하기도 했다.

이들의 대부분은 좌초했다. 땅만 확보하면 건설자금을 끌어모을 수 있는 선분양제가 과욕을 불러 몰락을 재촉한 예가 적지 않았다. 어디서 분양하느냐도 중요한 기준이 됐다. 살펴볼 집이 없으니 지역을 우선하고, 그런 현상이 쌓여 강남 불패와 같은 부동산 신화가 탄생한 것이다.

브랜드 숭상에 수요자 뒷전

무릇 수명이 긴 제도에는 나름의 사연이 있게 마련이다. 선분양제도 역시 그렇다. 주택 공급을 늘려야 할 정부, 돈 없는 주택업체, 집 없는 서민의 열망이 맞아떨어진 결과다. 여기에 운이 좋으면 서민들이 쥐어보기 어려운 거액의 프리미엄까지 챙길 수 있었다. 그러니 묻지 마 청약과 투기바람을 탓할 수만도 없는 노릇이다. 불과 3~4년 만에 인구 수십만의 도시를 만들어내 세계를 놀라게 한 수도권 신도시도 선분양제를 앞세워 블록처럼 아파트를 찍어냈기에 가능했다.

'선분양 후시공'이 공급 확대에 기여한 것은 틀림없지만 그 과정에서 잃은 것도 많다. '누가 어디에 짓는 몇 평짜리'라는 탁상정보만을 앞세워 아파트를 파는 공급자 우월의 시장이 지속되면서 소비자들이 설 땅은 없었다. 품질이나 개성을 따지는 것은 사치였다. 주택은 재테크의 수단으로 전락했고, 한강변이나 농경지를 가리지 않고 대한민국은 볼썽사나운 아파트 천국이 됐다.

정부는 얼마 전 선분양제의 단계적 폐지 방안을 내놨다. 100%에 접근한 주택 보급률, 소득 1만 달러 시대라면 그에 걸맞은 제도가 나오는 게 정상이다. 소비자도 품질을 따지고 선택권을 넓힐 때가 됐다.

수급 불균형과 성과주의, 과시욕이 어우러져 잉태된 선분양 문화는 개발연대를 거치면서 숨가쁘게 달려온 한국경제의 초상이기도 하다.

아파트는 모델하우스라도 짓는다. 주위를 둘러보면 그보다 훨씬 저급한 선분양식 문화가 여전히 기승을 부린다. 허상을 좇고, 브랜드를 숭상하고, 수요자는 무시되는 그런 문화다.

요즘 논란이 되고 있는 '민경찬 펀드'만 해도 그렇다. 사실 여부를 떠나 태연하게 그런 말을 할 수 있는 사회, 그런 것이 통하리라 믿는 세상이 문제다. 기업들이 정치권에 건넨다는 '보험금'은 또 뭔가. 특혜를 선분양받기 위한 투자인가.

시대의 변화에 맞춰 바꿀 것은 바꾸고 비정상은 정상으로 돌려놓는 일, 그것은 아파트 시장만의 몫이 아니다. 멀리 돌아갈 것도 없다. 국민적 불신에 빠져 있는 국회와 정치판을 보라. 그곳의 오랜 지배자 역시 선분양식 정치행태였다. 패권정치와 지역주의가 그것이다. 보스들이 아파트 선분양하듯 후보를 입맛대로 골라내고, 특정 지역에 깃발만 꽂으면 당선은 떼어놓은 당상이었다.

유권자의 선택권이나 감별력이 존재할 공간은 없었다. 그것이 3류 정치를 만들고 나라를 갈랐다. 주가를 몇 배로 올려놓겠다, 빚을 탕감해주겠다, 새 정치 하겠다는 등 사기 분양 광고 같은 공약도 선거 때마다 만발했다.

패권정치 · 지역주의 끝내야

또 한 번의 총선 레이스가 시작됐다. 정치권의 수난에도 불구하고 금배지를 향한 경쟁 열기는 여전히 뜨겁다. 지역 선동과 무책임한 공약도 불사한다. 불가사의한 일이다. 시대는 바뀌어도 정치판은 바뀌지 않는가.

그 의문의 껍질을 벗길 책임은 유권자에게 있다. 허명의 브랜드나 감언의 공약, 또는 지역주의에 함몰돼 다시 묻지 마 선택을 한다면 정치권을 비판할 자격도 없다. 선분양식 발상, 그런 방식의 정치문화를 끝장낼 때다.

2004. 2. 10

농촌에 띄우는 편지

설날이 1주일 앞으로 다가왔습니다.

새 등잔에 장등(長燈)하고 섣달 긴긴 밤 설빔하며 지새던 옛 세밑의 정취와 요즘의 설을 비교할 수는 없겠지요. 그래도 고향의 부모님들은 손자·손녀를 손꼽아 기다리고, 자식들은 마음이 먼저 고향집으로 달려갑니다. 늙으신 부모님을 자주 찾지 못한 불효를 탓하면서.

그러나 귀향길이 마냥 가벼운 것만은 아닙니다. 도시는 도시대로 긴 불황에 일자리가 줄어 시름이 큽니다. 경기가 풀릴지도 아리송하지만, 그렇다 해도 일자리는 크게 늘어나지 않을 것이라 하니 가슴이 답답해집니다.

농촌은 또 어떻습니까. 태풍 매미의 상처가 곳곳에 남아 있고 힘겨운 농사일, 늘어나는 빚에 농심은 숯덩이처럼 타들어갑니다. 중국에서 건너온 먹거리가 식탁을 점령하더니 이제는 칠레의 농산물까지 들썩입니다.

칠레와 체결했다는 자유무역협정(FTA)은 정말 혼란스럽습니다. 찬·반 양측의 표정을 보면 결과에 따라 어느 한쪽은 큰 변고가 날 듯

합니다. 얼마 전 국회에서는 의원들의 육탄전까지 벌어졌습니다. 그 결과 두 나라가 2002년에 타결한 협약의 비준안 처리는 다시 다음 달로 미뤄졌습니다. '농촌당' 국회의원들이 지난 5년간 농촌 문제에 그날처럼 몸을 던졌는지 정말 궁금합니다.

칠레産에 주눅 들 이유 없어

한·칠레 FTA는 감정이 아니라 차가운 머리로 풀어야 할 문제입니다. 많은 국민들이 농촌에 마음의 빚을 지고 있지만, 그렇다고 해서 '쌀 한 톨이라도 들어오면 대통령직을 그만두겠다'는 식의 허세가 해법은 아닙니다. 국익을 저울질하고, 피해 규모와 대책의 적절성을 냉정히 따져봐야 합니다. 해외시장을 넓혀가야 할 한국 경제의 특성이나 산업구조, 세계시장의 흐름을 보면 선택은 분명해집니다.

한국 경제의 7할은 수출에 얹혀 있습니다. 성장과 고용, 분배까지 수출 없이는 생각할 수 없습니다. 불황 속에서 그나마 경제를 버텨준 것도 수출입니다. 수출로 먹고사는 처지에서 FTA는 훌륭한 원군이 될 수 있음에도 한국은 지금 FTA 열외자를 자처하고 있습니다. 전 세계에서 발효된 것만도 184개, 이들의 호혜적 무역량이 전체의 60%를 넘어선 상황에서 말입니다. '왕따'를 당해도 할 말이 없게 된 셈이지요. 이미 자동차 등의 수출길에 빨간 등이 켜졌습니다.

수출이라는 논리로 모든 것을 덮을 수는 없습니다. 칠레가 농산물 수출국이라니 농업의 피해를 걱정하는 것은 당연합니다. 농촌이 결정타를 입거나 '농민이 다 죽는 일'이 벌어진다면 정말 큰일입니다. 전

불의의 사회, 진실의 불편함

문가들은 한·칠레 FTA가 발효됐을 때 10년간 농업 피해액을 많게는 6,000억 원, 적게는 3,000억 원 정도로 내다 봅니다. 그동안의 치열한 논란을 떠올릴 때 뜻밖의 규모라 할 수 있습니다.

칠레는 과일 수출대국이지만, 양곡은 수입해서 먹는 나라입니다. 따라서 과수농가가 직접적 피해를 보게 되는 대신 논밭농사는 영향이 거의 없을 전망입니다. 두 나라가 서로 아킬레스건을 피한 덕에 우리의 사과, 배, 하절기 포도는 관세 철폐 대상에서 제외돼 사정권을 벗어난 것도 눈여겨볼 대목입니다.

피해액의 2배에 달하는 자금을 지원하는 내용의 FTA특별법안도 마련됐습니다. 그러나 돈만으로 농촌 문제를 해결할 수는 없습니다. 우루과이라운드 이후 농촌에 57조 원을 쏟아부었으나 농가 빚만 부풀린 교훈을 잊어서는 안 됩니다.

이번만은 개방화 시대 농가의 실질적 경쟁력을 높이는 계기로 삼아야 합니다. 참다래농가 등에서는 이 참에 품질을 높여 수입산과 겨뤄보겠다는 의지를 다지고 있다는 소식이 들려옵니다. 한번 해볼 만합니다. 40일의 항해 끝에 상륙하는 '신선할 수 없는' 칠레산 신선과일에 미리부터 주눅 들 이유가 무엇입니까.

초대형 파도 밀려오는데

칠레는 개방의 작은 파도일 뿐입니다. 곧 초대형 파고가 밀려옵니다. 우군도 없고 피할 수도 없는 쌀시장 개방이 그것입니다. 작은 것에 연연할 것이 아니라 큰 파도를 대비할 때입니다. 도시와 농가, 수출과 농업의 가르기는 또 뭔가요. 도시인의 뿌리가 농촌이고 칠레에 수출하는 자동차, 가전공장에서 농촌의 아들·딸들이 땀을 흘립니다. 무엇보다 중요한 것은 그들의 일자리를 늘리는 것입니다.

낙담은 이릅니다.
나는 결코 양보하지 않을 것입니다.
값싼 칠레산 포도가 태평양을 건너 몰려오더라도 천안의 입장거봉이나 안성포도, 달콤한 상주 팔음산포도의 맛을.

2004. 1. 13

불의의 사회, 진실의 불편함

차떼기와 연말정산

어느 해보다도 소란스런 연말이다.

연일 힘 있고 잘난 자들의 이름이 언론에 오르내리고, 하루가 멀게 깜짝 놀랄 만한 뉴스가 터진다.

대통령이 10%에 직을 걸었고, 그와 겨루었던 1년 전의 야당 대선후보는 모든 짐을 지고 감옥으로 가겠다고 선언했다. 국민과의 약속을 배반한, 더러운 정치가 치르는 뼈아픈 대가다.

큰 뉴스에 치여 지내던 나에게 비수 같은 깨우침을 준 것은 어느 주부의 한마디다. 출산율 저하를 놓고 토론하는 라디오 생방송 프로였다. 전화에서 정부의 갈팡질팡하는 인구정책을 질타하던 그의 목소리가 갑자기 높아지더니 뜻밖의 말이 튀어나왔다. "정치인들 도둑질 그만하고, 제발 서민들 좀 챙겨주세요."

대선자금 문제는 물론 중요하다. 풀고 넘어가야 할 시대의 과제다. 구구한 변명을 계속 늘어놓는 한 부패정치를 향한 저주와 복수는 계속될 것이다.

그러나 그것만이 이 세상의 전부는 아니다. 한 줌도 안 되는 부패한

자들에게 끌려가는 만만한 나라도 아니다. 그래도 그들에게는 한때 봄날이 있었지만, 민초들의 고단한 일상은 1년 전과 달라진 것이 없다.

생색내며 공제 대상 줄여

왜 자고 나면 '억, 억' 하면서 소심한 서민들의 가슴을 헤집고 있는가. 입에 달고 다니던 '민생'은 어디로 갔는가. 주부의 애절한 외침은 이렇게 메아리가 되어 울렸다.

그래서 오늘은 작고 하찮은 얘기를 간 큰 정치인, 실세, 장군님 이런 사람들과 나누고 싶다. 신문에 이름 한번 나올 일 없는 길섶의 야생화 같은 보통 사람들의 살아가는 모습 말이다.

이 땅의 1천 2백만 월급쟁이는 소시민의 거울이다. 이맘때면 그들은 영수증을 챙기고, 연말정산 서류를 메우면서 한 해를 마감한다.

바쁘게 달려온 그들에게 연말정산은 몰아쓰는 일기장 같은 것이다. 노부모의 추억, 빠듯한 살림에서 어렵게 쪼갠 아이들의 과외비, 가족들의 병치레, 부도 날까 애 태웠던 카드의 사용내역……. 그런 삶의 궤적을 떠올려 얼마만큼의 세금이라도 돌려받으면 작은 행복에 입이 함지박만 하게 벌어지는 게 월급쟁이다.

세금은 유리알 같은 월급봉투를 만져보기도 전에 떼어 나간다. 환급액이 많을수록 국세청을 원망해야 마땅하나 샐러리맨들은 세금도 되찾을 수 있다는 사실만으로 감지덕지한다. 해마다 정부가 내놓는 세제 개편안을 보면 월급쟁이들은 먹지 않아도 배가 부를 듯싶다. 매번 서민 지원이 강조되고, 직장인의 세 부담은 가벼워진다. 그런데 왜

불의의 사회, 진실의 불편함

그들의 어깨는 여전히 무거운 것일까.

그곳에는 세수(稅收)를 따지는 세금의 계략이 숨어 있다. 예컨대 신용카드 사용액 모두가 공제 혜택 대상은 아니다. 정부는 얼마 전에도 연 500만 원의 의료비 공제한도를 없애면서 한편으로 적용 대상 의료비를 연수입의 3%에서 5% 초과로 슬쩍 올렸다. 생색은 내면서 공제 대상을 절반 이하로 줄이려 한 것이다. 국회에서 발목이 잡혔지만, 조삼모사(朝三暮四)를 능가하는 전략이다. 속셈학원비는 공제해주면서 수영강습비는 인정치 않는 묘한 규정도 있다.

큰 아이는 백수고 둘째는 재수생인 중년의 직장인. 그의 처는 자영업으로 월 10여만 원 벌고 있다. 이 직장인은 기본공제를 받을 수 있는 가족이 한 명도 없다. 자식 둘은 20세를 넘었고, 부인은 '수입'이 있기 때문이다. 백수와 조기퇴직의 시대에 가장이 겪어야 하는 고통의 단면이다.

세법을 탓하자는 게 아니다. 서민들에게 몇 푼의 절세, 몇 푼의 절약이 무엇을 의미하는지 생각해보자는 뜻이다. 그나마 연말정산을 할 수 있는 직장인은 괜찮다. 전체 근로자의 절반가량은 과세 대상에도 들지 않는 저소득층이다.

큰 도둑 영원히 몰아내야

그뿐인가. 가계 빚은 부풀고 신용불량자는 갈수록 늘어난다. 청년실업자가 쏟아져 나오고, 경제는 나 홀로 추락한다.

정치인들이 눈을 낮추고 한 번쯤 이웃을 생각한다면, 결코 태연하게 '차떼기'를 하거나 뭉칫돈을 삼킬 수 없을 것이다. 그러나 지금도 민생법안은 국회에서 잠자고, 정당간 자리다툼에 예산안 심의는 지지부진하다.

　보름 후면 새해다. 소시민들의 신년 소망은 소박하다.
　가족들 건강하게 하소서, 쫓겨나지 않게 하소서, 경기를 살려주소서. 또 하나, 이 땅에서 큰 도둑들을 영원히 몰아내주소서.

2003. 12. 16

　불의의 사회, 진실의 불편함

진실, 거짓말 그리고 변명

의심쩍은 정치인들이 "한 푼도 안 받았다"고 주장한다고 해서 이를 곧이곧대로 믿을 국민은 이제 없을 것이다. 그들이 검찰청 정문에 들어설 때면 "물의를 빚어 죄송하다"거나 "진실은 검찰에서 밝히겠다"고 한풀 꺾일 것임을 잘 알고 있기 때문이다. 비자금 파문에 익숙해지면서 얻게 된 우리 사회의 지혜라면 지혜다.

그렇다면 "불이익이 두려워 검은 돈을 건넸다"는 기업인들의 말은 어떤가. 떳떳지 못한 거래이지만, 강요에 의해 어쩔 수 없었으니 정상을 참작해달라는 얘기다. 난처한 주문이다. 최근 SK 비자금 수사과정에서 드러난 정치권의 행태는 조폭을 방불케 하는 것이어서 기업들의 딱한 처지를 짐작할 만하다.

그렇지만 기업들의 뒷거래가 한결같이 '견딜 수 없는 압력' 때문이었을까. 알아서, 뭔가를 기대하고 던진 추파는 없었을까. 비자금 사건이 터질 때마다 재계는 국민에게 사과하고, 음성적 정치자금을 제공하지 않겠다고 약속했다. 1995년 '노태우 비자금' 사건과 1997년 한보사태 때 그랬고, 지난해 2월 대선을 앞두고도 불법 정치자금 단절을 선언했다.

거듭된 반성과 약속이 왜 빈말이 되는 것일까. 이런 식이라면 지난 달 "정치개혁이 없이는 정치자금 요구에 응하지 않겠다"고 밝힌 전경련의 선언 역시 일과성 몸짓으로 끝날 공산이 크다. 기업이 정치권력 앞에 한없이 무력하다면 더 할 말이 없다. 진실이 그렇다면 그동안의 약속은 '기획된 거짓말'일 뿐이다.

압력 때문에만 돈 줬을까

하지만 자본의 힘이 허약한 것만은 아니다. 기세등등한 전두환 신군부에 정면으로 저항한 세력이 바로 재계다. 1981년 2월 신군부 정권은 버거운 당시 정주영 전경련 회장을 밀어내기로 하고, 재벌 순위가 낮은 김모 회장을 후임으로 점지해 통보했다.

정보기관까지 총동원됐던 그날, 전경련은 그러나 고 조중훈 한진 회장의 "정 회장에게 다시 씌웁시다"라는 말 한마디로 5분 만에 정 회장을 재선임했다. 공식적인 자리에서 신군부를 넉아웃시킨 최초의 사건이었다.

그런 과거를 가진 재계가 정치권만을 탓하는 것은 당당하지 못한 태도다. 따지고 보면 돈을 받았다, 안 받았다 하는 식의 사실관계는 명확히 가릴 수 있는 문제이나 그 정황을 객관화하는 일은 쉬운 게 아니다. 주관적 판단과 다양한 해석이 가능한 그런 곳이 바로 변명의 서식처다.

재계의 자기합리화는 오랫동안 경제현상의 다양성을 학습한 결과

인지 모른다. 요즘 경제는 특히 일방적 변설이나 무책임한 예측까지도 가능할 만큼 이상구조를 보이고 있다. 세계 경제의 동반상승과 추락하는 국내 경제, 수출 호황과 내수 침체, 잘나가는 수도권과 시름의 지방 경제, 주가 상승과 투자 냉각, 떠도는 뭉칫돈과 300여만 명의 신용불량자─즉 경제의 양극화·단절화 현상이 심각한 것이다.

이같은 상황에서 재계가 '불법 정치자금' 운운하는 방식의 논리로 한쪽 면만을 내세운다면 경제는 실체와 다른 엉뚱한 모습으로 왜곡될 수밖에 없다. 예컨대 사상 최고의 수출 실적과 주가 800선 돌파만을 강조하면 포장이 근사해진다. 이 수법을 지금 정부의 경제팀이 쓰고 있다. 최근 몇몇 지표가 호전 기미를 보이자 거두절미하고 경기는 바닥을 쳤으며, 내년 상반기 5% 성장이 가능하리라는 장밋빛 전망을 전파하느라 분주하다.

'장밋빛 경제' 전파에 분주

따져보자, 현 정부 출범 이후 노무현 경제팀의 성적표가 어떠했는지. 5%대를 예상했던 성장률은 2~3%로 주저앉을 게 확실하다. 일자리는 줄어들고, 떠도는 돈은 갈 곳이 없다. 수출과 주가를 얘기하지만 주역은 해외 경제와 외국인들이다.

경제팀의 리더십도 문제다. 김진표 부총리는 DJ정권의 부양책을 탓하고, 재경부의 장악력이 예전 같지 않다고 말하는가 하면 열악한 언론 환경까지 언급하지만, 국민의 귀에는 변명으로 들릴 뿐이다. 숱한 시행착오 끝에 강남 집값을 안정세로 돌려놓은 게 성과라면 성과다.

진실을 왜곡하면 어떤 문제도 풀 수 없다. 거짓과 핑계는 한때의 도피처가 될 뿐이다. 기업이 진정 정치권보다 주주와 국민, 소비자를 우선한다면 스스로의 약속을 내던져서는 안 된다. 경제장관들이 내년 경제와 민생을 생각한다면, 강연장을 돌며 경기회복세를 강조하기보다 오늘도 이력서를 들고 떠도는 청년실업자들의 문제와 맞서 고민을 하는 데 더 많은 시간을 써야 할 것이다.

2003. 11. 18.

　　　　　　　　　　　　　　불의의 사회, 진실의 불편함

주5일제, 식어버린 감자

주5일 근무제를 둘러싼 노동계와 사용자 측의 날 선 공방이 다시 시작됐다. 사용자 측은 정부안을 마지노선으로 선포했고, 노동계는 단일안을 내놓고 배수진을 쳤다. 양자간 선명한 간극은 협상의 앞날이 결코 순탄치 않을 것임을 예고하고 있다.

質의 문제를 量의 논리로 비하

그들이 오랜만에 재회한 협상 테이블은 뜨겁게 달아오를 것이다. 그러나 관객의 입장에서 주5일제 논의는 이미 차갑게 식은 감자다. 잘나가는 회사, 번듯한 직장을 한번 둘러보라. 삼성, 포스코, LG에서 은행, 증권사에 이르기까지 주5일제는 그것이 어떤 형태이든 분명한 현실이 되었다.

얼마 전에는 현대차 노사가 임금 삭감 없는 5일제 실시에 합의, 논란의 새로운 불씨를 댕겼다. 대학에서도 주말 강의는 사라졌고 공무원들도 매월 넷째 주 토요일은 쉰다. 직장 선택의 주요 기준은 토요일

근무 여부다.

룰도 없이 경기는 벌써 시작된 것이다. 노사의 형식 논리와 이기주의, 정부의 어정쩡함, 국회의 눈치 보기가 어우러져 주5일제는 긴 세월을 표류했다. 1997년 대선주자들이 근로제도 개선 관련 공약을 제시한 지 6년, 다시 노사정위에서 노동시간 단축의 기본 원칙에 합의한 지 3년이 흘렀다. 그처럼 스스로 허송세월한 터에 시행 시점이 이르네, 늦네 다투는 모습은 차라리 희극적이다. 관중과 선수를 무시한 그들만의 룰 미팅은 언제 끝날 것인가.

규칙 없는 경기는 변칙과 편법을 부른다. 최근 한 시중은행이 주5일제 시행 1주년을 맞아 실시한 설문조사에서 직원들의 92%는 '행복지수가 높아졌다'고 대답했다.

나는 은행원들의 행복한 주말을 시샘할 뜻이 없다. 그러나 수도권 외곽 중소기업 사장의 말 한마디를 전하고 싶다. 매주 금요일 오후, 특히 월말의 은행 점포에서는 대기번호표가 200, 300번을 넘어서기 일쑤고 객장에는 고객들의 조바심과 한숨이 넘쳐난다는 것이다. 실물 현장이 멀쩡히 움직이는데 서비스기관은 문 닫아거는 이 역리의 혼란은 누구의 책임인가. 평행선을 달리는 노사는 지금 누구를 대변하고 있는가.

주5일제는 근로시간 단축 이상의 사회적 변화를 뜻한다. 단순히 적게 일하고 많이 놀자는 것은 아니다. '삶의 질'과 '시간의 효율'을 확인하는 작업이며, 그것은 우리 경제와 사회가 이만큼 성숙했다는 자긍심의 표현이다.

그러나 노사는 미래를 말하면서, 과거의 잣대로 상대를 공격한다.

질(質)의 문제를 놓고, 양(量)의 논리를 들이댄다. 그래서 그들은 주5일제가 가지는 진지성을 '돈과 노는 날'의 문제로 비하시켰다. 세상에는 다양한 사업장, 다양한 근로 형태가 존재한다. 그럼에도 불구하고 노사는 강고한 논리로 기업 특성에 맞는 운용의 공간을 배제한 채 움직일 수 없는 규칙을 만들려 안간힘을 쓰는 것처럼 보인다.

쟁점의 핵심은 임금 보전과 휴일 수, 시행 시기의 세 가지다. 이들이 협상을 3년씩 표류하게 만들 만큼 난해한 사안인가. 평범한 직장인의 상식으로는 납득하기 어렵다. 주5일제를 도입했다 해서 매달 받던 급여액이 줄어든다면 난감할 것이 틀림없다. 또 연간 50여 일을 새로 쉬게 되는 만큼 기존의 휴일을 과감히 축소하는 것은 당연한 일이다. 사용자는 통상적인 임금이 유지되도록 성의를 보이고, 노동계는 연월차 조정 등에서 양보한다면 접점이 나오지 못할 이유가 없다. 국제적 관행도 있다.

대세 역행 지루한 논쟁 끝내야

시행 시점을 정하는 일은 간단치 않은 문제다. 그야말로 업태와 업종, 규모별로 천차만별일 수밖에 없다. 대기업은 대부분 당장 시행해도 큰 문제가 없을 것이나 관건은 중소기업이다. 특히 소규모 영세기업에 대해서는 다그친다고 해서 해결될 일이 아니다. 무엇이 노사 모두에게 이익이 되는지 두루 따져보고 합리적인 일정표를 만들어야 할 것이다.

주5일제 논의와 함께 노사가 깊이 생각할 문제는 '시간의 가치'다.

'얼마나 일을 많이 할 것인가'에서 '얼마나 일을 잘할 것인가'로 근로의 패러다임을 바꾸는 작업이다. 얼렁뚱땅하는 주6일보다 능률적인 주5일이 훨씬 생산적일 수 있다. 주5일제의 성패는 경영 체질과 근로의식이 과연 질 중심으로 바뀔 것이냐에 달려 있다.

주5일제는 시대적 대세다.

노사만의 문제도 아니다.

이제 지루한 논쟁은 끝낼 때가 됐다.

정치권과 노·사·정은 더 이상 주5일제를 진흙탕에 굴려 상처투성이로 만들어서는 안 된다.

2003. 8. 11

불의의 사회, 진실의 불편함

두 개의 '부동산 유령'

지금 시중에는 두 개의 부동산 유령이 떠돌고 있다.

하나는 노무현 대통령의 형인 노건평 씨에서 비롯돼 노 대통령의 후원회장이었던 이기명 씨의 용인 땅으로 건너온 '의혹의 부동산'이다. 청와대가 나서 몇 차례의 해명을 했지만 의혹은 갈수록 부풀고 있다. 새로운 코드와 개혁을 앞세운 노무현 정권과는 영 어울리지 않는 불유쾌한 유령이다.

또 하나의 유령은 서울 강남을 진원지로 하여 세력을 떨치고 있는 '투기'라는 이름의 유령이다. 부동산투기는 너무나 귀에 익숙해져 이제 새로울 것도 없지만, 그 위력이 막강하다는 점에서 현 정권도 긴장하는 빛이 역력하다. 급기야 노 대통령은 취임 100일 기자간담회에서 "부동산 폭등을 기필코 잡고야 말겠다"고 선언하기에 이르렀다.

'용인 땅 의혹' 갈수록 복잡

'용인 땅 의혹'의 본질은 간단하다. 거래는 정상적으로 이뤄졌는가,

인·허가 과정 등에서 권력형 비리가 개입하지는 않았는가 하는 것이다. 조사를 제대로 하거나, 이기명 씨가 진실을 고백한다면 단숨에 풀 수 있는 문제다. 그런데 시간이 갈수록 양상은 복잡해지고 있다. 당사자들의 정직하지 못한 태도가 불러온 자업자득이다. 엄청난 대가를 치르고도 대형 의혹 사건이나 게이트의 교훈을 되살려내지 못하고 있는 것은 불행한 일이다. 권력 주변의 의혹이 군색한 변명이나 '법적으로 잘못 없다'는 식의 면죄부로 덮어진 예가 있었던가.

용인 땅 의혹의 해소가 당사자의 결심에 달려 있다면, 부동산투기는 정권의 결단, 나아가 국민적 결단에 달려 있는 문제라 할 만하다. 역대 모든 정권이 부동산 안정을 약속하면서 수많은 처방을 쏟아냈지만 그 약효는 신통치 못했다. 오히려 불황에는 경기부양책으로, 과열기에는 진정책으로 부동산정책이 남발되면서 내성(耐性)만 키워놓은 꼴이 됐다. 지금도 투기의 유령은 전국을 떠돌며 건재를 과시한다.

부동산투기를 단칼에 잡을 수 있는 묘약은 없다. 신도시라든가, 토지공개념 같은 극약처방에도 멀쩡하게 살아남은 부동산투기의 생명력은 그것을 웅변하고도 남는다. 집값이 들먹일 때마다 늘 시발점으로 눈총받는 '서울 강남'은 부동산 문제가 지닌 난해하고 복합적인 성격을 드러내는 표본이다. 강남 집값이 잡히지 않는 본질은 강남에 집을 사서 손해를 본 사람이 없다는 점이다. 이 같은 '강남 불패의 신화'는 하루아침에 만들어진 것이 아니다. 정부의 부동산정책을 믿고 강남을 떠난 사람들이 바보가 되는 세상, 그런 뼈아픈 경험이 쌓이고 쌓여서 이뤄진 것이다.

불의의 사회, 진실의 불편함

강남 집값을 합리화하는 몇 가지 상투적 문구가 있다. 좋은 학군, 편리한 교통, 문화공간 등등. 그러나 그것이 매일같이 주차전쟁을 벌이는 강남의 낡은 아파트가 풍광 좋은 비강남의 새 아파트보다 2~3배씩 비싸야 하는 이유가 되기에는 무언가 석연찮은 구석이 있다.

이벤트업체를 경영하는 친구로부터 다음과 같은 말을 들은 적이 있다. "돈이 들더라도 사무실만은 반드시 강남의 테헤란로나 삼성동에 얻어야 한다. 명함에 적힌 회사 주소가 강북이나 변두리로 돼 있으면 능력을 따져보기도 전에 별 볼 일 없는 회사로 한 수 접히고 들어간다". 강남에 산다는 것, 그것이 주는 우월감 내지 동류의식, 바로 강남 프리미엄이다.

강남 집값 불패의 본질

그러나 정부의 정책은 겉돈다. '제2의 강남'을 만들어 강남 집값을 잡겠다고 말한다. 코엑스를 짓고, 로데오거리를 세우겠다는 얘기인가. 신도시를 건설하면서 '강남 뺨치는 학군'을 약속했던 그런 유치한 발상으로는 안 된다. 강남과 다른 것, 강남을 넘어서는 그 무엇을 찾아내야 한다.

부동산을 잡겠다는 노 대통령의 다짐에 기대를 걸면서도, 선뜻 믿음이 가지 않는 것은 과거의 실패 때문이다. 현 정권도 딜레마에 빠져 있다. 경기는 추락하고 뭉칫돈이 떠돈다. 저금리는 부동산을 유혹한다. 행정수도는 또 하나의 불씨다. 정치적 잣대는 거두고 입지를 가능한 한 빠르게 선정해 투기의 원천을 없애는 게 좋다.

서민을 끝없이 괴롭혀온 부동산투기라는 유령과 맞설 때, 노 대통령의 말대로 '우공이산'의 자세로 흔들림 없이 나가야 할 것이다. 히스테릭한 즉흥적 대응은 백전백패다. 상대는 산전수전 다 겪은 백전노장이다.

2003. 6. 2

불의의 사회, 진실의 불편함

장관님들의 재산목록

　타인의 재산에 지나친 관심을 보이거나 이러쿵저러쿵하는 것은 마땅히 삼가야 할 일이다. 로또복권으로 일순에 대박을 터뜨린 사람의 신상도 감춰주는 세상이다. 하물며 평생, 한 가족이 일궈놓은 재산에 대해 내막도 모르면서 왈가왈부하는 것은 그 사람에 대한 모욕이 될 수 있다.

　지난주 공개된 새 정부 고위공직자들의 재산 얘기를 꺼내자니 뭔가 찜찜해서 한자리 깔아본 것이다. 예컨대 거액 채무자로 드러난 강금실 법무장관의 경우 빚을 안게 된 내용 자체가 보호받아야 할 사생활의 영역인 듯싶다.

　그럼에도 공직자들의 재산신고를 의무화하고, 이를 공개하는 것은 그들의 프라이버시 차원을 넘어서는 사회적 가치와 이에 대한 국민적 합의가 있기 때문이다. 공직자는 바르고 청렴해야 한다는 것이다. 여기에는 단순히 재산 축적과 관련한 불법·탈법성만을 따지는 게 아니다. 당연히 도덕적 윤리적 평가라는 엄격한 잣대가 포함된다. 고위공직자들의 재산을 꼼꼼히 들여다본다 해서 타박받지 않아도 될 이유다.

박봉과 재산가

진대제 정통부장관처럼 언론에서 각별한 관심을 보인 공직자 외에도 새정부 멤버들의 재산목록은 시선을 끄는 내용이 적지 않다. 직업 공무원 및 군(軍) 출신 중에 재산가가 상당수라는 점은 그 하나다. 최종찬 건교, 조영길 국방, 김진표 재경, 정세현 통일, 박봉흠 예산, 이영탁 국무조정 및 청와대의 반기문, 김희상 보좌관 등의 재산 총액은 10억 원이 넘는다. 시가(時價)로 따지면 재산액은 더 늘어날 가능성이 크다. 공무원의 박봉 타령을 귀가 따갑도록 들어온 국민의 입장에서 의외가 아닐 수 없다.

물론 월급만으로 재산을 형성하는 것은 아니다. 그러나 성공한 영화감독인 이창동 장관이나 대부분의 교수, 정치인 출신을 제친 것을 보면 뭔가 그들만의 재테크 비법이 있는 것은 아닐까.

경제전문가들의 재산 관리는 과연 교과서대로일까도 궁금하다. 교수 출신 경제학박사인 조윤제 대통령 경제보좌관은 예금보다 주식을 택한 경우인데, 저가주 위주라는 점이 흥미롭다. 또다른 교수 출신 경제학박사인 이정우 청와대 기획실장이나 허성관 해양수산장관은 단연 예금과 채권이다. 누가 돈을 잘 굴렸는지 알 수 없지만 조 보좌관의 주식 보유는 논란의 여지가 있다. 그는 민감한 산업 현안에 간여할 수 있는 위치에 있다. 그런데 그는 하이닉스 등의 투자자인 것이다. 시장감독자인 이정재 금감위원장이 몇몇 우량주를 보유한 것도 비슷한 경우라 하겠다.

재산 내역만 보면 정치인 출신들은 이재와는 담을 쌓고 지내는 듯

불의의 사회, 진실의 불편함

하다. 누구보다도 노무현 대통령 본인의 재산이 달랑 700여만 원이다. 배우자의 예금을 합쳐도 1억 원이 안 된다. 유인태 정무수석은 전셋집에 살고, 민선군수 출신 김두관 행자장관은 재산이 마이너스다. 이들은 부동산이 일절 없다는 공통점도 있다.

세계 10위권 경제대국에서 가난한 대통령, 빚 많은 장관은 어쩐지 어색해 보인다. 한국의 정치비용이 그만큼 많다는 의미일까. 그런데 평생 정치만 했는데도 떵떵거리고 돈 잘 쓰는 사람들은 또 뭔가.

법적 문제 없으면 되나

과거에 재산이 많다는 이유로 여론에 밀려 쫓겨난 고위공직자들이 있었다. '배고픈 것은 참아도 배아픈 것은 못 참는다'는 식의 과도한 한국적 평등주의 또는 본능적 질시라는 비판도 있으나, 공직자들의 분별 없는 처신을 지적하지 않을 수 없다. 무슨 게이트가 터질 때마다 줄줄이 꾀는 힘 있는 자리의 공직자들, 사과상자 얘기, 집 안에 양주병과 돈뭉치가 쌓여 있었다는 중견 세무원의 얘기를 들으면서 배반감과 허탈함을 느끼지 않을 국민이 몇이나 될까.

대통합과 개혁은 노무현 정부가 높이 내건 구호다. 새 정부 출범 후 우리는 대통합의 길로 가고 있는가. 지역감정, 남·남갈등, 세대갈등, 빈부격차……. 모두 중차대한 것이지만 치유될 기미는 보이지 않는다. 대타협은 사회지도층과 고위공직자, 가진 자가 앞장서야 한다.

공직자들이 택한 것은 명예와 봉사이지 돈은 아닐 것이다. 재산으로, 비리로, 부패로 국민의 가슴을 무너뜨려서는 안 된다.

연고 없는 곳에 임야를 사두고서 "자녀들의 시골체험 교육용"이라고 둘러대거나 "법적으로 문제가 없는데 왜 시비하느냐"는 식으로 덤벼드는 공직자들이 바로 국민을 견딜 수 없게 만드는 것이다.

2003. 4. 28

盧 당선자, 경제책 좀 읽으세요

사흘 후 금요일은 발렌타인데이다. 벌써부터 사랑, 행복, 달콤함 등을 앞세운 판촉전이 뜨겁다. 초콜릿 상혼이 묻어나기는 하지만, 쉰세대라 해서 지나치게 엄숙한 표정을 지을 것은 없을 듯하다. 늘 받기만 하던 딸, 서먹했던 직장 후배가 건네는 초콜릿 한 덩이에 웃어볼 수 있는 것 아닌가. 주류에서 밀려나 상심하고 있는 5060세대라면, 이런 기회에 청소년들의 마음속을 들여다보는 것도 괜찮을 것이다.

서두에 발렌타인데이를 꺼낸 것은 지난주 두 곳의 인터넷 사이트에서 1020세대를 대상으로 실시한 설문조사 결과를 전하고 싶어서다.

'노무현 대통령 당선자에게 초콜릿과 함께 주고 싶은 선물은?' 이란 질문에 20대 네티즌들이 가장 많이 꼽은 것은 뜻밖에도 경제서적(22%)이었다.

놀라움은 이어진다. 10대 중·고생들이 첫손에 '주름제거 화장품'을 고른 것은 애교스럽다 치고, 2위 노란색 넥타이에 이어 3위에 경제서적을 올린 것이다. 젊은이들 앞에서 이제 '너희가 경제를 알아?' 이런 말 함부로 할 수 없게 됐다.

10대까지 '경제'를 주문하는 세상이니 노 당선자의 어깨는 한층 무거워진 셈이다. 그가 신경쓸 일이 얼마나 많은지는 잘 알고 있지만, 그렇다고 해서 경제를 뒷전으로 밀어놓을 수 없음은 분명하다. 어쩌면 경제는 그 모든 것 이상이다. 정권이 무너진 현장에는 늘 경제 실패가 있었다. 그러나 경제에 성공하면 웬만한 잘못은 눈감아주는 너그러움이 생긴다.

문제는 경제상황이 예상보다 점점 나빠지고 있다는 점이다. 이라크 사태에서 북핵에 이르기까지 안팎의 불안정한 기류가 경제를 옥죄고 있다. 기름값은 뛰고 주가는 흔들린다. 내수에 이어 수출에도 적신호가 켜졌다. 올해 5%대 성장에도 물음표가 붙기 시작했다.

보다 심각한 것은 경제현장에서 감지되는 찬바람이다. 기업 체감경기가 2년여 만에 최저치로 떨어졌다. 시장이나 중소기업에서는 "IMF 때보다도 더 어렵다"는 말이 서슴없이 나온다. 우리의 신경망이 온통 대선과 북핵, 대북송금 파문에 쏠려 있는 사이 경제는 조금씩 내려앉고 있는 꼴이다.

새 정부가 넘겨받게 될 경제가 최상의 상태가 아닌 것은 안타깝지만, 지레 낙담할 것까지는 없다. 내려간 경제는 그만큼 올라갈 가능성이 크다는 점에서 하기에 따라서는 새정부의 행운이 될 수도 있다.

노 당선자가 행운을 잡으려면 새 정부 출범 전부터 경제를 단단히 챙겨야 한다. 당장은 경제상황을 냉정하게 인식하고 신·구 정부가 머리를 모아 불확실성에 대처하는 일이 중요하다. 누가 경제위기를 부추긴다는 식의 반응은 책임 있는 태도가 아니다.

다음으로 노무현정부가 5년간 추진할 경제의 큰 그림을 제시해야 한다. 5년 후, 10년 후 세계 속의 한국 경제는 어떤 모습이 될 것인지, 그것을 이루기 위한 '노무현 경제'의 철학과 전략, 비전은 무엇인지

불의의 사회, 진실의 불편함

분명히 알릴 필요가 있다. 경제의 안정과 성장의 확보는 필수다.

반면 비효율적인 경제시스템을 어떻게 바꿔놓을 것인가는 선택의 문제다. 바로 새 정부의 화두인 개혁이다. 정밀한 일정표를 만들어 투명하고 일관성 있게 추진해야 신뢰와 동참을 끌어낼 수 있다. 실적주의나 깜짝쇼는 금물이다. 김영삼 정권의 신경제 100일 작전이나 김대중 정권의 빅딜 같은 과욕과 오류는 한번으로 족하다.

경제에서도 노 당선자 특유의 소신과 원칙, 파격을 보고 싶다. 정치논리와의 단호한 결별이 그 하나다. 정치논리는 항상 달콤한 유혹과 거부하기 어려운 압력으로 다가온다. 그러나 단언컨대 표를 볼모로 한 집단의 위세는 별게 아니며 표가 되지도 않는다. 경제를 왜곡시키는 정치논리의 청산, 결단을 내릴 때다.

다소 엉뚱하게 들리겠지만 노 당선자와 한국은행 총재의 파격적 토론은 어떨까. 한은은 정부기구가 아닌 독립기관이며, 현 박승 총재의 임기는 3년 이상 남아 있다. 그는 새 대통령이 임명하지 않은 유일한 경제정책 책임자가 될 것이며 운명적으로 새 정권과 한 배를 탄 인물이다. 새 경제팀과 주파수가 어긋난다면 국가경제의 불행이다. 대통령 당선자가 중앙은행 총재를 만나 진솔하게 경제를 논의하는 모습은 한은을 하수인 취급하던 구정권의 악습을 털어내는 신선한 의식이 될 수 있을 것이다.

이런저런 주문을 압축하면 '경제대통령'을 향한 기대일 것이다. 노 당선자가 1020세대가 전하는 마음의 경제책을 잘 읽어주기 바란다.

2003. 2. 10

'4,000억' 뒤집어보기

　돌연한 '북핵' 회오리에 묻히는가 했던 '4,000억 원 의혹설'이 지난 주 뜻밖의 모습으로 부활했다. 이근영 은행감독원장이 검찰 간부에게 전화를 걸어 "계좌 추적을 하면 어디로 튈지 모른다"면서 수사 축소를 요구했다고 한나라당 정형근 의원이 폭로한 것이다. 이 원장이 그런 말을 했는지 민초들은 알아낼 방법이 없다. 다만 분명한 것은 '어디로 튈지' 가늠키 어려운 눌린 스프링이 도처에 널려 있다는 사실이다.

　정 의원의 폭로만 해도 그렇다. 출처가 '국정원 도청'이라고 말하면서 그 파문이 '4,000억 원'에서 '도청'으로, '도청 유출'로 정신없이 튀고 있다. 때아닌 도청 노이로제로 사회가 요동친다. 지금은 결정론이나 인과론만으로 모든 사안이 설명되는 순진한 세상이 아니다. 바라보는 곳에 따라 색깔이 달라지는 다면체의 세상이며, 우연과 혼돈 또는 의외성이 횡행하는 불확실성의 시대다.

　'4,000억 원 의혹'의 핵심은 단순하다. 그 돈이 몰래 북한에 건네졌는가, 대출 과정에 외압은 없었나 여부다. 그러나 실체가 쉽게 드러날 징후는 보이지 않는다. 그래서 진실을 규명하라는 메아리 없는 외침도 힘이 빠진다.

이럴 때 다양성의 세상을 상기하고, 새로운 시각에서 '4,000억 원'을 조명해보는 것도 무익하지는 않을 것이다. 동전을 뒤집듯 의혹의 진원지인 산업은행과 현대상선의 주장대로, 그들의 눈으로 사건을 한번 바라보자. 이때 배후에 무슨 커넥션이 있으리라는 선입견은 버리는 게 중요하다. 생각을 바꾸면 신천지가 열리는가. 우리가 꿈꾸던 은행, 기업, 공직자의 모습을 그런 곳에서 만나게 되다니.

산은의 전광석화 같은 대출 집행은 그중 하이라이트다. 4,000억 원의 거금을 단 3일 만에 그것도 이사급 전결로 내줬다니 그 신속성, 결단력, 자율성은 온 금융기관의 귀감이 될 법하다. 총재도, 주거래은행도 깜깜했다니 더욱 놀랍다. 단돈 몇십억 원을 얻어쓰려 문턱이 닳도록 산은을 출입한다는 실없는 기업인들의 불평을 일거에 잠재우는 통쾌한 펀치다.

시설자금도 아닌 돈을 4,000억 원이나 부실화 기업에 내준 사례는 전무후무하다는 금융계 입방아도 자격지심일 것이다. 집권자의 미운털이 박혔다 해서 현대전자(하이닉스 전신)의 적법한 대출마저 거부했던 산은이 언제 그렇게 환골탈태했는지 궁금할 뿐이다.

옛 관행을 존중하는 태도는 또 어떤가. 채무자 직인이 수시로 바뀌어도, 대표 사인의 필체가 엇갈려도 관행일 뿐 문제될 게 없다고 의연하게 말한다. 모든 것을 고객 중심으로 해석하고 봉사하는 서비스 정신의 정수다. 시비하는 분위기, 그런 것이 오히려 문제다.

관행 우선의 정신은 시대의 유행인 듯싶다. 근거가 있든 없든 몇 차례나 총리서리를 고집하고, 시정연설에 대통령 대신 총리를 내보내는 것도 관행이 이유다. 개혁을 앞세운 정권이 관행에 기대는 것은 옛것과 새것의 균형 맞추기인가.

공직자의 준법정신도 빼놓을 수 없다. 이근영 원장은 문제의 대출당시 산은 총재로서 자신에게 의혹의 화살이 쏠리고 있음을 잘 알면서도 계좌 추적의 불가를 굽히지 않는다. 정권의 도덕성이 훼손돼도 '법대로'에 흔들림이 없다. 외로운 싸움이다. 법이 뭔지도 모르는 언론, 여야, 많은 법학자, 경제학자, 시민단체, 은감원 노조까지 계좌 추적을 외쳐대니 말이다. 불가사의한 것은 그런 그가 왜 감사원에 앞서 산은 대출이나 회계 부정에 대한 검사를 선언하지 않았을까 하는 점이다.

현대상선 임직원들의 무거운 입도 경탄스럽다. 오너는 해외를 떠돌고 책임 있는 사람들은 하나같이 묵묵부답이다. 의혹은 잠시고 회사의 기밀은 영원하다는 신념일까.

'4,000억 원 의혹' 사건의 경과를 보면 또 한 번 의외의 튀어오름을 목격하게 된다. 시발은 야당이 슬쩍 건드려보는 모양새였다. 그런데 청와대, 금감원, 산은, 현대상선 등 모두가 둘러대고, 입 다물고, 계좌 추적 불가를 합창하면서 어느 날 '확실한 의혹'으로 둔갑해버렸다.

이제 정면에서 '4,000억 원'을 바라볼 차례다. 대출 의혹의 책임자가 감독권자가 되어 조사 불가를 고집하는 모습은 누가 봐도 부적절하다. 입을 다물든가, 물러나는 게 순리다.

또 하나, 개발 시대의 유물인 산업은행이 언제까지 관치금융의 향도로 존립해야 하는가. 4,000억 원을 임원 전결로 단숨에 내줄 만큼 선진화 됐다면 이제 역할을 마감하고 그 기법을 민간에 넘겨주는 것으로 소임을 마무리하는 게 전체 금융산업의 발전에 도움이 될 것이다.

2002. 10. 28

불의의 사회, 진실의 불편함

비겁한 자들의 합창

김대중 정권이 후반기 들어 역사의 교훈을 외면한 채 실패와 좌절을 반복하고 있는 것은 불가사의한 일이다. 나라를 흔드는 심각한 사안이 불거져도 원인과 책임이 불명인 경우가 많은 것 또한 미스터리다. 이 의문을 푸는 것이 왜 민심은 요지부동이고, 선거마다 부패정권 심판론이 표심을 압도하는가 하는 물음에 대한 답변이 될 것이다.

대통령 아들들의 비리 사건은 두 가지 미스터리를 극명하게 드러내는 사례다. 김영삼 정권의 비극을 되밟은 대통령 부자의 실패는 더 말할 나위가 없다. 그러나 오직 대통령뿐인가. 두 아들이 잇따라 구속되고, 대통령은 보고받지 못했다 하고, 고개 숙여 사과하는 사태에 이르렀다면—응당 책임져야 할 자리와 사람이 있어야 하는 것 아닌가. 대통령의 눈과 귀를 가린 자들은 어디로 갔단 말인가.

그 뒤 마늘 협상 파동과 교과서 파문을 거치며 일단의 실마리가 드러났다. 치열한 떠넘기기로 책임을 덮는 것, 그런 공직사회의 생존법칙에 진실과 도덕성이 매몰됐던 것이다.

비겁한 자들이 공직에 버티고 있는 것은 나라의 불행이다. 챙길 것

비겁한 자들의 합창

281

은 챙기고, 힘줄 것은 주면서, 일이 생기면 '나는 정말 몰라요'를 합창하는 자들이 이 시대의 비겁자들이다. 그들이 비겁함에 매달고 있는 것은 포기할 수 없는 권력 또는 안온한 권좌일 것이다. 비겁함이 공직사회의 능란한 처세술로 둔갑해 전염병처럼 번지고 있으며, 그 같은 처신이 성공과 자리를 보장해주고 있다는 현실은 비극이다.

등 뒤에서 총질하는 서부의 비겁자는 다만 몇몇의 목숨을 겨눌 뿐이다. 그러나 공직자들의 비겁한 몸짓은 비수가 되어 온 국민의 가슴을 찌른다. 그것이 응어리 되어 정권의 끝자락에 민심은 떠나고 믿음은 무너진 것이다.

로비니 뭐니 하는 골치 아픈 내용은 제쳐두고 '아들 문제'를 들여다보자. 하루 걸러 강남 룸살롱에 드나들었다는 사실만으로도 문제가 있고 처신이 부적절했음을 누구나 알아챌 수 있다. 그런데 친·인척 관리를 맡는 대통령 비서실이나 사정기관의 전문가들은 바라보고만 있었나. 아들 얘기만 나오면 핏대부터 올리던 자들은 어디서 무엇을 했는가. 몰랐다면 무능의 증거고, 감췄다면 직무를 팽개친 것이다. 말할 자격이 있는지는 모르겠지만, 민주당 대표가 일갈한 '석고대죄할 사람들'이 분명 있을 것이나 숨소리도 들리지 않는다. 비겁함에 얼굴을 가리고 있는 것이다.

대통령이 또 한 번 '몰랐다'고 실토한 마늘 협상은 또 어떤가. 끝내 진실을 가리지 못한 부처 간 면피 공방은 듣기에도 민망하다. 샘플 삼아 협상 당시 경제수석의 해명을 들어보자. 세이프가드 건은 보고받지 않아 몰랐고, 따라서 챙기지 않았고, 대통령에게 보고하지 못했다는 것이다.

물론 모를 수 있을 것이다. 그러나 대통령 책임론까지 불거졌다면

불의의 사회, 진실의 불편함

"내 잘못이다. 제대로 보좌하지 못한 책임을 통감한다"고 나서는 게 참모다운 자세가 아닐까. 보고하지 않아도 무사하고, 보고받지 않으면 무슨 일이 벌어졌는지도 모르는 참모와 국정시스템에 기대를 걸었던 마늘 농가가 가엾다.

그들만을 탓할 게 아니다. 게이트니, 무슨 비리니 해서 검찰에 불려갈 때 잘못을 고백하는 공직자를 본 기억이 없다. 한 점 부끄럼 없다고 큰소리치고, 정치적 탄압을 떠벌리고, 사과상자로 받은 돈을 '빌린 돈'이라 둘러대고, 그러나 얼마 후엔 혐의가 진실로 드러나는 것이 정해진 순서다.

세상이 변하는 만큼 공직자상도 달라지는 게 당연하다. 국민이 보고 싶은 것은 다만 공복다운 책임감과 정직성이다. 최소한의 기대마저 저버린다면 물러나야 한다. 정권의 깨끗한 마무리를 위해서도 그렇다. 정권 창출에 지분이 있다거나, 정권과 운명을 함께하겠다는 식의 변설은 그만두는 게 좋다. 성실하고 정직한 공직자들의 명예까지 더럽혀서는 안 된다. 김 대통령부터 온정을 버리고 단단한 결심을 해야 한다.

정직한 사람이 바보 되고, 감옥행이 금배지를 보장하는 식의 굴절된 풍조가 바뀌지 않는 한 불행은 반복될 수밖에 없다. 문제의 핵심은 버티는 자가 성공하는 사회풍토와 국민적 건망증이다.

쉽게 잊거나 용서해서는 안 된다.

'거짓말이 생명을 유지하는 유일한 방법인 사람들'(도산 안창호)을 하루빨리 공직에서 몰아내야 한다. 무책임하고 변명을 일삼고 줄서기에 능한 공직자들에게 국민이 더 이상 당할 수는 없다.

2002. 8. 12

기업과 권력, 그 잘못된 만남

몇 년째 '게이트'가 난무하다 보니 게이트 소리만 나와도 머리를 설 레설레 흔드는 사람들이 많아졌다. 꼴 보기 싫고, 신물도 나고, 이 게 이트 저 게이트 섞여 뭐가 뭔지 알기도 어렵게 된 것이다.

그러나 인내심을 발휘해 조금만 세밀하게 들여다보면 게이트 중에 서 최신판인 '최규선 게이트'에는 뭔가 다른 게 있음을 눈치챌 수 있 다. 게이트에 격이 있다면 과거의 이런저런 게이트보다 몇 단계 올라 간 고품위 게이트라 할 만하다.

등장인물부터 다르다. 대통령 아들과 사우디의 왕자가 나오는가 하 면 정권의 2인자라는 실세에서 세계적 팝가수에 이르기까지 동서양 을 넘나든다. 그뿐인가. 타이거풀스라는 신출내기 기업의 뒤쪽에서 포스코, 현대, 대우, 삼성과 같은 내로라하는 대기업들의 이름이 오르 내린다. 3류 영화에 엑스트라로 출연한 톱스타의 모습을 보는 것 같 아 안타깝기 짝이 없다.

이를 놓고 있을 수 없는 일이 벌어지는 게 게이트 아니냐고 치부해 버린다면 할 말이 없다. 그러나 매번 어물어물 넘어가서는 대통령 아들이 5년 터울로 구속되는 식의 불행의 고리를 끊을 길이 없다. 진정 지긋지긋한 게이트에서 벗어나고 싶다면, 게이트가 던지는 경고의 메시지를 정확히 해독해야 할 책무가 우리 모두에게 있다. 그런 의미에서 최게이트에 출연한 대기업 중 포스코와 대우는 짚어볼 만한 텍스트다.

포스코는 우리에게 아주 특별한 기업이다. 비록 외국인의 지분이 과반수인 민영화 기업이지만 지금도 여전히 '국민기업'이란 이름이 아깝지 않은 한국의 간판기업이다. 국민소득 100달러 시절 불가능해 보였던 '종합제철소의 꿈'을 일궈낸 것은 바로 국민의 피와 땀이었기 때문이다. 세금도 전기값도 받지 않았고, 주식을 떠안은 시중은행들에 십수 년 동안 한푼의 배당금도 돌아가지 않았으나 불평 한마디 없었다.

포스코의 성장사를 말하면서 빼놓을 수 없는 것은 '어떤 외압도 통하지 않았다'는 전설 같은 얘기다. 그중에서도 '백지메모'는 단연 백미다. 포항제철소 공사가 한창이던 1970년 박태준 사장은 당시 박정희 대통령을 찾았다. 박태준은 정치권의 집요한 정치자금 요구와 정부 개입을 막아달라고 건의했고, 박정희는 즉석에서 메모지에 사인을 해서 건넸다. 외압을 막아줄 '현대판 암행어사 마패'였던 것이다.

지금도 포스코에 보관돼 있는 이 메모지는 외풍에 당당했던 포스코 역사의 상징이다. 어떤 권력자의 압력에도 굽히지 않았던 포스코 전통은 그 뒤에도 이어진다. 나는 새도 떨어뜨린다던 청와대 비서실장의 인사청탁 메모가 쓰레기통에 던져졌고, 집권당 대표의 헌금 압력이 단칼에 거부됐다.

그렇게 성장한 회사가, 그것도 21세기에, 영빈관에서 대통령 아들을 접대하고, 정치인 출신을 연구소 고문으로 모시고, 사행업체의 주식을 사들인 것이다. 명예를 쌓기는 힘들지만 그것을 허무는 것은 순간이다.

대우는 아주 독특한 회사다. 창업보다는 부실기업 인수로 급성장했고, 그런 탓에 특혜 의혹에 자주 휩싸이곤 했다. 1998년 환란 속에서 재무구조가 가장 취약했던 대우가 승승장구한 것은 참으로 불가사의한 일이었다. 그해 1월 대우가 쌍용차를 인수하자 정부 경제팀은 구조조정의 모범이라고 침이 마르게 칭찬했다. 김대중 대통령 옆에 앉아 500억 달러 흑자를 내겠다고 호언하던 전경련 회장 김우중의 모습은 지금도 눈에 선하다.

최규선 테이프의 진실성을 가늠키는 쉽지 않지만, 그가 옮긴 김 대통령의 발언을 보면 짚이는 게 있다. 김 대통령이 말했다는 '대우를 도와주게, 김우중 같은 사람 없네'라는 의미는 무엇이었을까. 정치적 판단이 대우의 퇴출을 결정적으로 늦춘 것은 아닌가. 그렇다면 그에 따른 경제적 손실은 도대체 얼마나 될까.

'정치가 경제의 발목을 잡아서는 안 된다'는 말은 언제나 근사해 보인다. 그러나 발목 잡는 일은 끊이지 않는다. 정경유착도 마찬가지다. 그렇게 말하는 자들이 바로 발목 잡고, 유착하는 사람들이기 때문이다.

정치와 경제 또는 기업과 권력의 잘못된 만남, 그 진면목은 어떠하며 그 결과는 어떤지 생생하게 드러낸다는 점에서 게이트는 외면하기에 아까운, 유의미한 교재다. 지나치게 비싸고 활용도가 낮다는 게 흠이기는 하지만.

2002. 5. 27

불의의 사회, 진실의 불편함

한국 경제 1만 달러 한계론

　오랜만에 기지개 켜는 경제에 재 뿌리는 것 아니냐는 타박을 들어도 어쩔 수 없다. 경기에 물이 오르고 주식 값과 아파트 값이 뛰어 모두가 들떠 있을 때 누군가 쓴소리 한마디 하는 것도 전혀 무의미하지는 않을 것이다. 그것은 한국 경제에 대한 절망론이다. 좀더 직설적으로는 '지금의 경제시스템으로는 소득 1만 달러를 넘어설 수 없다'는 구조적 한계론이다.

　'한계론'과 첫 대면한 것은 몇몇 경제인들과의 우연한 식사자리에서였다. 한 참석자가 한계론을 슬쩍 꺼냈을 때 처음에는 어리둥절했고, 충격을 받았고, 이어 맹렬한 전의가 솟았다. 우리가 남미의 어떤 나라인가. 한강의 기적, IMF 극복, IT, 교육열……. 한국 경제를 수식해온 현란한 단어들이 머리를 세차게 두드려댔다. 또 10%대만 성장해도 곧바로 1만 달러 시대에 들어서는 것 아닌가.

　그러나 한마디 저항하지 못하고 투항해야 했는데, 그것은 대부분이 그의 주장에 동조하면서 대세가 일찌감치 결정났기 때문이었다.

　거듭된 우연일까. 며칠 후 30여 년을 경제부처에서 일한 엘리트 관료 출신으로부터 똑같은 말을 듣게 됐다. 특히 자신이 몸담았던 정부 조직을 향해 얼마나 비효율적이며, 어떻게 국가 발전의 발목을 잡고 있는지 고해성사하듯 절절히 성토하는 모습을 보면서 '이건 간단한 문제가 아니구나' 하는 뒤늦은 자각에 이르렀다.

그래서 한국 경제의 한계론을 설파한 사람을 다시 만나보기로 했다. 그는 글로벌 컨설팅회사의 책임자였다. 문제의 핵심이 도대체 무엇이냐는 직선적 질문에 한참 동안 난감한 표정을 짓던 그는 뜻밖의 단어를 꺼냈다.

"높이뛰기'를 해봤느냐. 힘껏 달려가 잘 구르면 키높이 가까이는 넘을 수 있다. 그러나 그것은 연습하면 누구나 해낼 수 있는 한계점이다. 그 한계를 넘어서려면 몸을 눕혀야 한다. 직립도약에서 수평도약으로, 총체적 변신이 없는 한 새로운 높이뛰기의 세계로 들어서는 것은 불가능하다"

그의 은유는—오직 직립도약만을 고집하면서 불가능한 기록에 도전하는 높이뛰기 선수의 불행처럼—이제는 족쇄가 돼버린 고도성장기의 사고와 모델에 함몰돼 있는 21세기 한국의 현실을 안타까워하고 있었다.

그는 물었다. 2만, 3만 달러라는 것은 단순한 통계적 개념을 넘어서 또다른 단계로의 도약, 질적 변화, 선진사회로의 진입을 상징하는 것 아닌가. 지금 새 시대를 열어갈 동력은 무엇이며 비전은 어디에 있는가. 21세기에 들어서면서 쏟아진 수많은 보고서와 청사진은 무엇을 만들어냈는가.

우리의 현실에 한계론의 잣대를 들이대면 번져오는 절망감을 뿌리

불의의 사회, 진실의 불편함

칠 수 없다. 문민정부와 국민의정부를 거치며 정치적 야합은 성장의 견인차였던 정부의 기능을 땅에 떨어뜨렸다. 낡은 인물, 비전문가, 정책은 팽개친 채 고물만을 챙기는 인물들이 줄줄이 장관 자리를 차고 앉으며 행정은 전진의 족쇄로 작용했다. '가장 기업하기 어려운 나라'라는 오명에도 이 땅에는 부끄러워하는 공직자 한 명이 없다.

사회적 조정 기능과 리더십이 실종된 것은 오래다. TV 토론은 '당신 몇 살이야' 식의 싸움판으로 끝날 뿐, 가슴을 여는 일은 좀처럼 보기 어렵다. 그런 곳이 있다면 '우리가 남이가' 하는 유유상종과 은밀한 '게이트 패밀리' 정도일까. 개혁을 둘러싼 지리한 논란과 소모적 노사 대립을 목도하면서 새로운 도전에 접근하는 해법이 여전히 개발연대 방식임을 절감케 된다. 경직된 시스템에서 진취적 전략이 나올 수 없다.

4,000만 국민을 스트레스에 빠뜨리는 교육 문제나 우리의 숙명인 남북문제를 건너뛰어 눈을 밖으로 돌려도 상황은 만만치 않다. 한반도를 둘러싼 주변만 해도 일본의 '효용'과 중국의 '비용'이 우리를 옥죄고 있다.

그러나 보라, 큰 뜻을 세웠다는 주자들마다 임기 내 주가지수 3000을 호언한다. 한편에서는 소득 3만 달러를 소리 높여 외친다. 그들의 입에서 '국민 여러분, 부~자 되세요' 하는 덕담(德談)이 만발하고 '하면 된다'는 30년 전 패러다임은 여전히 유효한 화두다.

선택의 해, 진정 도전과 비전이 보고 싶다.

2002. 3. 25

여적
(餘滴)

'붓 끝에 남아 있는 먹물'을 뜻하는 여적(餘滴)은 경향신문의 짧은 칼럼 이름입니다. 「여적」난은 한국 문학사에 큰 발자취를 남긴 정지용 시인에 의해 1946년 탄생, 지금까지 이어지고 있습니다. 1959년 경향신문 폐간 사태는 이승만 정권을 간접적으로 비판한 「여적」의 글이 문제돼 일어난 사건이었습니다.

「여적」은 문장력 있는 문화부 출신 논설위원들이 주로 썼습니다만, 논설실장으로 있으면서 손이 빌 때 몇 차례 쓴 기억이 떠오릅니다.

劍士와 檢事

올해 탄생 200주년을 맞은 프랑스 소설가 알렉산드로 뒤마의 작품에는 멋진 칼싸움 장면이 많이 등장한다. 시골뜨기 용사 달타냥의 유쾌한 활약상을 그린 『삼총사』는 그중 대표작이다. 1916년에 나온 무성영화 〈달타냥〉에서 최근의 〈머스키터스〉에 이르기까지 숱하게 스크린에 옮겨진 삼총사 영화의 결투 장면에는 길고 날렵한 칼이 등장한다. '레이피어'라는 찌르기 칼이다.

레이피어의 검신에는 날이 없다. 우리가 말하는 베고, 자르는 칼이 아니다. 베느냐, 찌르느냐는 바로 동서양 칼의 차이이자 검술의 차이다.

칼은 인류의 가장 오래된 무기이며 단검은 칼의 시조 격이다. 지중해를 제패한 로마 군대의 주무기도 단검의 일종인 '글라디우스'였다. 단검은 긴 칼과의 일대일 대결에서는 치명적 결함을 갖고 있지만, 집단전투가 벌어질 때는 얘기가 달라진다. 기민한 공격, 근접전투, 단단한 전열의 구축에서 단검은 진가를 발휘한다. 고대 전쟁의 주력은 중무장한 보병이었고, 로마군은 '글라디우스'를 앞세워 무적의 시대를 열었다.

칼은 나폴레옹 시대까지도 보병의 주요한 무기였으나 그후 총에 자리를 넘겨주고 이제 군대에서는 의전행사에서나 쓰일 정도가 됐다.

첨단무기의 시대에 검사(檢事)가 칼잡이라는 뜻의 검사(劍士)를 화두로 한시를 썼다 해서 화제다. 대검의 중견 검사가 서울지검 피의자 사망 사건을 겪으며 느낀 심경을 「슬픈 칼잡이 이야기(哀憐劍士說)」란 제목의 한시에 담아 통신망에 올렸다는 것이다. '흉적을 무찌르다 연기처럼 사라졌다'는 시 구절에서는 조폭과 맞서다 구속된 홍경영 전 검사에 대한 그의 진한 안타까움이 묻어 나온다.

정의의 칼을 쥔 '검사'와 칼에 목숨을 건 또 다른 '검사'를 묶는 동음이의어를 통해 그가 말하려 했던 것은 슬픈 칼잡이에 대한 애련뿐이었을까. 아닐 것이다. 흉적과의 진검승부를 다짐하는 결의로 시를 썼을 것이다. 진정한 칼잡이는 목숨보다 명예를 중하게 여기는 법이니까.

2002. 3. 25

불의의 사회, 진실의 불편함

전자정부

"지금 이 전화 도청되고 있는 것 아냐?"

이 말은 민원이 많은 경제부처의 한 관료가 현직에 있을 때 써먹은 청탁 거절의 비법이다. 웬만한 민원이나 청탁은 '도청' 한마디에 뜨끔해 없던 일로 끝났다고 한다. 세월이 흘렀지만 도청 노이로제는 갈수록 깊어지는 양상이다. 얼마 전에도 '국정원 도청설'로 온 나라가 들썩거렸다. 힘깨나 쓴다는 사람들은 휴대폰을 서너 개씩 가지고 있다 하니, '도청'도 문제지만 깜짝 놀라는 그들의 대화 속에도 뭔가 구린 냄새가 묻어날 듯하다.

신경쓸 곳도 많아졌다. 과거에는 유선전화 정도였지만 이제는 휴대폰도 걱정스럽고 이메일도 불안하다. 어디서 감시카메라가 돌아가는지도 알 수 없다. 10년 전만 해도 생각할 수 없었던 일로 정보통신혁명이 몰고 온 현상들이다.

자나깨나 누군가가 나를 감시하고 있다면 견딜 수 없는 일이다. 18세기에 벌써 그 같은 전천후 감시의 힘을 현실로 끌어내리려 한 사람이 있었다. 영국 철학자 벤담은 '다 볼 수 있다'는 뜻의 '팬옵티콘'이란 원형 감옥을 제안했다. 감옥의 바깥쪽에 죄수를 가두면 간수가 한가운데서 모든 죄수들의 일거수일투족을 감시할 수 있다는 것이다. 그는 효율적 감시를 위해 죄수의 방은 항상 밝게 만들어야 한다고 덧붙였다.

그로부터 200년 후 프랑스 철학자 푸코가 현대를 '권력자가 만인을 감시하는 원형 감옥과 닮은 시대'로 규정하면서 팬옵티콘이 부활했다. 푸코의 주장은 정보의 집중, 감시와 통제가 일반화한 '정보화 시대'의 그늘을 꿰뚫은 것으로 조지 오웰의 『1984년』이 주는 이미지와 흡사하다.

정부는 지난 1일 전자정부의 출범을 선언했다. 정보화 시대의 특징은 효율성, 투명화, 감시와 통제의 강화 등이다. 전자정부가 정보화의 밝은 측면만 강조해서는 안 될 것이다. 개인의 정보가 부당하게 유출되거나 상업적으로 이용될 소지는 없는지, 감시와 통제의 수단으로 악용되는 것은 아닌지 끊임없이 살펴야 할 것이다.

2002. 11. 3

불의의 사회, 진실의 불편함

동반입영

군대를 다녀온 사람이라면 누구나 막연한 불안감과 설렘이 뒤섞였던 불면의 입영 전야를 떠올릴 수 있을 것이다. 지금까지 생활해온 익숙한 세계와 작별하고 전혀 새로운 세계로 들어서는 데 따른 충격과 흥분이 결코 만만치 않기 때문이다.

그때부터 약 3년간 장정에서 훈병, 이병을 거쳐 제대할 때까지 느끼고 체험하는 다양한 병영 생활이 곧 '남자들의 영원한 수다'로 불리는 군대 생활의 역사가 된다.

1960년대 초까지만 해도 입영은 곧 전쟁터에 나가는 것처럼 여겨져 장정들이 머리띠를 두르고 입대하는 날은 동네가 한바탕 울음바다가 됐다. 군사독재 시절에는 강제징집이 남발되며 입영열차 앞에서 반정부 시위가 벌어지는 진풍경이 자주 연출됐다.

지금은 군 입대를 바라보는 눈도 많이 달라져 예전처럼 울고불고하는 모습은 찾아보기 어렵다. 부모님께 "충성, 잘 다녀오겠습니다" 하면서 씩씩하게 입대하는 젊은이들이 대부분인 듯하다.

그렇더라도 입영할 때의 속마음이 착잡하지 않을 리 없다. 군대란

'대한민국의 신체 건강한 성인 남자라면 반드시 다녀오는 곳'이라는
게 우리의 상식이다.

　문제는 상식이 제대로 지켜지지 않는 데 있다. 멀쩡하게 사회생활
하고 있는데 중병으로 징집 면제를 받았다든지, 대학까지 나온 사람
이 가정형편상 군대 가지 못했다는 얘기를 접하면 머리가 복잡해진
다. 돈 많고 권력 있는 집안에 병역 면제자가 많은 현상은 불가사의하
다. 병역 면제자는 '신의 아들'이요, 현역 복무자는 '어둠의 자식'이라
는 자조적인 말도 그래서 나왔을 것이다.

　육군이 내년부터 '동반입대 제도'를 시행한다고 한다. 마음에 맞는
친구나 친척 등과 같은 부대에서 근무할 수 있도록 하겠다는 것이다.
신세대 군인을 위한 배려라고 여겨지지만, 그것이 장병 간에 위화감
을 주거나 전우애의 순수함을 훼손해서는 안 될 것이다. 보다 중요한
것은 병역비리를 근절해 군 복무에 자부심을 갖도록 하는 일이다.

2002. 10. 6

여성 갑부

미국 경제의 거품이 빠지면서 세계 최고의 부자를 가려내는 일도 복잡해졌다. 2000년까지만 해도 '컴퓨터 황제' 빌 게이츠 마이크로 소프트 회장은 부동의 최고 갑부였다. 그러나 미국의 주식 값이 폭락하면서 그의 재산도 반 토막 났다. 영국 『선데이 타임스』는 작년에 빌 게이츠가 1위 갑부 자리를 월마트 소유주인 롭슨 월튼에게 빼앗겼다고 보도했다.

부호들의 얘기는 언제나 사람들의 호기심을 자극하지만, 부자 순위 매기기처럼 애매모호한 것도 없다. 주식 값은 시시때때로 변하고, 부동산 값은 천차만별이며, 재산 형태는 각양각색이다. 재산이 천문학적 단위로 올라가면 우열을 가리는 것 자체가 무의미해진다. 사우디의 파드 국왕이나 브루나이의 술탄 국왕이 갑부 서열에서 밀려났다고 해서 빌 게이츠보다 부자가 아니라고 말할 수 있을까.

세계에서 가장 부유한 여성으로 알려져 있는 엘리자베스 2세 영국 여왕만 해도 실제는 열 손가락에도 들지 못한다. 영국 『더 타임스』는 2년전 그의 재산이 11억 파운드(약 2조 원)로 세계 19위에 불과하다면서 세계 여성 갑부 1위인 헬렌 월튼에 비하면 여왕의 재산은 '잔돈'에 불과하다고 너스레를 떨었다.

최근 주식정보업체인 에퀴터블이 한국 여성 갑부 50인을 조사한 결과 6,470억 원의 재산을 갖고 있는 이명희 신세계 회장이 최고 재력가로 드러났다. 삼성 창업주 고 이병철 씨의 딸인 이 회장에 이어 삼성 이건희 회장의 부인 홍라희 씨가 2위, 신격호 롯데 회장의 딸 신영자 롯데백화점 부사장이 3위에 각각 올랐다.

수천억 원대 여성 재산가의 등장은 세상이 달라졌음을 알리는 징표이지만 여성 갑부의 대부분이 재벌가의 부인이나 상속녀라는 사실은 아쉽다. 물론 이명희 씨나 신영자 씨 등은 부친 재산을 물려받았으면서도 한편으로는 CEO로서 능력을 발휘하고 있다. 앞으로 오직 실력만으로 부호의 자리에 오르는 여성 CEO 시대가 활짝 열리기를 기대해본다.

2002. 9. 29

불의의 사회, 진실의 불편함

외가, 친가

'외갓집'이란 말에는 마음을 따뜻하게 데워주는 그 무엇인가가 있다.

먼지를 풀풀 내면서 종일 달려가는 곳, 방금 거둔 풋풋한 먹거리, 하늘을 유영하는 잠자리떼……. 그리고 마당에 들어서면 외손자·손녀를 덥썩 안아 올리며 "어이구, 내 강아지"를 연발하는 외할머니. 그의 주머니 속에는 으레 알사탕이 준비돼 있고.

이제 웬만한 곳은 반나절 거리가 됐고, 외할머니의 외손 사랑도 알사탕이 아니라 피자나 통닭으로 바뀌었지만, 외갓집에서 묻어나는 정겨움이나 그리움까지 없어진 것은 아니다. 얼마전 일곱 살짜리 손자와 77세 외할머니의 기막힌 동거를 그린 영화 〈집으로…〉에 인파가 몰린 것도 그동안 잊고 지내온 외가에 대한 향수가 작용한 결과는 아니었을까.

친가(親家) 중심의 가부장제가 우리나라 가족제도의 주류를 이루지만, 조선 중기까지만 해도 친·외가는 거의 동등하게 여겨졌다. 불교의 영향으로 고려 이후 혼인의 형태는 남편의 처가살이가 보통이었다. 이 때문에 아내의 지위가 상대적으로 높았고, 제사를 자녀가 번갈아 지내거나 외손이 맡기도 했다.

율곡 이이가 강릉의 외갓집 오죽헌에서 태어나 외할머니의 사랑을 받으면서 자란 것은 유명한 얘기다. 율곡의 외할머니 사랑도 극진해 병석에 누운 조모를 돌보기 위해 관직을 내놓기도 했다. 외할머니는 딸만 다섯이었는데 율곡의 어머니 사임당이 둘째다.

지난주 서울지법은 부모를 여읜 어린 자매의 양육권을 놓고 벌인 친·외가의 소송에서 친가 쪽 손을 들어주었다. '법적으로 나이가 많은 친조부에게 양육 책임을 지우고 있다'는 게 이유의 하나로, 친가여서 승소한 것만은 아닌 듯하다.

양육권보다 중요한 것은 어린 손녀들이 친·외가를 자주 오가면서 마음의 상처를 씻고 건강하게 자라는 일일 것이다. 손녀 사랑은 친조부모나 외조부모 다를 게 없을 터니까. 더욱이 요즘은 저출산, 핵가족화로 손자·손녀가 귀해진 시대 아닌가.

2002. 9. 1

불의의 사회, 진실의 불편함

인사청탁

전북 정읍천변에서는 매년 5월 동학농민혁명기념제가 열린다. 지난해 기념제는 특히 러시아와 중국 등에 거주하는 독립운동가 후손들까지 초청돼 의미가 컸는데, 뜻밖의 사건으로 이변이 벌어졌다. 해마다 기관장 자격으로 개막식 축사를 읽어온 정읍시장이 참석을 거부당한 것이다. 시장의 부인이 인사와 관련해 8,000여만 원을 받은 사실이 드러나 구속되자, "동학혁명을 일으킨 '전봉준의 고장'에서 매관매직이 일어난 것은 참을 수 없다"는 주민들의 분노가 폭발한 결과였다.

그러나 역설적으로 동학혁명을 부른 것은 바로 매관매직이다. 조선 말기 탐관의 상징인 조병갑은 돈으로 벼슬을 얻어 고부군수에 부임했고, 그 후 온갖 탐학비행을 저질러 동학혁명의 불씨가 되었다.

인사를 둘러싼 온갖 비리는 고려와 조선시대를 관통한 공직 부패의 핵이었다. 인사권을 쥐고 있는 이조의 요직이나 영향력이 있는 정승들의 집은 인사청탁하는 인물과 뇌물로 언제나 문전성시를 이뤘다. 오죽했으면 다산 정약용이 뇌물수수, 착복, 매관매직의 금지를 청심(淸心)의 세 가지 등급으로 들었을까.

세상은 바뀌었으나 인사를 둘러싼 잡음과 비리는 여전한 듯하다. 게이트 수사 과정에서도 예외는 아니어서 아·태재단 상임이사였던 이수동 씨 집에서 해군참모총장 승진 희망, KBS교향악단 간부 부탁 등이 적힌 서류가 나와 실세의 힘을 과시했다.

정권이 바뀔 때마다 등장하는 TK, PK, MK 운운하는 묘한 약어들도 인적 세력구조를 빗댄 표현이라 할 수 있다. 논란이 끊이지 않는 '낙하산 인사'도 따지고 보면 청탁과 줄서기, 봐주기 인사가 두루 뒤섞인 불공정 인사의 전형이다.

며칠 전 이준 국방장관은 "취임 후 한 달간 10여 건의 인사청탁을 받았다"면서 향후 청탁자는 명단에서 지워버리겠다고 경고했다. 김대중 대통령도 취임 직후 장·차관들에게 "인사청탁은 받지도, 하지도 말라"고 엄명한 바 있는데, 인사청탁의 질긴 고리를 완전히 끊기는 역부족이었나 보다.

2002. 8. 15

불의의 사회, 진실의 불편함

옥탑방

두 달 전 강원도 홍천에서 열렸던 프로복싱 한국챔피언 타이틀매치에서는 몽골 선수 2명이 토종 한국 선수들을 연파하고 챔피언에 올라 화제가 됐었다. 라이트급의 김 바이라와 슈퍼페더급의 조니 김이 주인공으로 수입 선수가 챔피언 자리에 오른 것은 한국 권투사상 초유다.

이들이 몽골에서 곧장 달려와 '한국챔피언을 먹은 것'은 아니다. 세계챔피언에 도전하겠다는 푸른 꿈을 안고 2년 전 한국에 건너와 서울 용산의 한 체육관에서 먹고 자면서 피나는 훈련을 했고, 관장의 성을 따 이름까지 바꾸었다고 한다. 이들이 숙식을 해결한 곳은 체육관 옥상의 옥탑방. 비좁은 옥탑방에서 챔피언의 꿈을 불태운 몽골 복서의 '헝그리정신'에 한국 선수들이 무릎 꿇은 것은 아닐까.

건물 옥상에 지은 주거 건축물인 옥탑방은 도시화 물결 속에 전통 한옥이 사라지면서 등장한 시멘트 건축문화의 사생아다. 예전의 처마와 지붕을 대신한 황량한 옥상의 한구석에 옥탑이 모습을 바꿔 들어선 것이 바로 옥탑방이다.

옥탑방은 피란시절의 판잣집이나 개발연대의 달동네, 또는 지하 셋

방처럼 도시 영세민의 애환을 상징하는 장소로 소설이나 영화의 무대에 곧잘 올랐고, 때로는 불륜의 장소로, 범죄의 은신처로 묘사되기도 했다. 그래서 옥탑방은 낮은 곳의 사람들이 머무는 곳이면서, 하늘과 가장 가까이 있는 아이러니의 공간인지도 모른다.

대선정국에서 옥탑방을 놓고 논란이 벌어졌다. 이회창 한나라당 후보가 한 토론회에서 옥탑방이 무슨 말인지 모른다고 대답해 구설수에 올랐다. 노무현 민주당 후보도 방송국 인터뷰에서 그런 용어를 몰랐다고 말해 장군멍군이 됐다.

말끝마다 서민을 앞세우는 대선후보들이 옥탑방이란 말도 알면 좋겠지만, 그것을 몰랐다고 탓할 것만은 없을 듯싶다. 10대의 유행어나 영세민과 관련된 용어를 줄줄이 외운다 해서 그들이 10대나 영세민이 될 수는 없다. 중요한 것은 그들의 정서와 처지를 얼마나 깊이 이해하느냐가 아닐까.

2002. 5. 26

색 바랜 자신의 글을 다시 읽어보는 것은 면구스런 일입니다.

다른 글과 달리 신문 칼럼은 글을 쓸 당시의 사회적 이슈를 소재로 한 경우가 많아 시간이 흐르면 식어버린 음식처럼 맛없고 맥이 빠지기 마련입니다.

그럼에도 지나간 칼럼 몇 개를 모아본 것은,

그동안 저를 지켜보고 성원해주신 분들에게 감사의 뜻을 담아 전하는 작은 그릇이 이런 방법 외에 또다른 무엇이 있을까 하는 생각에 이른 까닭입니다.

- 수습기자로 입사한 후 매일 새벽 '경제원론'을 직접 가르쳤던 매일경제 신문 창업주 고 정진기 사장과 일본어 개인강사를 자청했던 고 김재봉 편집국장.

- 국가비밀문서 '백지계획'을 내놓고 방을 슬쩍 나가 15년 만에 방대한 국가극비사업이 세상의 빛을 볼 수 있게 했던 김모 국장을 비롯해 취재현장에서 도움을 주셨던 여러분들.

- 한강 대홍수 기사가 나간 후 회사를 찾아와 몇 시간을 울었던 공기업 대표, 미수교 중국과의 최초 경협 프로젝트가 기사 하나로 무산돼 크게 상심했던 박모 실장, 기사에 책임을 지고 물러난 시중은행장 등 제가 상처를 드렸던 많은 분들.

- 기사를 쓰지 않으면 평생을 보장하겠다면서 내민 백지수표를 거절하고 들어와 기사를 써냈던 비자금 특별취재팀 후배들.

- 경제부장에서 물러날 때 이례적으로 '함께 일한 시간을 기리며' 기념패를 건넸던 경향신문 경제부원 22명(강충식, 고승철, 박승철, 최득용, 장윤영, 서배원, 김동섭, 박대호, 홍인표, 박종성, 허원순, 김화균, 박종인, 이은형, 박희균, 박문규, 김재승, 권오주, 권영수, 조찬제, 전성철, 박성휴).

- 첫 직선 국장을 잊지 않고 호프집에서 맥주파티를 열어 후배 일동의 이름으로 '최고의 기자'라는 사실보도 원칙에서 벗어난 감사패를 주었던 경향신문 편집국 기자들.

- 신문을 제작할 때, 회의에서, 오가며 마주칠 때마다 늘 '선배'로 따뜻하게 불러준 아시아경제 동료 후배들.

- 신문기자 40년을 동백꽃 지듯 마무리할 수 있도록 각별히 배려해준 아시아경제 최상주 회장, 이세정 사장……

잊지 않겠습니다.
감사합니다.

박명훈

기자가 되기 전에 서세한 아버지께 이 책을 올립니다.

불의의 사회,
진실의 불편함

초판 인쇄 · 2016년 5월 25일
초판 발행 · 2016년 6월 5일

지은이 · 박명훈
펴낸이 · 한봉숙
펴낸곳 · 푸른사상사

편집 · 지순이, 김선도 | 교정 · 김수란
등록 · 1999년 7월 8일 제2-2876호
주소 · 경기도 파주시 회동길 337-16 푸른사상사
          서울시 중구 을지로 148 중앙데코플라자 803호
대표전화 · 031) 955-9111~2 | 팩시밀리 · 031) 955-9114
이메일 · prun21c@hanmail.net
홈페이지 · http://www.prun21c.com

ⓒ 박명훈, 2016
ISBN 979-11-308-0657-0 03070
값 20,000원

이 도서의 국립중앙도서관 출판예정도서목록(CIP)은 서지정보유통지원시스템
홈페이지(http://seoji.nl.go.kr)와 국가자료공동목록시스템(http://www.nl.go.kr/
kolisnet)에서 이용하실 수 있습니다.(CIP제어번호: CIP2016012390)

불의의 사회,
진실의 불편함

박명훈 칼럼